NEYMAR, LE PRINCE DU BRÉSIL

ISBN : 978-2-263-15486-7
Code éditeur : S15486
Dépôt légal : mai 2018

Retrouvez-nous sur www.solar.fr

Solar | un département **place des éditeurs**

place
des
éditeurs

NEYMAR, LE PRINCE DU BRÉSIL

ÉRIC FROZIO

SOLAR
EDITIONS

Préface

par Thiago Silva

Parmi les meilleurs joueurs de tous les temps

Un crack, un phénomène, un spectacle à lui tout seul, un génie du ballon… Ce sont les premiers mots qui me viennent à l'esprit quand je pense à ce joueur que je considère comme un frère. Et en tant que frère, j'ai la chance et le privilège de connaître d'autres caractéristiques comme la générosité, le charisme, le respect et la détermination dans tout ce qu'il entreprend.

Derrière son petit sourire se cache une personnalité très forte. Il déteste perdre, même quand il s'agit d'une simple partie de poker organisée à l'hôtel, lors des mises au vert. Son envie de gagner est immense, inaltérable. Elle est contagieuse, aussi. Quand il est là, il décuple l'énergie et la confiance des autres joueurs. Sans le savoir, sans le vouloir même, il pousse tous ses coéquipiers à donner le maximum. C'est une force et une qualité formidables dans un groupe.

Quand un club recrute un joueur comme Neymar, il n'achète pas seulement les buts et les actions spectaculaires. Il engage aussi un joueur qui va apporter sa joie de vivre dans le vestiaire et qui va challenger les autres. Derrière sa bonne humeur se trouve un compétiteur hors norme qui pousse ses coéquipiers à élever leur niveau de jeu, à donner le maximum. Aux entraînements, il oblige tout le monde à y aller à fond. C'est pour ça que personne ne veut être dans l'équipe des remplaçants. Personne n'a envie de l'affronter et de se frotter à ses dribbles, ses feintes et ses passements de jambes !

Sa volonté d'aider son club et sa sélection nationale est ancrée en lui. Il a ça dans le sang. C'est incrusté dans ses yeux, dans son regard. Certains estiment qu'il en fait trop, et que cette idée fixe de toujours vouloir performer et battre record après record est une aberration. Moi, j'admire beaucoup cette attitude. Conserver cette soif de vaincre et vouloir prouver à chaque match alors qu'il est déjà considéré comme un géant, c'est absolument remarquable. Pour moi, ça le place déjà dans la catégorie des meilleurs joueurs de tous les temps.

Avoir la chance de voir ça de près, que ce soit avec la Seleção et maintenant au Paris Saint-Germain, me fait l'aimer encore davantage. Malgré toutes les attentes et toutes les responsabilités qu'il doit porter sur ses épaules, il continue au quotidien à être ce gamin de Praia Grande. Neymar est resté humble et il cherche en permanence à créer une ambiance de groupe agréable.

Je ne suis pas capable d'écrire autre chose que des éloges sur un frère que j'aime. J'ignore où toute cette histoire va se terminer, mais j'ai la sensation de voir l'Histoire se dérouler exactement sous mes yeux. Pour ça, je me sens privilégié !

Je te souhaite bonne chance et toute la joie du monde, à toi, Neymar, fils que le Brésil peut s'enorgueillir d'avoir créé. Tu vas donner encore beaucoup de joie et de bonheur à tes compatriotes. C'est une fierté de t'accompagner et de voir de près ton succès. Allez, mon frère ! Je suis avec toi, pour toujours !

Thiago Silva

Chapitre 1

Miraculé à 4 mois !

Au volant de sa Chevrolet Monza rouge, Neymar Senior est un homme heureux. Sur le siège passager, sa femme, Nadine, regarde le paysage. Leur bébé de 4 mois est assoupi dans un couffin à l'arrière du véhicule. Buteur avec son équipe de l'União Mogi, quelques heures plus tôt, ce père de famille peut prendre la route l'esprit tranquille et le cœur léger. À 27 ans, le voilà au sommet de sa modeste carrière de footballeur. Après avoir été formé à Santos, son club fétiche, Neymar Senior a usé ses crampons dans les petits clubs de la région, sans jamais vraiment décoller. Sa progression a été lente et éprouvante mais sa cote n'a fait que grimper ces dernières semaines et, avec un peu de chance, les portes de la première division brésilienne vont bientôt s'ouvrir. C'est ce rêve encore inaccompli qu'il a en tête quand il emprunte la route depuis Mogi das Cruzes en direction de Santos avec sa femme et leur bébé.

En ce dernier dimanche du mois de juin 1992, l'hiver tropical de l'hémisphère Sud commence tout juste à enrober la région d'un voile opaque et humide. La visibilité n'est pas optimale sur cette route haut perchée qui serpente dans la réserve du parc de la Serra do Mar. En s'engageant sur cette voie à double sens, avec le vide comme unique passager, Neymar Senior se montre prudent. Mais, au sortir d'un virage, un véhicule arrive en face, perd le contrôle et vient s'encastrer dans la Monza rouge, au niveau du conducteur. Le choc est terrible et il s'en faut d'un rien pour que la voiture ne bascule dans le précipice. Encore sonné par la douleur, Neymar Senior ouvre les yeux et découvre l'étendue des dégâts. Sa jambe gauche est passée au-dessus de sa jambe droite et son bassin est en morceaux. « Je suis en train de mourir, je suis en train de mourir », hurle-t-il à sa femme. Mais la douleur n'est rien comparée à ce qui va suivre. « Le pire a été la sensation quand je me suis retourné et que je n'ai pas vu mon fils. Il avait disparu ! J'ai cru qu'il avait été projeté en dehors du véhicule », décrit Neymar Senior dans un livre intitulé *Conversations avec mon père*. Éjecté du couffin, le bébé est introuvable. Il n'est ni devant, ni sur la banquette arrière. Après de longues secondes de prières et de pleurs, des automobilistes leur portent secours. Ce sont eux qui retrouvent le bébé coincé sous le siège avant, la tête ensanglantée. Par bonheur, il s'agit seulement d'une coupure au front provoquée par un éclat de verre. Ce sera l'unique séquelle de Neymar Junior. Un miracle compte tenu de la violence d'un crash qui marquera profondément l'histoire de cette famille pas comme les autres...

Pour Neymar Senior, le soulagement de savoir son fils vivant lui permet de surmonter les douleurs. Victime d'une grave luxation du bassin, il est contraint de rester allongé pendant quatre mois, quasiment en lévitation grâce à un système de ceintures censé accélérer la guérison. Mais impossible de prendre son bébé dans les bras et d'aider sa femme, elle aussi convalescente, à s'occuper de leur enfant. « Dès que mon fils me voyait avec tout cet appareillage, il était effrayé et il pleurait. Et moi, j'étais désespéré de ne pouvoir rien faire », se souvient le papa. Il lui faudra patienter encore quatre mois supplémentaires pour poser son bébé sur ses genoux. Et encore quatre mois de plus pour reprendre l'entraînement, en douceur, mais pas sans douleur. « Après cet accident, il n'a plus jamais été le même joueur, concède Osmar Novaes, ancien joueur et désormais président de l'União Mogi, un club fondé en 1913. Son accident nous avait tous bouleversés. C'était comme si notre fils s'était blessé. Nous étions allés le voir à l'hôpital, le club l'avait accompagné aussi pendant sa convalescence. On était tristes car on perdait aussi un super joueur et notre équipe s'en trouvait diminuée. C'était un ailier droit, rapide, dribbleur, qui avait toujours soif de victoires. C'était aussi un footballeur très agréable à voir jouer. »

Avant de porter le maillot de l'União Mogi, Neymar Senior a été pensionnaire du centre de formation de Santos, de 14 à 16 ans, puis joueur à la Portuguesa, un club historique de la région. Il a ensuite poursuivi sa route dans des clubs semi-professionnels, comme à Tanabi (dans l'État de São Paulo), Iturama (3e division de l'État du Minas Gerais) puis Jabaquara (petit club de la ville de Santos). Malgré ses qualités et sa détermination, sa carrière s'embourbe. Faute de salaire décent, il ne peut pas vivre de sa passion et est obligé de travailler la semaine dans le garage paternel. Malin et bon bricoleur, il touche à tout : mécanique, peinture, carrosserie. Il retape des épaves qu'il revend. De quoi gagner un salaire honorable et convaincre son père, Seu Ilzemar, de poursuivre en parallèle sa modeste carrière de joueur du dimanche à Jabaquara, en 4e division de l'État de São Paulo. Mais en mars 1989, lors d'un match amical face à l'União Mogi, l'équipe de la ville de Mogi das Cruzes, située à 65 kilomètres de São Paulo, il flambe et tape dans l'œil des dirigeants adverses qui lui proposent un contrat de huit mois avec enfin un vrai salaire. « Il m'offrait déjà plus que je n'imaginais, mais j'ai fait semblant de ne pas être satisfait et le président a doublé sa proposition... J'ai beaucoup appris au cours de cette réunion », se souvient le futur champion de la négociation. Performant avec l'União Mogi (3e division de l'État de São Paulo), il aperçoit même la lumière du haut niveau avec Coritiba, un club professionnel, qui souhaite le recruter. Mais avant de se rendre dans la capitale de l'État du Parana, il participe à un dernier entraînement avec son club. Un vilain tacle, un genou douloureux et voilà la future recrue qui débarque dans sa nouvelle équipe en boitant. Diminué, il n'y restera qu'un mois, sans convaincre, avant de retourner à la case départ.

Baladé de club en club avec des contrats précaires à la clé, amoindri par son accident de voiture et des blessures à répétition qu'il doit dissimuler, Neymar Senior doit se rendre à l'évidence : il est contraint de jeter l'éponge, à seulement 32 ans. « Je n'avais plus trop le choix, déplore-t-il. C'était trop compliqué de déménager et de changer d'école tous les six mois pour les enfants. Les contrats étaient à chaque fois moins rémunérateurs et je ne pouvais plus faire vivre ma famille avec le foot. J'avais de plus en plus de blessures et j'ai dû prendre la décision la plus difficile de ma vie : arrêter de faire ce que j'aimais et enterrer mon rêve de gosse. Ma carrière d'athlète était terminée ! » Celle de son fils, Neymar Junior, qui a tout juste 5 ans, ne fait alors que commencer...

TÉMOIGNAGE
Haroldo Lamounier, ancien gardien de but et coéquipier de Neymar Senior à l'União Mogi en 1995-1996

« À 4 ans, il avait déjà des aptitudes étonnantes »

« Avant d'être son coéquipier, j'ai été son adversaire. On se croisait souvent et j'avoue qu'en tant que gardien je le craignais un peu car c'était un très bon milieu de terrain. C'était le prototype du joueur dangereux, habile, bon passeur et capable de dribbler. Sans son accident de voiture, il aurait pu aller plus haut. Mais à l'époque c'était très difficile de jouer en première division. La concurrence était beaucoup plus relevée qu'aujourd'hui. Au Brésil, des cracks, il y en avait partout, dans tous les clubs. Il n'y avait qu'à se baisser pour les ramasser. Dans le football d'aujourd'hui, je pense qu'il se serait fait sa place dans une équipe de D1 sans aucun problème. Il avait tous les atouts.

Neymar Senior était un homme facile à vivre, très positif, pas le genre à se plaindre d'une blessure ou d'une mauvaise pelouse. La religion nous a rapprochés aussi. On se retrouvait souvent à l'église. Il prenait la parole aussi lors des cultes la veille des matchs. On se réunissait, les joueurs et le staff, et son discours pouvait commencer. Il s'exprime bien et il avait les attitudes d'un leader. On a beaucoup prié ensemble. Dieu est grand et il l'a remercié en lui donnant Neymar Junior, un vrai cadeau du ciel.

À l'époque, il emmenait souvent son fils aux entraînements. Je le revois s'amuser le long de la ligne de touche avec des ballons. Il courait partout et, à 4-5 ans, il avait déjà des aptitudes étonnantes. Il venait aux matchs aussi et il était devenu la mascotte de l'équipe. Il enfilait l'uniforme du club et il était notre porte-bonheur. On l'adorait mais jamais on n'aurait imaginé qu'il deviendrait, vingt ans plus tard, l'un des meilleurs joueurs du monde. »

Chapitre 2

Dans sa chambre d'enfant, des dizaines de ballons

Un grand matelas sur le sol d'un côté, et une armoire de l'autre. Au milieu de cette petite chambre, un espace libre, minuscule mais suffisant pour que Neymar Junior joue avec ses premiers ballons. C'est dans cette maison, celle de son grand-père, à São Vicente, dans le quartier Nautica, que Neymar Junior, longtemps surnommé Juninho par ses proches, effectue ses premiers pas. Avec la naissance de sa petite sœur, Rafaela, ils sont quatre à dormir dans la même pièce. Mais malgré la promiscuité et les difficultés financières, la famille Neymar se serre les coudes.

Retiré des terrains depuis six mois, papa Neymar se fait engager par la CET, la compagnie d'aménagement des voies de circulation de Santos, dont la mission consiste à promouvoir la mobilité urbaine de la ville. Touche-à-tout, il installe des Abribus, répare la chaussée ou rafistole des panneaux de signalisation. Mais le salaire minimum qu'il rapporte à la maison ne suffit pas. Pendant son temps libre, il essaie de vendre des purificateurs d'eau, et le week-end, il se transforme en chauffeur de minibus. En transportant régulièrement des voyageurs, il fait la connaissance de Jura, propriétaire d'une entreprise de matériel de construction. C'est grâce à lui qu'il va faire bâtir une petite maison sur son lopin de terre de 12 mètres sur 30 acheté quelques années plus tôt à Praia Grande, une commune proche de Santos. Moyennant une main-d'œuvre gratuite, Jura lui propose un deal : « Je te fournis les hommes pour construire ta maison et toi, tu viens jouer dans mon équipe ! » Marché conclu ! Neymar Senior rechausse les crampons dans une équipe amateur de Praia Grande. En échange de ses buts et de ses passes décisives, il gagne les services d'un maçon et d'une poignée d'ouvriers.

En quelques semaines, la petite maison prend forme, dans une rue sans nom, avec une simple lettre pour la localiser. Toute la famille déménage au 374 de la rue B, dans un quartier modeste appelé Jardim Gloria. Un garage, un coin cuisine, une salle de bains et deux chambres suffisent à leur bonheur. Il y a même une petite cour intérieure qui, dans l'esprit de Neymar Junior, se transforme en stade du Maracanã. « On a passé des centaines d'heures à jouer là, se souvient Dudu, l'un de ses meilleurs amis. On faisait des jongles ou des un contre un. » La porte du garage et le mur de la maison deviennent les cages de son terrain imaginaire. Et c'est là qu'il s'invente ses premiers championnats, qu'il imite les cris des supporters et qu'il lève les bras au ciel chaque fois qu'il marque un but. Dans la maison, il dribble les chaises, la table et tous les obstacles qui se présentent à lui. Sa petite sœur, Rafaela, et ses cousines, Lorrayne et Rayssa, deviennent des adversaires qu'il s'amuse à éviter et à contourner. Il pousse même le vice à leur faire enfiler des maillots de foot pour simuler un vrai match et lui donner l'impression qu'il dribble de vrais défenseurs...

À l'époque, à Jardim Gloria, le quartier était moins délabré et les trafics en tout genre n'avaient pas engendré autant de violence qu'aujourd'hui. La décharge à ciel ouvert en revanche était bien là, et les vautours venaient déjà se disputer les ordures pour s'alimenter. Mais les enfants ne couraient pas de danger et ils pouvaient se retrouver dehors, même le soir, sans déclencher des ulcères à leurs parents. La rue, en pente, est alors devenue son terrain de jeu et ses voisins les premières victimes de ses dribbles. Il faut dire que le ballon était depuis longtemps déjà son meilleur ami. « Même avant de savoir marcher, ça se voyait qu'il était à l'aise avec un ballon, se souvient son père, admiratif. À 3-4 ans, je lui envoyais le ballon, et il me le renvoyait avec précision. Normalement, à cet âge, les enfants veulent garder la balle pour eux, ou ils la prennent avec la main. Pas lui. C'est comme s'il communiquait avec moi, par l'intermédiaire du ballon. C'était instinctif. On se faisait déjà des passes. En fait, il jouait déjà au foot ! »

Alors, qu'ils soient en peluche, en plastique ou en cuir, les ballons sont omniprésents dans la vie de Juninho. Le coup de foudre, selon sa maman, se serait produit au marché alors qu'il n'avait que 2 ans. « J'étais en train d'acheter des pommes de terre quand il m'a échappé, il s'est approché d'un stand de jouets, a attrapé un ballon et ne voulait plus le lâcher », a-t-elle raconté au célèbre Faustão, le Michel Drucker brésilien qui présente un show dominical sur TV Globo. Son oncle, José Benicio, qui travaillait à l'époque à la SABESP, une société spécialisée dans le transport et le traitement des eaux usées, se souvient parfaitement de la première passion de son neveu. « Juninho voulait des ballons, toujours des ballons. C'était presque devenu maladif. À ses anniversaires, si tu lui offrais autre chose qu'un ballon, il n'était pas content », en rigole aujourd'hui son tonton. Dans sa chambre, il y en avait une bonne cinquantaine. De toutes les tailles, de toutes les matières. C'était même difficile de se frayer un chemin jusqu'à son lit. « Il y en avait partout, confirme son papa. Dans sa chambre, dans le salon, dans la cuisine... Il y avait aussi un sac rempli, mais il débordait de partout. Il les aimait tous mais il avait une préférence pour les petits ballons, ceux qui étaient difficiles à contrôler. »

Pour peaufiner sa technique, Neymar Junior avait son truc. Basique mais terriblement efficace. « En général, je prenais une balle et je jouais contre le mur du garage, nous a expliqué Neymar Junior en novembre 2011. Quand mon pied droit était fatigué, j'utilisais le pied gauche. Après je faisais des séries avec la cuisse droite, puis la gauche, puis la tête... C'était pour m'amuser, mais sans m'en rendre compte je m'entraînais. » Un souvenir confirmé par son ami Dudu. « On ne savait faire que ça : jouer au foot. Du matin au soir, on jouait au ballon. Dans la rue, chez moi, chez lui, sur la plage, au futsal... On était des malades. Pour nous, c'était 100 % foot, il n'y avait que ça qui comptait. On rêvait de ça aussi. On voulait faire carrière, d'abord à Santos puis au Real Madrid. C'était ça notre projet ! Lui, il a réussi. Moi, j'ai ouvert une auto-école. »

TÉMOIGNAGE

José Benicio, oncle de Neymar Junior

« *Mon frère a toujours été très critique envers les prestations de son fils* »

« Le ballon a toujours été l'amour de sa vie ! C'est en partie grâce à cet amour que mon neveu est arrivé là où il est aujourd'hui. Il a une relation un peu magique avec cet objet. Il l'aime, et ça fait la différence. Comme il ne pouvait pas se passer du ballon, il fallait toujours qu'il jongle ou qu'il s'amuse avec. Un jour, mon frère (Neymar Senior) *voulait faire pousser du gazon sur le terrain de la maison. Il avait récupéré des graines et avait pensé de façon méthodique à tout le processus… Il fallait juste être patient et attendre que les racines se développent… Mais un jour, pendant les vacances, alors que mon frère était sorti bosser, Juninho a invité les copains du quartier à la maison. Il savait pourtant qu'il n'avait pas le droit de jouer dessus. Mais la passion du foot était trop forte, et ils n'ont pas pu résister. Ils ont joué toute la journée sur ce terrain, à la fin ça ressemblait à un champ de patates, il n'y avait plus rien ! Mon frère était furax et il était prêt à lui passer une vraie soufflante. De peur de la réaction de son père, Juninho est allé se cacher dans sa chambre et il a fait semblant de dormir. Ça a duré trois jours. Chaque fois que son père arrivait du travail, il allait se glisser sous les draps, fermait les yeux et espérait qu'il tourne les talons. Il avait vraiment peur de se faire engueuler par son père…*

Au-delà de cette anecdote, la relation entre les deux a toujours été très forte. Ils ont toujours formé une équipe. Mon frère était passionné par le foot, il avait ça dans le sang et l'a transmis ça à son fils. Quant au talent, ça ne s'apprend pas. Il a bénéficié d'une génétique favorable mais il a surtout eu la chance de recevoir un don de Dieu. Mon frère était un bon petit joueur, un bon attaquant, mais ce qu'il faisait n'était pas comparable à ce que réalise aujourd'hui son fiston. Moi ? Je n'étais pas très doué. Quand j'ai commencé à essayer de défendre sur mon frère, et à le prendre au marquage, j'ai arrêté ma carrière (rires). *Mon frère a toujours été très critique envers les prestations de son fils, même quand il avait 8-9 ans. Il pouvait le prendre entre quatre yeux et le secouer. Dans ces cas-là, Juninho devait regarder son père droit dans les yeux. Il l'écoutait, prenait en compte ses conseils et ne commettait jamais deux fois la même erreur. C'est cette exigence qui a aidé Juninho à toujours vouloir en faire plus et à progresser.* »

Chapitre 3

Coup de foudre, pépite et Betinho

Bordée par l'avenue Ayrton Senna, la plage d'Itararé a la forme d'un croissant de plusieurs kilomètres de long. Aux extrémités, on distingue d'un côté l'aquarium de Santos et de l'autre l'île Porchat avec son monument dessinée par le célèbre architecte Oscar Niemeyer. C'est au bord de cette plage urbaine que la municipalité de São Vicente installe un terrain de foot provisoire fin 1998. Pour l'inaugurer, le club amateur de Tumiaru affronte celui de Recanto da Vila, l'équipe dans laquelle Neymar Senior évolue en échange de main-d'œuvre pour la construction de sa maison. Au Brésil, la notion de match amical n'existe pas, surtout quand ce sont deux clubs de la même ville qui s'affrontent. Papa Neymar a aussi une réputation à faire valoir. En tant qu'ancien semi-professionnel, il n'a pas le droit de décevoir. Alors, il réalise ce qu'il sait faire de mieux : il centre, il feinte, il dribble…

Son petit garçon n'a pas encore 6 ans et il est encore trop jeune pour l'observer et l'encourager. Depuis les petites tribunes du stade éphémère, Juninho préfère dévaler les escaliers sous les yeux de sa maman. Il monte et descend les marches sans s'arrêter, avec une dextérité étonnante. Au bord de la main courante, un spectateur attentif suit les débats, sans grande conviction. Cet homme s'appelle Roberto Antonio de Santos, alias Betinho, et il est connu dans la région pour être un *olheiro,* un dénicheur de talents. Tout le monde sait qu'il a découvert Robinho alors que celui-ci n'avait que 6 ans. C'est grâce à lui que le roi du passement de jambes a intégré le centre de formation de Santos. La jeune promesse a grandi sous son aile puis est devenue une pépite vendue quelques années plus tard 30 M$ au Real Madrid.

Betinho, l'œil vif, le ventre arrondi et la moustache frétillante, commence néanmoins à s'ennuyer. Le match est engagé mais il ne produit aucune étincelle. Les joueurs sont soit des vétérans confirmés, soit des jeunes sans avenir. C'est alors que son regard se perd dans les tribunes et tombe sur ce gamin à l'agilité étonnante. « C'était comme un coup de foudre ! Ce qui m'a frappé, c'est qu'il avait une coordination moteur très développée pour son âge, se souvient le dénicheur de pépites. Normalement, aucun parent ne laisse son gosse courir dans les tribunes. Il risque de tomber, de se taper le menton ou de se casser un bras. Mais ce gamin était à l'aise, rapide, il montait et descendait les escaliers en un éclair. À côté de lui, j'ai remarqué sa mère et j'ai vu son biotype : elle était grande et longiligne. Son père, je le connaissais, je savais qu'il jouait très bien au foot. Je me suis dit que si ce garçon avait hérité des qualités de ses parents, il aurait tout pour lui ! »

Bingo ! Betinho vient de découvrir Neymar Junior, le futur joueur le plus cher de l'histoire du foot. Le gamin n'a que 5 ans, il ne l'a même pas vu avec un ballon dans les pieds, mais son flair le pousse à aller discuter avec sa maman. À la fin du match, Betinho s'approche de Nadine et lui lance une invitation : « Je suis en train de monter l'équipe de futsal de Tumiaru. Je cherche des joueurs. Vous voulez bien m'amener votre fils à l'occasion ? » Dès le lendemain, séduite par le CV et le discours de cet entraîneur reconnu, la maman du petit prodige débarque au gymnase. Un peu intimidé, son fiston baisse la tête et regarde le bout de ses chaussures. Mais une fois sur le terrain, un ballon dans les pieds, le petit garçon maigrichon se désinhibe et illumine le parquet. « Dès les premiers contacts avec la balle, j'ai compris, se rappelle Betinho avec malice. Ce gamin avait du Robinho en lui. Il était agile, rapide, et il maîtrisait déjà le ballon. C'était magnifique ! J'avais déjà mon équipe mais il me manquait la cerise sur le gâteau, celui qui provoquerait des "oohhhhh" dans les tribunes. Dès la première séance, j'ai su que je l'avais trouvée ! »

Première licence, premiers entraînements, premières victoires. La carrière de Neymar débute donc sous les couleurs du Clube de Regatas Tumiaru. C'est dans ce petit gymnase, au cœur de la ville de São Vicente, qu'il commence à mettre en pratique ce qu'il a appris en faisant des une-deux avec son père ou en s'amusant dans la rue avec ses voisins. Dudu est déjà là. Maicon va bientôt le rejoindre. « C'est le papa de Neymar qui m'a recommandé à Betinho. Il me voyait jouer dans la rue avec Juninho et il me trouvait pas trop mal... » Avec Luizinho et Ricardo, les cinq gamins se suivront jusqu'aux portes du professionnalisme. « Je n'ai pas été surpris quand Betinho m'a dit qu'il était séduit, reconnaît Neymar Senior. Je savais que mon fils était différent des autres enfants de son âge avec le ballon. Quand j'ai vu qu'il était à l'aise pour me renvoyer la balle, j'ai commencé à lui transmettre des ballons plus forts, plus puissants, plus difficiles à contrôler. Mais il s'en sortait à chaque fois et il me les renvoyait tranquillement. Je n'avais même pas besoin de lui expliquer, il savait quoi faire du ballon. Ses premiers pas avec le futsal ont donc été faciles. »

Et Betinho, son premier coach officiel, s'est régalé avec un élève aussi doué et passionné : « Neymar était toujours demandeur ! Il était très intelligent, il répondait vite aux questions, il captait tout. Quand tu devais répéter deux ou trois fois la même chose à certains gamins, avec Neymar, en une seule fois il avait déjà compris. C'était facile avec lui. Il était aussi le premier quand il fallait courir, il était le premier à écouter ce qu'on lui disait et il était le dernier à vouloir quitter le terrain... Et pour lui faire quitter le terrain, il fallait enlever tous les ballons. Si tu laissais un ballon traîner, il allait jongler ou tirer des coups francs. Il ne voulait jamais s'arrêter. »

TÉMOIGNAGE
Maicon, ami d'enfance et coéquipier de Neymar de 5 à 17 ans, de Tumiaru à Santos

« *On a dû gagner 90 % de nos matchs* »

« À São Vicente, mes parents habitaient à deux rues de celle des parents de Neymar. On était voisins, on avait le même âge et la même passion pour le foot. Mon premier souvenir avec lui, c'est un match qu'on avait organisé entre son équipe et la mienne. On devait avoir 5 ans. On faisait des trois contre trois, dans la rue. Une fois on jouait devant chez lui et après on faisait la revanche devant chez moi. L'équipe qui perdait devait payer un Coca-Cola à l'équipe vainqueur. Neymar détestait perdre. Il engueulait souvent ses partenaires. Mon équipe était meilleure que la sienne mais lui, il n'avait besoin de personne pour marquer des buts. Il était vraiment incroyable. La rue nous a permis de développer le dribble, l'improvisation, la ginga. Il fallait éviter les obstacles, les vélos et s'arrêter quand une voiture voulait passer. À l'époque, c'était tranquille, on pouvait jouer en toute sécurité. Ce n'est plus le cas aujourd'hui. C'est grâce au père de Neymar que j'ai rejoint ensuite l'équipe de Tumiaru. On est tous partis ensuite à Gremetal. On avait une équipe magnifique (Ricardo – Luizinho, Maicon – Dudu, Neymar). On a dû gagner 90 % de nos matchs. C'était génial, on s'éclatait. Son père assistait à tous les matchs et il ne rigolait pas, il était hyper exigeant avec lui. Il ne voulait pas le voir perdre ou rater des buts faciles. Quand ils ont déménagé à Praia Grande, ça m'arrivait de passer la semaine chez eux. Sa maman m'aimait bien. On était vraiment copains avec Neymar. Je le surnommais "Grandes Oreilles". On jouait au foot dans

la cour intérieure de sa maison et, parfois, son père plaçait des bouteilles par terre pour qu'on s'entraîne à slalomer balle au pied. Il me donnait aussi des conseils, me disait d'être sérieux, de m'entraîner dur, de me concentrer. Quand on ne jouait pas au foot, on jouait au cerf-volant ou on regardait des matchs de foot le soir à la télé. On s'imaginait à la place des pros. Neymar a atteint son rêve. Pas moi. Aujourd'hui, je bosse sur le port de Santos où je contrôle les containers. Quand je regarde ses matchs à la télé, je le revois à 8 ou 10 ans. Il était exactement pareil. Il était le meilleur, il détestait perdre, il râlait et il voulait toujours frapper les penalties. Que ce soit son pote Dudu ou Cavani qui demandait le ballon, il s'en foutait, il voulait frapper le penalty. Même s'il est devenu l'un des meilleurs joueurs de la planète, il n'a finalement pas changé… »

Chapitre 4

Futsal, cyclone et Coca-Cola

Comme Ronaldinho, Kaka ou Robinho avant lui, Neymar entame son apprentissage du football à travers le futsal, ou le football de salon, comme il était appelé autrefois. Inventé dans les années 1930 par un professeur d'éducation physique uruguayen, le futsal s'est ensuite propagé du nord au sud du Brésil au point de devenir l'une des disciplines sportives et scolaires les plus pratiquées du pays. C'est lors de ces cinq contre cinq, de deux fois vingt minutes, sur un terrain de hand, avec un ballon plus petit mais plus lourd, que de nombreuses futures stars brésiliennes ont élaboré leur technique et travaillé leur dribble dans des espaces réduits. « C'est le meilleur centre de formation possible », estiment les éducateurs et entraîneurs brésiliens. Pratiqué dès l'âge de 5-6 ans, le futsal est la discipline idéale pour apprendre à se déplacer dans l'espace, à dribbler, à prendre des décisions rapides... Bref, c'est le laboratoire rêvé pour les apprentis footballeurs. Neymar, qui n'y a pas échappé, est devenu l'un des plus brillants spécimens de ce sport.

Après son premier flirt réussi avec le Clube de Regatas Tumiaru, Neymar joue quelques semaines à l'Asa Portuguesa avant de rejoindre Gremetal (Grêmio Recreativo dos Metalúrgicos de Santos), toujours couvé par Betinho qui intègre le staff technique. Le club, fondé en 1972, est plus ambitieux et mieux structuré que Tumiaru. Mais le gymnase, situé rue Parana, au centre de Santos, n'est pas beaucoup plus moderne. Les vestiaires sont sommaires, les tribunes se résument à quelques marches en béton et le parquet est déjà un peu usé. Mais pas de quoi freiner l'enthousiasme de Neymar et de ses copains qui se mettent à tout gagner ! Avec Ricardo le gardien, Maicon et Luizinho en défense et Dudu et Neymar devant, le cinq majeur constitué par Betinho à Tumiaru continue de faire des étincelles.

Même surclassé, le mini-crack devient vite le leader de son équipe, celui qui fait gagner les matchs et qui marque les buts décisifs. « C'était facile de jouer avec lui, convient Luizinho. Dès que je récupérais un ballon, je le transmettais à Neymar. Après il se débrouillait mais, en général, ça finissait au fond. » En l'espace de deux saisons, il se forge une réputation de petit génie du futsal. Dans son bureau éclairé aux néons blancs, Elton Luiz, dirigeant du club de Gremetal depuis dix-sept ans, se souvient avec nostalgie du passage du cyclone Neymar. « Ce gosse était une vraie terreur ! Son audace et sa vitesse étaient ses points forts. En fait, il faisait exactement ce qu'il voulait avec le ballon, il était spontané, il n'avait pas besoin de répéter ses dribbles... Il était imprévisible et les défenseurs ne savaient pas ce qu'il allait inventer, donc ils avaient peur de l'affronter. C'était un crack tout simplement. Et il ne s'arrêtait jamais, je le revois encore sur son côté gauche à dribbler, à provoquer... Le talent lui collait à la peau et le ballon était son meilleur ami. »

Sur les vidéos d'archives qui ont survécu au passage du numérique, on voit un petit garçon aller plus vite que les autres, frapper du droit comme du gauche, et multiplier les passements de jambes, à la Robinho, pour éliminer ses adversaires. On constate aussi une habileté sensationnelle dans les contrôles orientés, avec sa spéciale : le coup du sombrero au-dessus du défenseur pour se mettre dans le sens du but et s'offrir un face-à-face, souvent victorieux, avec le gardien. « Tout était facile pour lui, complète Elton Luiz. À tel point que je lui lançais souvent des paris avant les matchs. Je lui disais, si tu marques sur un coup du sombrero, tu as le droit à un sandwich ou un Coca-Cola en plus. Mais pour lui, c'était un jeu d'enfant. Il le fait encore aujourd'hui, d'ailleurs. Il passait le ballon par-dessus le défenseur, ne le laissait même pas rebondir et, paf, il le reprenait de volée et ça allait au fond ! »

Même si le talent lui éclaboussait les pieds, Neymar ne se comportait pas comme le super-héros de l'équipe. L'ancien coach du petit génie brésilien à Gremetal, Alcides Magri, garde le souvenir d'un garçon un peu réservé et surtout très apprécié par ses copains. « C'était un gamin qui était toujours heureux, il s'entendait bien avec les autres et ne se prenait pas pour la star, précise l'ancien coach. Même s'il était au-dessus de ses camarades, on le traitait comme les autres, il n'était en rien favorisé. S'il a réussi, ce n'est pas uniquement grâce au talent. Neymar en avait plus que les autres mais il était très bien entouré et il a bénéficié d'une bonne éducation. C'est grâce à tous ces ingrédients qu'il est devenu ce qu'il est ! »

Selon les registres du club de Gremetal, Neymar a marqué soixante-douze buts et remporté trois championnats en trois ans. « Son plus grand succès, c'est d'avoir remporté une finale de championnat régional contre Santos dans l'ancien gymnase Regatas Santista. On avait gagné 3-1. Neymar avait marqué un but et donné deux passes décisives. Il y avait aussi ce match remporté 7-0 dans la salle de Santos », se remémore Alcides Magri avant de réfléchir puis de certifier : « On n'a jamais perdu un match quand Neymar était là. » Mais pas question pour le jeune entraîneur de se prendre pour le Guardiola du futsal. « Je n'ai rien inventé, je ne lui ai même rien appris, précise-t-il. Ma fonction était de l'orienter tactiquement et de peaufiner les fondamentaux. Le reste, et notamment l'art du dribble, était naturel chez lui. C'était intuitif. Il était hors catégorie. Il avait une faculté à dribbler en allant vers l'avant qui était fantastique. Pour ça, il était vraiment unique. »

TÉMOIGNAGE
Ricardo, ancien gardien de but de Gremetal et ami d'enfance de Neymar

« *Son club de cœur, c'était Palmeiras* »

« Gremetal et le futsal, c'est sans aucun doute la plus belle période de ma vie. On était des gamins qui jouiions au football, pour le fun. Et on gagnait presque tous nos matchs ! C'était magique. Pendant trois-quatre ans, on a été l'équipe à battre. Neymar, qu'on appelait tous Juninho, était le leader, mais Dudu ou Maicon étaient importants eux aussi.

À l'époque, on ne faisait que ça : on jouait au foot. Quand ce n'était pas au club ou à l'école, c'était dans la rue. On mettait nos tongs en guise de buts et on jouait contre les grands du quartier de Praia Grande où habitait Neymar. Comme on allait souvent chez lui, on organisait des matchs avec les voisins. Ils avaient parfois trois ou quatre ans de plus que nous, mais on gagnait toujours. On se prenait des coups, mais c'était pas grave, ça faisait partie du jeu.

Après, quand on avait fini de jouer, on allait dans la chambre et on jouait à la PlayStation, la numéro 1. Et on jouait à quoi ? À une simulation de foot, évidemment ! Neymar aimait bien prendre le Real Madrid. Il mettait Roberto Carlos en attaque et il essayait de marquer de loin. Au Brésil, mon club, c'est le Corinthians, celui de Juninho, c'est Palmeiras. Il ne l'a jamais trop avoué car vis-à-vis de Santos où il a été formé, ça ne se fait pas... On se disait qu'un jour on deviendrait professionnels. Moi, j'ai échoué. On a joué ensemble à Santos mais je n'ai pas été conservé et j'ai ensuite évolué dans une dizaine de petits clubs. Le dernier, c'est Formosa, à côté de Brasilia. Je gagne 1 000 € par mois… quand je suis payé. »

Chapitre 5

Santos crée une catégorie pour lui

Après avoir enflammé les parquets de la Baixada Santista avec Gremetal, Neymar relève un nouveau défi en rejoignant le club de la Portuguesa où il continue de jouer au futsal tout en débutant son apprentissage du vrai football. Il a 11 ans et le temps est venu d'entamer la transition. Mais pour concilier les deux disciplines, le jeune garçon doit se démultiplier. École le matin, foot traditionnel l'après-midi et futsal le soir. Face à ce programme surchargé, c'est Betinho qui assure les déplacements d'un site à un autre. De Praia Grande au centre de Santos, il faut compter environ trente minutes de transport. Et quand le réservoir de sa voiture est vide, c'est en bus qu'ils rentrent, du gymnase de la Portuguesa à la rue B de Jardim Gloria… « À l'époque, ses parents travaillaient beaucoup, donc je devais prendre la route depuis São Vicente *(son domicile)* pour aller le chercher à Praia Grande, le déposer à Santos puis le ramener à la maison, parfois à 23 heures ou minuit, détaille Betinho. Je le faisais avec le cœur, comme s'il était mon fils. Parfois, lorsqu'on faisait le trajet en bus, il dormait dans mes bras, et je sentais la chaleur de son corps sur le mien. Il était épuisé mais il faisait ce qu'il aimait : jouer au foot ! »

Et ça, il le fait mieux que les autres. Ses exploits répétés avec Gremetal puis à la Portuguesa font du bruit dans la région. Un supporter fanatique de Santos, surnommé « Alemão » (l'Allemand), voit Neymar Junior en action et tombe sous le charme. Il invite le légendaire Zito, joueur de Santos de 1952 à 1967, champion du monde avec Pelé en 1958 et 1962, et responsable des jeunes du club, à jeter un œil sur le petit prodige. « Tu ne seras pas déçu », lui affirme Alemão, avec son look improbable. Gérant d'un bar en face du stade Vila Belmiro, ce quinquagénaire affiche sa passion sans retenue. Douze tatouages représentant le logo de son club de cœur sont estampillés sur ses bras, du poignet à l'épaule. Six d'un côté, six de l'autre. Et pour couronner le tout, c'est sur le front de sa tête dégarnie qu'il s'est fait tatouer le treizième ! C'est donc ce drôle d'énergumène qui glisse la passe décisive à Zito, double champion du monde brésilien, décédé le 14 juin 2015.

Zito brûle d'impatience de savoir qui est ce Neymar. Qui est ce phénomène dont Alemão lui a parlé ? En 2003, le coordinateur des équipes de jeunes de Santos se rend au gymnase de Gremetal et en ressort convaincu. « Il m'a rempli les yeux de joie, dira-t-il plus tard dans un reportage diffusé par TV Globo. Il était sensationnel et largement meilleur que les autres. Le lendemain, j'ai demandé au président *(Marcelo Teixeira)* de tout faire pour le prendre avant qu'il n'aille ailleurs. » Une autre légende de Santos, Antonio Lima dos Santos, alias Lima, désormais entraîneur des moins de 15 ans du club, se précipite lui aussi pour observer ce petit phénomène dont tout le monde parle. Celui qui était surnommé « le Joker » pour sa faculté à jouer dans toutes les positions n'est pas n'importe qui. Il a remporté deux fois la Copa Libertadores (en 1962 et 63) et a disputé plus de

700 matchs avec le Roi Pelé sous le maillot de Santos. On peut dire qu'il s'y connaît en matière de football. Il sait donc faire la distinction entre un crack, un bon joueur et un imposteur.

Avec son sourire charmeur, Lima, qui traîne quelques cheveux blancs sur son crâne couleur d'ébène, plisse les yeux et se remémore la scène : « Zito m'a dit : "Tu dois voir ça." Je suis allé à la salle de Gremetal, je me suis installé en tribunes et je suis resté sur le cul ! Je suis tout de suite tombé sous le charme. En l'espace de trois minutes, j'avais compris à qui on avait affaire. » Après ce coup de foudre, Lima discute avec Neymar Senior et Betinho, lequel n'a toujours pas oublié les paroles de Zito prononcées quelques jours plus tôt : « Il m'a dit qu'il avait seulement vu ces qualités chez un homme : Pelé ! Venant d'un joueur qui avait été deux fois champion du monde avec lui, c'était un compliment incroyable. J'étais fou de joie. »

Après tous ces éloges, c'est l'heure des négociations. Santos ne veut pas laisser échapper un tel joyau. D'autant que le São Paulo FC et le Corinthians s'intéressent aussi au feu follet de Praia Grande. Le club de Santos a plusieurs atouts dans sa manche mais un gros handicap à régler : il n'existe pas de catégorie des moins de 13 ans ! « Pas de problème, réplique Zito. On va créer les moins de 12, 13 et 14 ans ! » Le président de l'époque, Marcelo Teixeira, se laisse convaincre assez facilement. Nous sommes en 2003 et le Peixe, le surnom du club, est en train de retrouver la lumière grâce à la génération montante incarnée par Robinho, Diego et Elano. La valeur des transferts vers l'Europe connaît une inflation galopante et il se dit que former des pépites est le meilleur moyen de pérenniser son club et d'en tirer d'énormes plus-values.

Le 1er août 2004, à tout juste 12 ans, Neymar Junior signe le premier de ses nombreux contrats avec le Santos Futebol Club. Pour celui-ci, il touchera 1 665 *reais* par mois (environ 425 €). Son père négocie aussi pour Betinho un poste dans le staff technique de Santos et l'essence gratuite pour qu'il continue de jouer les chauffeurs. « Mon père a toujours été un crack pour négocier », résume Neymar Junior dans le livre *Conversations avec mon père*. Ses copains, Maicon, Dudu, Ricardo et Luizinho, font également partie de l'aventure. Maicon restera à Santos jusqu'à ses 17 ans avant d'être éconduit. Luizinho a tenu moins longtemps. Il a joué à Santos jusqu'à 14 ans mais il en garde encore de jolis souvenirs. « Comme je ressemblais vachement à Neymar, il arrivait que les gens nous confondent. Après certains matchs disputés en dehors de Santos, les gars qui avaient assisté au match venaient me trouver et me félicitaient. Ils disaient : "C'est toi le numéro 7 de Santos ? T'es trop fort ! On te paie un Coca si tu veux." Le numéro 7, c'était Neymar évidemment. On en rigolait et moi, j'ai pu connaître quelques moments de gloire. »

Le mariage entre Neymar et le Santos Futebol Clube est une évidence. C'est le club historique de Pelé, celui qui a fait rêver son grand-père et celui où son père a été formé sans jamais y percer. L'heure est venue de prendre le témoin et de courir sur les traces des héros de 1962 et 1963... En attendant son heure, et avant de devenir l'idole de tout un pays, Neymar est encore un fan de foot comme les autres. Et son chouchou s'appelle Robinho ! Déniché par Betinho et révélé à Santos, le dribbleur de 23 ans a l'occasion de marquer l'histoire de son club lors de la finale de la Copa Libertadores (l'équivalent de la Ligue des champions), le 2 juillet 2003. Battu au match aller par les Argentins de Boca Juniors, à

Buenos Aires (2-0), Santos veut prendre sa revanche dans l'antre du Morumbi, le stade du São Paulo FC. Ce soir-là, dans les tribunes, parmi les 74 395 spectateurs, figurent deux petits garçons, Neymar Junior et son ami Dudu avec leurs pères respectifs. Au bout de vingt minutes, Carlos Tevez douche les espoirs du club brésilien. Les passements de jambes de Robinho n'y font rien et le but d'Alex (75e), l'ancien défenseur du PSG, sera ensuite suivi par deux buts en fin de match des Argentins dirigés par Carlos Bianchi (5-1 sur l'ensemble des deux matchs). « Neymar était un peu dégoûté pour Robinho mais on n'était pas spécialement tristes, se souvient Dudu. On était contents d'avoir assisté à un match avec une ambiance de folie et on se disait surtout qu'un jour notre tour allait venir. On les regardait en disant : "Bientôt, on sera à leur place et nous, on soulèvera le trophée !" »

TÉMOIGNAGE
Alexandre « Kako » Ribeiro, préparateur physique des équipes de jeunes de Portuguesa

« Il avait une faculté incroyable de récupération »

« À 10-11 ans, la préparation physique est relativement sommaire. On ne leur faisait pas faire de musculation, par exemple. Les exercices pouvaient se résumer à des tours de terrain et à des sprints. À ce petit jeu, Neymar était le plus rapide. Il devait faire 15-16 secondes aux 100 mètres. Il avait aussi une faculté incroyable de récupération.
C'était un privilège de travailler avec un môme pareil. Il était toujours motivé, il n'a jamais pesté contre les conditions d'entraînement ou l'état du terrain. Pourtant, il aurait pu. Les vestiaires étaient horribles, on avait rarement de l'eau fraîche pour boire, et les terrains sur lesquels on jouait étaient souvent affreux avec de la terre, du sable ou des cailloux. C'est peut-être à force de jouer sur des pelouses aussi pourries qu'il est devenu aussi fort techniquement.
Je me souviens d'un tournoi qu'on avait disputé à Coritiba (dans le Parana). Avant la finale, Neymar était malade. Il avait de la fièvre et se sentait très mal. Il n'était vraiment pas le genre à faire semblant. Je me suis penché vers lui, et je lui ai dit : "On va jouer la finale sur le terrain d'honneur. C'est un vrai billard. Ça serait dommage que tu rates ça..." En moins d'une demi-heure sa fièvre avait disparu. Il a joué et a même marqué d'une bicyclette ! Je jure que c'est vrai. Neymar, je l'avais surnommé "Orelha" (Grandes Oreilles).

Je suis l'un des rares à l'appeler comme ça et ça l'énervait un peu. Aujourd'hui, quand je le vois avec le maillot de la Seleção ou du PSG, je suis super heureux. C'est le meilleur du monde et je l'ai touché, je l'ai chambré, je l'ai fait progresser. Quelle chance j'ai eue ! »

Chapitre 6

Harcèlement et premiers baisers

Même si le foot coule dans ses veines, Neymar Junior ne peut pas y consacrer 100 % de son énergie. Son père, conscient des risques que comporte une carrière de footballeur, insiste pour qu'il suive la meilleure scolarité possible. Il est soulagé lorsqu'il apprend que l'un des entraîneurs du club de la Portuguesa, Fino, sollicite le proviseur d'une école privée de Santos, le Liceu São Paulo, pour lui obtenir une bourse. « Je lui ai répondu que s'il était si bon que ça au foot on pouvait l'aider, se souvient le directeur du collège, Hermenegildo Miranda, alias Tonton Gil. On avait besoin de renforcer l'équipe de foot, alors on a accepté le deal et on a même donné une bourse à sa sœur pour que ça soit plus facile pour toute la famille. »

Au milieu des enfants privilégiés des zones chics de Santos, Neymar et sa petite sœur peinent à trouver leurs marques. Ils viennent de Jardim Gloria, considéré comme un quartier pauvre, ils sont montrés du doigt. L'intégration est difficile et les deux enfants subissent un début de harcèlement. Mais le petit génie du ballon rond fait parler son talent dans la cour de l'école et se met finalement ses petits camarades dans la poche. Une télé locale, TV Tribuna, filiale de la puissante TV Globo, organise un championnat de futsal interscolaire. Le tournoi devient une mini-Coupe du monde et la première année, en 2003, Neymar emmène son équipe en finale. Il devient le héros du bahut, et il est tellement épatant qu'il provoque la colère des écoles rivales. Tonton Gil se souvient : « Certains m'ont accusé de tricherie. J'ai même dû aller au commissariat pour prouver qu'il était bien inscrit au collège et qu'il allait aux cours. Ils étaient jaloux. Tout le monde voulait avoir un Neymar dans son équipe ! »

L'année suivante, avec son fidèle Dudu comme coéquipier et copain de classe, Neymar permet au Liceu São Paulo de remporter le tournoi. « Ce petit était au-dessus du lot. On aurait dit qu'il ne faisait pas le même sport que les autres », se remémore Luciano Ribeiro, qui couvre la compétition pour le journal *A Tribuna*. Le public, la télé et la presse accompagnent l'aventure de près et Neymar devient une petite célébrité. Il signe ses premiers autographes et distribue quelques bisous aux adolescentes sensibles à la timidité et aux yeux clairs du mini-crack. « Le foot nous a aidé à nous faire des copains, convient Dudu. Pour les filles aussi ça pouvait faciliter le truc, mais à cette époque on ne s'y intéressait pas trop. On ne pensait qu'au foot ! » Les études ne sont évidemment pas leur priorité mais ils s'accrochent comme ils peuvent. « Neymar était encore plus nul que moi en maths », rigole Dudu. La directrice du collège, Maria Raffacco, elle, se souvient surtout d'un « élève normal, qui s'entendait bien avec les autres et qui n'avait pas de problème de discipline ».

À partir de 14 ans, Neymar et Rafaela changent d'école. À seulement 2 kilomètres du Liceu São Paulo, ils rejoignent l'école privée Lupe Picasso grâce à une bourse intégrale négociée et obtenue par Betinho, leur ange gardien. Aujourd'hui, dès le bureau d'accueil, des photos encadrées au mur rappellent le passage du jeune homme qui y étudiera de 14 à 18 ans. L'énergique directrice de l'établissement, Luciene Picasso, se fait un plaisir de ressortir ses dossiers scolaires. On y lit des appréciations positives et des notes dignes des meilleurs élèves : 9/10 en histoire, 8/10 en chimie, 8/10 en portugais. « Neymar était un bon élève, confirme la directrice sans jamais se départir de son joli sourire. Il aimait bien étudier. Il n'avait pas toujours le temps, mais il aimait ça. Il s'intéressait à tout, même s'il préférait l'éducation physique et particulièrement le foot, évidemment. Mais c'était un garçon adorable, un gamin en or, il était illuminé ! »

Dans la cour de l'école, un joli graffiti à l'effigie du champion orne le mur où sont réalisées les activités physiques. Tous les gamins sont fiers de savoir que Neymar est passé par là. Ils parlent de modèle et d'exemple à suivre. Ils demandent aussi s'il va venir bientôt leur rendre visite. La directrice botte en touche. Elle sait que le numéro 10 de la Seleção évolue désormais dans d'autres sphères. Ça ne l'empêche pas de leur parler souvent de lui et de souligner la volonté et la détermination dont il a fait preuve pour réussir. Luciene Picasso : « Son exemple leur démontre que tout le monde peut conquérir ses objectifs, à condition d'avoir de l'envie... Neymar avait ça en lui ! Il savait où il voulait aller. Il a réussi au mérite, mais aussi grâce au soutien de sa famille qui a été infaillible. Les autres jeunes peuvent s'inspirer de son parcours. Il existe plein de façons d'être quelqu'un de bon pour la société. C'est un message qui va leur servir. Neymar est notre exemple. Il est aussi leur exemple... »

TÉMOIGNAGE
Luciene Picasso, directrice de l'école où Neymar a étudié de 14 à 18 ans

« *Il avait un don, c'est évident* »

« Quand il était élève ici, il jouait tous les jours. Quand on le cherchait, on était sûr de le trouver sur le terrain. Il adorait cet endroit. Quand je l'observais, j'étais épatée par sa rapidité, son agilité. Ses jambes étaient comme celles d'un danseur… Il faut une certaine habileté et une certaine sensibilité pour faire ça. Il avait ça en lui. Quand il prenait le ballon, il le dominait parfaitement, c'était digne d'un génie pour faire ce qu'il faisait quand il était petit.

C'était difficile d'imaginer Neymar devenir autre chose que footballeur. Son habileté moteur était vraiment impressionnante. On le remarquait tout de suite. Quand il jouait avec les copains entre les cours, on voyait qu'il était différent. Sa façon de shooter, de se déplacer, de penser rapidement. Il faut être très intelligent pour coordonner ces mouvements ou donner le ballon aux autres… Cette intelligence, cette habileté, c'était vraiment naturel pour lui. Il avait un don, c'était une évidence.

À l'époque, avec ses copains de classe, ils avaient créé une sorte de championnat de l'école ! Ils se sont pris au jeu. Le petit championnat a pris une telle ampleur qu'à la fin ça ressemblait à une finale de Coupe du monde ! Les filles dansaient autour du terrain, ils avaient rameuté des supporters, ils avaient inventé un cri de guerre… Ils faisaient tellement de bruit que le voisinage avait appelé la police car c'était assourdissant. Mais ça valait la peine… Et son équipe avait gagné, évidemment. »

Chapitre 7

Le « cure-dents » à l'entraînement

Sa trousse et ses cahiers tout juste refermés, Neymar engloutit son panier-repas et file au centre d'entraînement des Meninos da Vila. C'est là, à l'entrée de la ville, que les jeunes pousses de Santos doivent se battre pour se frayer une place jusqu'à l'équipe professionnelle. Les places sont chères et moins de 5 % des gamins y parviennent. Parmi eux, il y a ceux qui hériteront d'un strapontin et ceux qui peuvent prétendre au trône.

À seulement 13 ans, Neymar est déjà considéré comme un prétendant sérieux mais son expérience du vrai football, celui qui se joue à onze contre onze, se limite à quelques mois avec la Portuguesa. À son arrivée à Santos, le doute subsiste dans l'esprit des entraîneurs. « Va-t-il réussir la transition futsal-football ? Son physique poids plume va-t-il le handicaper ? » se demandent-ils. Mais après une courte période d'adaptation, le protégé de Betinho a déjà tout compris. Ses dribbles « made in futsal » alliés à sa vitesse deviennent son arme fatale. Ses nouveaux coéquipiers sont épatés. Sauf Dudu ou Maicon, avec lesquels il joue depuis l'époque de Tumiaru, et qui font eux aussi partie des recrues venues renforcer les nouvelles catégories de jeunes de Santos.

Lima, lui, se félicite d'avoir été à l'origine de la venue du phénomène. Entraîneur des moins de 15 ans, il s'attelle à protéger son diamant, du moins à essayer. Lima : « Il était tellement maigre à l'époque et il se frottait à des défenseurs tellement forts que j'avais peur qu'il ne se fasse découper. Comme son jeu était fait de dribbles, et même de provocations, c'était vraiment risqué. Je lui répétais sans cesse : "Mais lâche ton ballon avant qu'il ne soit trop tard." Il me disait : "Mais, professeur, c'est mon style." Il avait raison mais je ne pouvais pas m'empêcher d'avoir peur pour lui. »

Surclassé à chaque saison (à 13 ans, il jouait avec les 14 ; à 14 ans, avec les 15), Neymar se frotte à de sacrés clients, sans jamais refuser le combat. « Le pire, c'était les "présumés", ceux qui trichaient sur leur âge, se souvient Neymar dans le livre *Conversations avec mon père*. Eux, ils me rentraient dedans et voulaient m'intimider. On plaisantait avec les copains en disant que ces gars-là venaient au stade avec leur fils. C'était impossible qu'ils aient moins de 15 ans. Mais il y avait toujours un partenaire ou un coach pour me protéger. Après un match, Lima était inquiet car j'avais été secoué par un 15 ans qui devait en avoir 32. J'ai souffert mais c'était marrant... »

Pour faire face à une telle adversité, Neymar doit s'épaissir. Le staff de Santos en est conscient et les médecins du club lui concoctent un programme spécial avec musculation et alimentation plus riche. Ils craignent aussi que le mini-crack ne grandisse trop et ne devienne une sorte d'échalas désynchronisé. Ils lui font passer des examens qui se révèlent rassurants. Il ne mesurera pas plus de 1,75 m. Compte tenu de son profil de dribbleur fonceur, c'est l'idéal. Mais Neymar a beau soulever de la fonte et manger plus et mieux, il continue de ressembler à un « cure-dents », comme le surnomme affectueusement Lima. Pourtant, son coup de fourchette est redoutable. *Feijao* (haricots), poulet, riz, frites et *farofa* (farine de manioc) composent ses repas préférés. Quant aux glaces et aux gâteaux au chocolat, ce sont des péchés mignons qu'il n'a jamais réussi à éliminer de ses menus.

En attendant, malgré son profil de maigrichon, Neymar n'a peur de rien et il est *fominha,* comme on dit au Brésil. Il veut jouer tous les matchs. Et quand Lima décide de le protéger en le laissant sur le banc, il pleure ou il fait la tête. « Une fois, après une petite embrouille, il ne m'avait plus adressé la parole pendant deux-trois jours », se souvient Dudu. Malgré ses petits caprices, Juninho reste un élément moteur dans un groupe. Et à l'entraînement il donne l'exemple, notamment en restant après les séances pour frapper des coups francs. Régulièrement, il vide le sac de trente-quarante ballons et s'astreint à viser les lucarnes. Lima : « Je plaçais un tee-shirt dans les coins et je lui demandais de viser là où c'est imparable pour le gardien. » L'autre exercice auquel il se soumet, ce sont les frappes du pied gauche. Pour atteindre l'équilibre entre un pied droit qui sait tout faire et un pied gauche un peu mollasson, Lima lui propose des exercices quotidiens. Slalom, remise, reprise de volée ou frappe du gauche. Tout y passe. « À force de bosser, il a pris confiance. La grande force de Pelé, c'est qu'il réalisait un dribble court et après il était capable de déclencher une frappe avec les deux pieds. Pour un défenseur, c'est l'enfer car tu ne peux pas anticiper et savoir d'où ça va partir. C'est ça que je voulais atteindre avec Neymar. » Alors, quand son protégé a envoyé un missile du gauche sous la barre d'Iker Casillas en finale de la Coupe des Confédérations, en 2013, Lima a forcément repensé à ces heures d'entraînement dix ans plus tôt, dans l'anonymat du centre d'entraînement des Meninos da Vila.

Outre sa formation au football traditionnel, Neymar continue de régner sur les parquets avec l'équipe de Santos. Après sa session quotidienne sur la pelouse, il se rend tous les soirs à la Vila Belmiro, le stade historique de Santos. Il s'engouffre dans les sous-sols, descend quelques marches en ciment pour atteindre une salle aussi simple qu'authentique. C'est là que Robinho s'est formé. C'est là que Neymar a flambé et a presque tout gagné. « Sa seule défaite, c'est en finale du championnat paulista contre Corinthians, rappelle Batata, son entraîneur de l'époque. Il restait cinq minutes de jeu et j'ai sorti Neymar. Je voulais qu'il souffle deux minutes avant de le remettre sur le terrain pour les trois dernières. Mais ça s'est mal passé et Alan Patrick a perdu le ballon de l'égalisation. Neymar en a pleuré, il était dégoûté. Et son père était très énervé, il m'avait demandé des explications, il voulait savoir pourquoi je l'avais sorti. Il n'avait pas l'habitude de perdre... »

TÉMOIGNAGE
Batata, entraîneur de l'équipe de futsal de Santos

« Il n'a jamais perdu sa joie de jouer »

« Ça faisait longtemps qu'on entendait parler de Neymar, depuis Gremetal et les jeux inter-scolaires. Quand il a débarqué chez nous, j'étais super heureux. En fait, je n'avais jamais vu un tel phénomène. Le seul qui pouvait s'approcher de son niveau, c'est Djalminha (ancien joueur de La Corogne). *Quant au prochain Neymar, il n'est pas encore né. À l'époque, son talent sautait aux yeux. Même Stevie Wonder l'aurait repéré. Je me sentais privilégié de travailler avec lui.*
Neymar était notre meilleur buteur mais aussi notre meilleur passeur. Il avait un sens du collectif très développé. C'est aussi pour ça qu'il était très apprécié dans l'équipe. Il faisait briller les autres. Ce qui marchait bien, c'était quand on passait en 1-3 (1 joueur derrière, 3 devant). *Le 1, c'était Neymar, il repartait de sa surface de réparation, il remontait le terrain, dribblait un premier joueur, un deuxième et, après, soit il s'appuyait sur un partenaire pour un une-deux, soit il frappait, soit il glissait le ballon à un joueur mieux placé. Bref, ça faisait mouche presque à chaque fois. On avait 90 % de réussite avec cette tactique. L'autre spécialité de Neymar, c'était le tir entre les jambes du défenseur. Il entamait un dribble, profitait du déplacement de l'adversaire pour lui frapper entre les jambes. Il le fait encore très souvent. Pour moi, il y a une chose qui a fait la différence dans la carrière de Neymar : il n'a jamais perdu sa joie de jouer. Dès qu'il avait le ballon dans les pieds, il était heureux. C'était*

son ballon d'oxygène. Et même s'il avait déjà la pression et des défis à relever et à assumer, il le faisait avec le sourire, sans se prendre la tête. Encore aujourd'hui, même quand il s'agit de disputer une Coupe du monde ou une finale de Ligue des champions, il le fait en étant heureux. Il n'a rien perdu de sa fraîcheur. »

Chapitre 8

Voyage interdit, coup de poker et Galactique

Avant de devenir l'un des agents les plus influents du football brésilien, Wagner Ribeiro était employé de banque, qui s'est ensuite transformé en courtier dans l'agence immobilière de son père. Le monde du football, il l'a approché plus tard, par l'intermédiaire de son beau-frère, qui lui a proposé d'investir dans le modeste club XV de Jau, alors en D2 de l'État de São Paulo. Attiré par le goût du risque, et une profonde passion pour le football, Wagner Ribeiro se joint à un groupe de vingt-trois partenaires et investit 15 000 €. Si l'objectif de remonter parmi l'élite régionale finira par échouer, la présence dans l'effectif d'un attaquant prometteur, França, est une aubaine pour les investisseurs. Wagner Ribeiro se charge du dossier et parvient, fin 1995, à vendre le prolifique buteur au São Paulo FC pour 1 M$. Son premier transfert en appellera d'autres. Et en quelques années sa progression dans le monde du foot est fulgurante. Il deviendra notamment l'agent de Kaká, Robinho, Lucas puis… Neymar.

Après s'être occupé du transfert de Robinho vers le Real Madrid, l'agent brésilien noue des relations étroites et privilégiées avec le club présidé par Florentino Pérez. Et quand Betinho, le dénicheur de pépites, lui parle de

Neymar, il n'hésite pas une seconde pour l'intégrer à son catalogue de futures vedettes. Pour Neymar Senior, c'est aussi une façon de continuer à s'entourer des meilleurs. Avec l'alliage Wagner Ribeiro – Juan Figer, le célèbre agent uruguayen qui domine le marché sud-américain depuis les années 1990, il est bien encadré. Ils signent un contrat pour travailler tous ensemble et assurer un salaire mensuel au clan Neymar. Sans doute un peu pressé de faire fructifier son investissement, Wagner Ribeiro propose à la famille Neymar un départ au Real Madrid, où malgré son âge les portes lui sont grandes ouvertes. Le club des Merengue n'a rien à perdre. Pourquoi ne pas former un jeune Brésilien comme le FC Barcelone est en train de le faire avec l'Argentin Lionel Messi ? L'idée est alléchante, d'autant qu'à Madrid les Galactiques ne sont pas éternels, et on dit le plus grand bien du « nouveau Robinho » venu lui aussi de Santos…

Neymar Junior vient de fêter ses 14 ans quand il prend l'avion pour la première fois avec son père et son agent, l'ambitieux Wagner Ribeiro. Sans informer le club de Santos, ils profitent des vacances pour s'envoler depuis l'aéroport de Guarulhos, direction Madrid et la résidence réservée aux apprentis footballeurs du Real, située à Villafranca del Castillo, à 20 kilomètres du centre-ville. Une voiture est mise à leur disposition pour se rendre tous les jours au centre d'entraînement. Au début, le gamin n'en croit pas ses yeux. Tous les accès lui sont autorisés et il ne croise que des stars planétaires : Zinédine Zidane, David Beckham, mais aussi Robinho, son idole, et tous les autres Brésiliens de l'effectif : Ronaldo, Julio Baptista, Roberto Carlos, Cicinho… Il en profite pour faire des photos et demander des autographes, mais il n'est pas là pour ça. Les Espagnols veulent savoir ce qu'il vaut et s'il mérite vraiment tous les éloges qui l'accompagnent. Dès son premier entraînement avec les jeunes du Real Madrid, Neymar met le feu. L'entraîneur espagnol de l'époque, Jesus Gutierrez, est rapidement séduit. Il constate très vite la supériorité technique du petit Brésilien dans un groupe où figurent pourtant de futurs pros comme Daniel Carvajal (Real Madrid), Pablo Sarabia (FC Séville) ou Fran Sol (Willem Tilburg). Neymar Junior n'a pas besoin de temps d'adaptation. Il empile les buts lors des matchs d'entraînement (27 selon la légende) et les entraîneurs valident sans la moindre réserve l'investissement auprès de la direction madrilène.

Séduit lui aussi, Neymar est très vite traité comme un nouveau membre de la famille madriliste. À ce titre, il est évidemment invité à assister à un match de Liga depuis la tribune présidentielle du stade Santiago Bernabeu. Ce 26 mars 2006, il va découvrir les Galactiques en action face au Deportivo La Corogne. Le Real s'impose 4-0 avec un but contre son camp d'Hector et des buts de Ronaldo, Sergio Ramos et Julio Baptista. Le correspondant de TV Bandeirantes en Espagne est présent ce soir-là et il tend son micro à la fin du match à un gamin qui a des étoiles plein les yeux. « Comment ne pas aimer tout ça ? J'ai vu Zidane, Ronaldo, Robinho ! Si je veux rester ici ? Oui, mais je ne sais rien, ce sont eux *(il désigne son père et Wagner Ribeiro)* qui savent ce genre de choses. Moi, je joue seulement au foot », dit-il timidement.

Dans les bureaux, le Real Madrid a fait son choix. Le club leur offre un contrat très alléchant avec un gros salaire, une maison confortable, la scolarité payée pour lui et sa sœur Rafaela, et un emploi pour leur père. Après les galères et les sacrifices, on leur propose la vie de château en Espagne. Mais Nadine, la maman, qui est restée au Brésil pour s'occuper de leur fille, n'a pas encore donné son aval. Elle ne le donnera jamais. Après l'enchantement du début, Neymar Junior commence à ressentir les prémices de la *saudade* (nostalgie). La maison de Praia Grande, les copains du foot et de l'école et même la nourriture brésilienne, tout ça lui manque... Loin de ses racines, il aurait perdu sa joie de vivre et son sourire, selon la version de son père : « Je le voyais chaque jour un peu plus triste. Ça devenait difficile pour lui. Même si tout était fait pour nous mettre dans les meilleures conditions, il n'était pas heureux, constate Neymar Senior. On s'est donc dit que ce n'était pas le bon moment, c'était sans doute trop tôt. C'est le cœur qui a parlé ! Je savais qu'on laissait passer une belle opportunité financière, mais ce n'était pas le plus important. Le plus important, c'était qu'il continue à jouer en étant heureux. »

La réalité est peut-être moins romantique. Comme souvent dans ce genre d'opération, un grain de sable est venu enrayer la machine. Un grain de sable financier, à « seulement » 60 000 €. C'est la somme qu'aurait demandée Wagner Ribeiro pour finaliser l'accord. Par ailleurs, une clause dans son premier contrat prévoyait que si un club non brésilien voulait l'engager, il devait débourser la somme de 5 millions de *reais* (environ 1,2 M€). Or, la direction du Real Madrid, fragilisée à l'époque par un jeu de chaises musicales entre un Florentino Pérez démissionnaire et ses successeurs, Fernando Martin puis Luis Gomez-Montejano, est incapable de prendre une décision. Ou plutôt, le directeur général de l'époque, Carlos Martinez de Albornoz, ne veut pas assumer l'entière responsabilité d'une telle dépense pour un aussi jeune joueur dans un moment aussi incertain pour le club.

Dans le même temps, le club de Santos, qui n'était initialement pas au courant que son joueur profitait de ses vacances pour passer des tests au Real Madrid, réagit.

Conscient du danger d'avoir laissé leur poule aux œufs d'or en liberté, le président de Santos, Marcelo Teixeira, décroche son téléphone et appelle Neymar Senior à Madrid. Comme au poker, il fait tapis et met tous ses jetons sur la table ! Il propose à son fils un contrat de formation de 1 million de *reais* (un record au Brésil) et un salaire stratosphérique pour l'époque (10 000 *reais* par mois). « C'était une folie, mais c'est la meilleure décision de dirigeant sportif que j'ai prise dans ma vie, avoue aujourd'hui l'ancien président depuis son bureau de recteur de l'université Santa Cecilia. À l'époque, tous mes collaborateurs m'ont traité de fou en me disant que c'était trop risqué, qu'il était trop cher, qu'il était trop jeune… Mais je crois que personne n'a regretté mon geste ! Si je n'avais pas téléphoné à son père pour leur faire cette proposition, je pense qu'ils auraient signé au Real et personne n'aurait jamais vu Neymar jouer au Brésil… »

Face à un Real Madrid hésitant pour payer une indemnité de transfert plus un bonus à Wagner Ribeiro, et un Santos prêt à tous les sacrifices pour garder son diamant brut et continuer à le polir dans les meilleures conditions, le clan Neymar opte alors pour la stabilité. Après dix-neuf jours dans la capitale espagnole, retour à la case départ, riche d'une expérience dans le club le plus prestigieux du monde et surtout avec une proposition de contrat jamais vue au Brésil pour un garçon de seulement 14 ans. Après quelques réunions à Santos en présence de Wagner Ribeiro, le contrat est rédigé. Neymar Junior le signera dans le salon de la modeste maison de Praia Grande, là où il dribblait la table et les chaises, quelques années plus tôt. Avec un tel contrat en poche, la famille Neymar fait ses valises, abandonne la rue B de Praia Grande pour un joli appartement avec terrasse, au cœur de Santos, face au stade Vila Belmiro, le théâtre des prochains exploits de Neymar Junior…

TÉMOIGNAGE

Marcelo Teixeira, président de Santos (2000-2009)

« *On a tout refusé, même le PSG !* »

« À partir du moment où l'on a fait signer Neymar, alors qu'il avait seulement 12 ans, il ne se passait pas une semaine sans qu'on reçoive des sollicitations de clubs brésiliens puis étrangers. C'étaient des coups de téléphone, des fax, des e-mails, des courriers. On avait aussi beaucoup d'agents ou de représentants de clubs qui débarquaient chez nous. On a reçu des propositions tellement indécentes que je me refusais de les lire jusqu'au bout (rires). *Les clubs français, le PSG notamment, ont essayé, bien sûr. Mais on a tout refusé !*
La première fois qu'il a signé à Santos, il avait seulement 12 ans. Il a fallu créer des catégories de jeunes qui n'existaient pas chez nous à l'époque. Le secteur financier a grincé des dents car ça coûtait beaucoup d'argent de recruter dix-huit ou vingt jeunes, un staff technique, les repas, les transports, les inscriptions et les taxes relatives aux différents championnats… C'était un gros investissement. Mais c'était le prix à payer pour avoir Neymar. Il fallait le faire car il était déjà sollicité de partout. Il avait choisi Santos car c'était le club préféré de son père, de son grand-père, et puis c'était à côté de sa maison.
Son évolution a été fulgurante. Il a fait preuve d'une maturité et d'une intelligence assez incroyables. Ce qui a fait la différence, c'est que malgré le succès il a continué à prendre des conseils et à se montrer humble. C'est la marque des grands. Il faut reconnaître aussi qu'il était bien entouré. Son père a très bien géré les à-côtés. D'après mon expérience, c'est toujours mieux quand c'est un parent et non un agent extérieur qui gère les intérêts d'un jeune joueur. Un agent va toujours privilégier ses intérêts à ceux de son joueur. »

Chapitre 9

Prières, 100 % Jésus et impôt religieux

De loin, le bâtiment ressemble à un entrepôt ou un garage. Deux rideaux de fer rouges en protègent l'accès et c'est un panneau avec les horaires d'ouverture qui confirme qu'il s'agit bien d'une église. Celle-ci n'a pas d'histoire, ni de clocher, mais elle a un nom, « église Batista Peniel », et un slogan, « Face à face avec Dieu ». Des lieux de culte aussi simples que celui-ci il en existe des dizaines de milliers au Brésil. À São Vicente comme sur tout le territoire, la religion évangélique s'est développée comme une traînée de poudre. Si la majorité des Brésiliens demeurent catholiques, ils sont désormais 22 %, soit plus de 42 millions, à se revendiquer évangéliques. Cette religion fast-food, comme elle est parfois surnommée, a la réputation d'être une Église opportuniste, tournée vers un public vulnérable. On y écoute des prêches à la gloire du Seigneur, on y chante en se tenant par la main et on y assiste même à des miracles : des vieillards recouvrent la vue, des femmes guérissent d'un cancer et des handicapés se lèvent même de leur fauteuil roulant.

Ce genre de mise en scène grotesque, le pasteur Newton Lobato n'en fait pas usage. Il n'a pas besoin de ça pour attirer le chaland. Voilà déjà plus de trente ans que ce pasteur sans soutane, en jean et en polo, invite ses fidèles à laver leur âme et à se rapprocher de Dieu. « Dans notre église, nos fidèles trouvent un support, une famille, du réconfort. La parole de Dieu soulage les blessures de l'âme et du cœur », résume le pasteur dans une interview au magazine *Veja*. C'est dans ce but que Betinho, le dénicheur de pépites, a fréquenté l'église dans les années 1990. Pour son bien-être personnel mais aussi pour trouver un cadre aux apprentis footballeurs qui avaient tendance à se disperser dans la drogue, l'alcool ou avec les filles. Au début des années 2000, après avoir pris l'habitude d'évangéliser ces gamins souvent en manque de repères, il pénètre dans l'église Batista Peniel avec une nouvelle recrue : Neymar Junior. Il n'a que 8 ans mais il tombe sous le charme du pasteur et de ses messages simples et positifs. Son père, qui était l'un des joueurs les plus pieux de l'effectif de l'União Mogi, sa fille Rafaela, puis Nadine, sa maman, deviendront eux aussi des habitués de l'église du pasteur Lobato. « Ce n'est pas étonnant, estime Christina Vital, anthropologue à l'Institut scientifique des études religieuses de Rio de Janeiro (ISER). Le discours évangéliste est parfaitement adapté aux sportifs en quête de repères. La discipline et la prospérité sont des notions qui possèdent un grand pouvoir d'attraction sur eux. » Neymar Senior, qui n'a pas accompli la carrière dont il rêvait, se dit qu'un coup de pouce divin ne sera pas superflu pour aider son fils à réussir sa carrière. C'est donc de façon tout à fait naturelle que la famille se met à fréquenter l'église de São Vicente, les lundis et jeudis soir.

Neymar Junior devient un lecteur quotidien de la Bible, se rend souvent seul à l'église située au 781 Avenida Martins Fontes et se trouve un porte-bonheur qui l'accompagnera tout au long de sa carrière : un bandeau où il est écrit « 100 % Jésus ». Que ce soit à Tumiaru, à Gremetal ou à la Portuguesa, le mini-crack prend l'habitude de s'entraîner ou de jouer avec ce bout de tissu attaché autour du crâne. « Parfois, il le mettait juste pour l'échauffement, parfois pendant les matchs. C'était sa marque de fabrique », se souvient Alcides Magri Junior, coach de l'équipe de futsal de Gremetal. Mais quand il signe à Santos, les dirigeants l'invitent gentiment à laisser son bandeau fétiche aux vestiaires. « Dieu doit être dans le cœur et la tête de chacun, mais on ne doit pas imposer sa foi aux autres », justifie Alberto Vieira, le coordinateur des équipes de jeunes de Santos. Neymar ne s'offusque pas de cette interdiction mais il prendra l'habitude de ressortir son bandeau 100 % Jésus pour fêter titres et trophées. Que ce soit chez les jeunes lors des tournois de futsal, puis en pro après les conquêtes du Paulistão, de la Copa Libertadores, et même de la Ligue des champions et des jeux Olympiques, il n'abandonne jamais son porte-bonheur lors des célébrations ; et tant pis s'il est accusé de prosélytisme par la FIFA...

« Bravo, mon fils, Dieu honore ton exaltation », répliquera sur les réseaux sociaux Neymar Senior en s'adressant aux détracteurs de son champion olympique de fils en 2016. « Je suis fier de lui et de ses croyances, avait déjà expliqué le papa du crack sur le site UOL, en 2013. Il croit en Jésus et il veut toujours se maintenir dans la maison de Dieu. Cela lui permet d'alimenter son esprit et d'être chaque fois plus près de lui. » Selon le pasteur Lobato, c'est même le Seigneur qui a guidé ses pas vers la réussite. « Dieu a toujours été présent dans sa vie et, même si rien n'a été facile pour lui, les portes se sont toujours ouvertes, il a toujours pris les bonnes décisions, se félicite celui qui se considère comme son mentor spirituel. Je lui ai toujours dit de prier Dieu pour qu'il l'oriente dans la bonne direction. C'est le principal conseil que je lui ai donné. »

Baptisé à l'âge de 15 ans sous forme d'immersion sur la plage de Gonzaguinha, Neymar, en fréquentant l'équipe pro de Santos deux ans plus tard, commence à avoir du mal à se rendre à l'église. « Ça ne l'empêche pas d'en conserver les valeurs et les principes », assure le pasteur Lobato qui parvient tout de même à garder le lien avec son paroissien le plus célèbre. « On s'est rencontrés et on a prié ensemble avant son transfert au Barça, après la Coupe du monde, quand il était blessé, avant les jeux Olympiques, dans sa maison de Guaruja, et aussi pendant les négociations avec le PSG », énumère-t-il en avouant que les oraisons se font parfois par téléphone ou à travers des messages bibliques enregistrés et envoyés à Neymar et sa famille.

Même s'il ne respecte pas tous les préceptes de la religion évangélique (qui prohibe, entre autres, la consommation d'alcool et le sexe avant le mariage), Neymar n'est pas le seul à s'égarer. « Je prie pour que les gens n'aient pas de relations sexuelles avant le mariage mais il faut comprendre et être tolérant. On ne ferme la porte au nez de personne », assure Newton Lobato. Surtout quand celui-ci continue de participer « au dixième », une sorte d'impôt qui consiste à verser 10 % de ses revenus à l'église. Il a longtemps tenu cet engagement, mais quand son salaire annuel a atteint des sommets, il a pris ses distances. Si Neymar respectait cette tradition, il offrirait aujourd'hui près de 5 M€ par an à l'église Batista Peniel. « Tous les ans, Neymar fait une donation à l'église mais le montant est confidentiel, précise le pasteur Lobato. Il est reconnaissant du travail que nous réalisons et ça prouve qu'il n'oublie pas le rôle de Dieu dans sa vie. »

TÉMOIGNAGE
Jorginho, champion du monde 1994,
entraîneur et ancien président
des Athlètes du Christ

« Sa rencontre avec Dieu a changé sa vie »

« Ça me rend heureux de voir Neymar revendiquer sa foi, prier et remercier Dieu comme il le fait régulièrement. On sait que la religion est importante pour lui. Elle l'est aussi pour 99 % des Brésiliens, qui sont chrétiens, et c'est positif de voir des gens connus, des footballeurs notamment, reconnaître que devant Dieu ils sont tout petits. La foi ne te fait pas gagner ou perdre un match. Ce n'est pas la foi en Dieu qui permet à Neymar d'accomplir la carrière fabuleuse qui est la sienne. En revanche, je suis certain que cette croyance lui permet de mieux appréhender les moments de joie ou les moments de tristesse qu'il a rencontrés durant sa carrière. Il prend toujours les bonnes décisions, et je suis certain qu'il demande l'aide du Seigneur à chaque fois…
Ce n'est pas la victoire, l'argent, la gloire ou le succès qui apportent la paix dans le cœur des gens. C'est Dieu qui peut t'apporter ça ! C'est grâce à Dieu que Neymar a gardé les pieds sur terre. Je suis certain que sa rencontre avec Dieu a changé sa vie comme ce fut le cas pour moi. Quand j'étais jeune, mon père trompait ma mère et rentrait souvent à la maison en état d'ébriété. J'ai grandi avec cette instabilité familiale. Quand j'ai commencé à devenir pro, j'ai commis les mêmes erreurs. Mais mon frère m'a dit un jour : "Ouvre tes yeux, ouvre ton cœur." C'est à ce moment que j'ai rencontré Dieu. J'ai rejoint les Athlètes du Christ en 1986, à 22 ans. Cela a changé ma vie. J'ai arrêté de toucher aux filles, aux drogues et

aux boissons. J'ai sauvé mon couple et, aujourd'hui, je suis le plus heureux des hommes.
J'aimerais bien prier avec Neymar un jour, ce serait un énorme plaisir. Je ne pourrais pas le faire dans le cadre d'un rassemblement avec une équipe, par exemple, car j'ai décidé de ne plus mélanger foot et religion, mais dans un autre contexte ce serait un plaisir immense de prier avec lui. C'est un garçon avec un bon cœur, qui veut le bien des autres et qui aura, j'en suis certain, encore beaucoup de succès dans les prochaines années.
J'aurais pu le côtoyer lors de la Coupe du monde 2010, lorsque j'étais l'adjoint de Dunga à la tête de la Seleção. Neymar était encore très jeune et nous avions vraiment imaginé le convoquer. Mais nous avions une philosophie de travail qui consistait à emmener à la Coupe du monde uniquement des joueurs que l'on avait déjà testés. La dernière opportunité qui s'était présentée : lui et Ganso disputaient la finale de la Coupe du Brésil avec Santos. On n'a pas pu les tester et ils n'ont pas été convoqués pour la Coupe du monde. Je ne le regrette pas, c'est comme ça. On savait évidemment qu'il allait continuer de grandir et progresser. »

Chapitre 10

Copinha, Robinho et débuts en pro

L'expérimenté Jota Junior, 68 ans, commentateur spécialisé dans le football depuis 1976, en a connu d'autres. Il a surtout connu des matchs beaucoup plus prestigieux que ce Barra do Garças – Santos, au premier tour de la Copinha, une compétition réservée aux moins de 20 ans et qui regroupe quatre-vingt-huit équipes venues de tout le Brésil. Mais peu importe. Quand il s'installe dans sa cabine du stade Comendador Souza, dans la zone ouest de São Paulo, Jota Junior découvre la feuille de match. Comme il s'agit du premier match de poules, le journaliste de SporTV ne connaît aucun joueur. Il n'a pas de fiche et pratiquement aucune info sur les vingt-deux acteurs. Mais il ne s'inquiète pas, il saura improviser. Voilà plus de vingt ans qu'il commente cette compétition pour la télévision et il s'en sort toujours.

Avant la prise d'antenne, il repère néanmoins la date de naissance d'un des remplaçants de Santos, le numéro 21. Nous sommes le 13 janvier 2008, et Neymar Junior n'a que 15 ans (bientôt 16). S'il est amené à rentrer en cours de jeu, il deviendra le plus jeune joueur à participer à ce tournoi qui a déjà révélé des cracks et de futurs internationaux comme Rai, Kaká, Robinho ou Oscar. Le commentateur ne fait pas encore le rapprochement avec « le gamin hyper doué » dont son ami Zito lui a souvent parlé. « Il ne m'avait jamais vraiment donné son nom. Ou alors il m'avait échappé. En tout cas, Zito me disait qu'il y avait un diamant parmi les jeunes du club mais il n'avait pas donné de précisions. Je crois qu'il voulait cultiver le mystère », imagine aujourd'hui Jota Junior.

Diffusé en direct sur l'antenne de SporTV, le match se déroule normalement et on joue la 75e minute quand le panneau artisanal en bois se lève dans le ciel avec les numéros 10 et 21. Jota Junior annonce la sortie de Paulo Henrique (connu plus tard sous le nom de Ganso) et l'entrée du « gamin Neymar ». Il le répète trois fois et insiste bien sur sa date de naissance : « Il est né en février 1992 et il est le plus jeune joueur à disputer la Copinha São Paulo. Il mesure 1,66 m pour 50 kilos… » Ayant épuisé toutes ses infos, il se remet à décrire ce qu'il voit sur la pelouse. Les deux jeunes joueurs, qui deviendront parrains de leurs enfants respectifs, se tapent dans les mains, et Neymar, qui flotte dans son maillot bien trop grand, sprinte vers le centre de l'attaque santista. Son équipe mène déjà 3-0, mais même en si peu de temps il veut se montrer. Deux minutes après son entrée en jeu, il glisse du pied gauche une passe en profondeur parfaite pour Tiago Luis. L'arbitre assistant lève son drapeau pour signaler un hors-jeu. Le ralenti lui donne tort. L'attaquant de Santos était bien parti dans le bon timing. Quatre minutes plus tard, Neymar tente un débordement sur le côté droit mais il s'emmêle les pinceaux et perd le contrôle du ballon. On le retrouve ensuite à gauche de la surface adverse. Il provoque, réalise deux passements de jambes avant d'obtenir un corner. À la 86e, c'est une louche magistrale adressée par Neymar qui permet à Vinicius de se retrouver seul face au gardien. Mais l'arbitre signale un nouveau hors-jeu imaginaire. « La passe était sensationnelle », souligne le commentateur qui comprend que le phénomène est le chouchou mystérieux de Zito. Dans les arrêts de jeu, le benjamin du tournoi sera récompensé de ses efforts en adressant depuis la droite un centre repris victorieusement par Tiago Luis, qui scelle la victoire de Santos (5-1).

En l'espace d'un quart d'heure, Neymar a déjà marqué son territoire. De quoi attirer le micro et les questions du reporter de SporTV posté sur la pelouse. Encore transpirant et le souffle court, Neymar, crâne rasé, y répond, le sourire en coin : « J'étais un peu stressé car c'est un match qui passait à la télé, mais une fois sur la pelouse c'est passé et je me suis libéré... Grâce à Dieu, nous avons réalisé une excellente partie, on va travailler pour être champions ! » Le reporter le relance et lui dit qu'il ne lui a manqué qu'un but pour réaliser l'entrée parfaite. Neymar rigole et donne rendez-vous : « Il faudra attendre le prochain match ! »

Aussitôt dit, aussitôt fait ! Face au Nacional de São Paulo, trois jours plus tard, le benjamin du tournoi inscrit son premier but, sur penalty, lors d'un large succès (4-0) qui assure la qualification du club pour les seizièmes de finale. Santos domine ensuite America Mineiro (3-0), puis Pão de Açucar (1-0) et devient l'attraction du tournoi sans pour autant être titulaire. Il n'a que 15 ans, quand ses camarades et ses adversaires ont quasiment tous entre 18 et 19 ans. Marcio Fernandes, entraîneur des moins de 20 ans de Santos entre 2000 et 2008, se souvient des critiques qu'il avait dû subir avant la compétition : « Au début, le président *(Marcelo Teixeira)* ne voulait pas que je prenne Neymar pour ce tournoi. Il avait peur qu'il se blesse ou qu'il lui arrive quelque chose. Zito n'était pas d'accord non plus. J'ai dû insister et me battre pour les convaincre. Mais c'était chaud. Le président m'a dit : “OK, mais s'il se blesse, tu seras le responsable.” Ils m'ont mis la pression mais j'étais persuadé que c'était le bon moment ! Moi, je voulais qu'il franchisse un palier et qu'il apprenne en disputant un tournoi aussi relevé que la Copinha. Je voulais le voir face à des joueurs plus âgés. Il était tellement fort et il faisait des choses tellement incroyables que je n'étais pas inquiet. Après les premiers matchs, on a compris qu'il était à la hauteur de l'événement. »

C'est alors que se dresse en quarts de finale un gros morceau : l'Inter Porto Alegre. Mais ce 19 janvier 2008 un déluge s'abat sur le stade Nicolau Alayon, dans la zone ouest de São Paulo. La pelouse est gorgée d'eau, elle est à la limite du praticable. Les menaces du président reviennent à l'esprit de Marcio Fernandes qui réunit son staff avant le match et lui fait part de son inquiétude. « Si Neymar joue dans ce bourbier et qu'il se blesse, on est foutu », leur dit-il. La mort dans l'âme, ils décident de ne pas faire jouer la nouvelle coqueluche de Santos. « On ne l'a même pas intégré au groupe ou mis sur le banc car le public aurait passé son temps à réclamer qu'il entre en cours de jeu, regrette le technicien. Neymar était abattu, dégoûté. Il a accepté notre décision mais il ne l'a pas comprise. Ça m'a fait trop de peine de le voir dans cet état-là, mais c'était pour son bien. On ne pouvait pas prendre ce risque. » Après 34 minutes, son équipe pense néanmoins avoir fait le plus dur. Elle mène 3-1 et se dirige vers les demi-finales. Mais Walter (passé depuis au Fluminense ou à l'Atletico Paranaense) égalisera (74e et 88e) avant que son équipe ne s'impose aux tirs au but (3-3, 6 t.a.b à 5).

Neymar est effondré par cette issue cruelle. Mais il n'a pas tout perdu. À partir d'août 2008, quand Marcio Fernandes est promu entraîneur de l'équipe première, il gagne le droit de s'entraîner avec les professionnels. D'abord un peu timide, il lâche peu à peu les chevaux, au point d'agacer quelques anciens, échaudés par la fougue d'un gamin de seulement 16 ans. Les défenseurs comme Leo (33 ans), Edu Dracena (28 ans) ou l'attaquant Kléber Pereira (33 ans) le recadrent. Comme dans une meute, il existe des codes, et le jeune loup ne semble pas trop s'en soucier. Son *ousadia* (audace) n'est pas forcément appréciée des plus vieux, mais Neymar s'en moque, c'est son style de jeu et il n'a aucune intention de se brider. Surtout pas lors d'oppositions entre les titulaires et les jeunes issus du centre de formation. « C'est le genre d'exercices qu'on déteste, reconnaît le milieu de terrain Roberto Brum, 30 ans à l'époque. Même si on n'a pas le droit d'utiliser les bras ni de tacler, les jeunes, ils y vont à fond ! Ils jouent leur vie sur ce genre de match. Forcément, Neymar nous énervait un peu. »

Marcio Fernandes, préoccupé par la situation de son équipe qui lutte pour ne pas descendre en Série B, se souvient de quelques moments de nervosité mais il préfère insister sur le respect que Neymar imposait aux anciens. « Les joueurs savent reconnaître quand ils ont un crack devant eux. Là, c'était tellement évident que personne ne pouvait le discuter. Il s'est fait sa place petit à petit et nous, on se régalait. Avec le staff, on a vu des gestes fabuleux. On se disait : "T'as vu ça ? Mais c'est pas possible, ce qu'il vient de faire." C'était un enchantement de le voir à l'œuvre. J'ai passé les plus belles années de ma carrière à diriger ces séances… » Subjugué par son poulain, il le trouve néanmoins encore un peu tendre pour débuter en première division. La Copinha 2009 arrive donc à point pour satisfaire son besoin de compétition.

En janvier 2009, le « cure-dents », comme le surnommait Lima, s'est un peu épaissi. Son régime alimentaire, ses sessions de musculation et ses duels avec les professionnels de Santos l'ont un peu endurci. Ses cheveux ont poussé et son regard semble plus déterminé qu'avant. Pour son entrée dans la compétition, Santos s'impose facilement (4-0) face à CENE, avec notamment un doublé d'André et un but de Neymar sur un coup franc du pied gauche. « Neymar brille, et Santos fait danser CENE », titre le site Internet UOL, qui énumère toutes les occasions créées et provoquées par le numéro 7, le chiffre historique d'un certain Robinho. « Je suis fan de Robinho, on a des styles de jeu qui se ressemblent. Je cherche toujours à faire la différence avec des dribbles et des feintes », reconnaît Neymar après la rencontre avec son aîné. Contre Guarani, en seizièmes de finale, pas besoin de ginga ou de passements de jambes. À la suite d'un corner venu de la droite, il s'arrache du marquage pour placer une tête plongeante célébrée par un joli pas de samba. En fin de match, il conclut le festival de Santos en prenant de vitesse le dernier défenseur adverse avant d'éliminer le gardien et de pousser le ballon dans le but vide (4-0).

Quatre matchs, quatre victoires ! Seize buts inscrits (5 pour André, 3 pour Neymar), et seulement trois encaissés, le bilan est parfait. En quarts de finale, c'est le puissant club du Cruzeiro de Belo Horizonte qui se présente sur la pelouse du stade Benedito Teixeira, à São José do Rio Preto. Le milieu de terrain Serginho ouvre le score pour l'équipe de Neymar, mais Bernardo inscrit un doublé et élimine Santos de la Copinha. La déception est terrible mais le numéro 7 veut vite refermer cette parenthèse. De retour à l'entraînement avec les « grands », il sent que son heure approche. L'impatience autour de son cas est de plus en plus forte et, au club, tout le monde attend le jour J.

Il se produit le 12 février 2009, quand Marcio Fernandes qui a maintenu Santos en Série A, le convoque pour affronter Marilia, lors de la 7e journée du championnat paulista (de l'État de São Paulo). C'est la première fois que Neymar est dans le groupe. Mais Santos perd 1-0 et le jeune attaquant ne quitte pas le banc. L'entraîneur regrettera longtemps sa frilosité. Il est viré quelques heures plus tard de son poste. « J'ai pensé le lancer mais je ne l'ai pas fait. Et aujourd'hui je m'en mords les doigts, déplore le technicien, neuf ans après cet épisode. Je le regrette car il aurait pu changer l'histoire. Il aurait pu me sauver et moi, je serais resté comme l'entraîneur qui a lancé Neymar... »

TÉMOIGNAGE
Marcelo Djian, ancien joueur de Cruzeiro, Corinthians et Lyon, désormais agent et recruteur pour l'OL au Brésil

« Le succès lui est un temps monté à la tête »

« Ça faisait longtemps déjà que j'entendais parler de Neymar. C'était le nouveau Robinho, le nouveau Pelé, etc. Quand il s'entraînait avec les jeunes de Santos, vers 15-16 ans peut-être, le père d'un gamin qui jouait avec lui m'avait dit : "Laisse tomber, Neymar, ce n'est pas aussi fort qu'on le dit. Ce n'est pas un crack, tu vas voir, fais-moi confiance." Comme les joueurs de Wagner Ribeiro avaient la réputation d'être un peu surévalués sur le marché, je me suis dit que ce Neymar n'était sans doute pas le phénomène que certains voulaient bien nous présenter.

J'ai vu certains bouts de match à la Copinha mais rien qui ne me fasse vraiment changer d'avis. Dans ma tête, Neymar était surcoté. Ce n'est que lorsque je l'ai vu débuter avec les professionnels que j'ai changé d'avis. Là, je me suis dit que ce gosse avait vraiment quelque chose de différent. J'ai prévenu Bernard Lacombe (directeur sportif de l'OL) *et l'état-major lyonnais, mais je savais que ça ne collerait pas. Déjà parce que Lyon n'avait pas l'habitude de prendre des joueurs aussi jeunes. L'idée à cette époque, c'est surtout de recruter des joueurs confirmés, internationaux, et qui puissent s'adapter rapidement au style de jeu européen. Après, il faut reconnaître que Neymar était déjà courtisé par les plus grands. Lyon était dans une phase déclinante sur l'échiquier européen, donc*

ça semblait impossible. L'autre obstacle, c'était le comportement du joueur. Lors des premiers mois, ça ne s'est pas super bien passé. Le succès lui était monté à la tête et on se demandait s'il n'allait pas exploser en vol.
Finalement, il s'est remis la tête à l'endroit et il n'a plus arrêté de progresser. J'avais quand même envoyé un rapport à l'OL pour signaler le profil de Neymar, mais en sachant que ça ne marcherait pas. Et puis Wagner Ribeiro voulait absolument le vendre au Real Madrid. C'était écrit. Mais le joueur, lui, rêvait du Barça… »

Chapitre 11

Premiers matchs, premiers buts, mais toujours fragile comme un papillon

Assis dans les tribunes de stade de Pacaembu, dans la zone ouest de São Paulo, Neymar Senior a le cœur serré. Alors que son fils s'extirpe du banc de touche de Santos et va entamer son échauffement, le public se met à gronder et à réclamer l'entrée en jeu du petit phénomène. Nous sommes le samedi 7 mars 2009, face à Oeste, lors du championnat paulista. « Neymar ! Neymar ! » scande une partie des 22 000 spectateurs avant d'enchaîner par un chant plus original : « *Oh-lé-lé, oh-la-la, o Neymar vai entrar, e o bicho vai pegar.* » (Neymar va rentrer et il va mettre le feu.) Dans la tribune d'honneur, Neymar Senior est partagé entre soulagement, joie et tristesse. Il attendait cette récompense depuis longtemps mais il ne peut s'empêcher de penser à Seu Ilzemar, son père, fan invétéré de Santos et de Pelé, décédé en mai 2008. « C'était une soirée vraiment spéciale, se souvient José Benicio, le frère de Neymar Senior. On a pensé très fort à notre papa et aux valeurs de travail qu'il nous avait inculquées. Tous les sacrifices consentis nous sont revenus à l'esprit. On a versé une larme avec mon frère. Notre père aurait tellement aimé voir ça. Mais je suis persuadé que depuis là-haut il a vu son petit-fils entrer en jeu. »

Peu avant la 60e minute, Vagner Mancini, qui a remplacé Marcio Fernandes depuis le 14 février 2009, fait signe à Neymar qui sprinte vers son entraîneur. Il glisse de longues instructions à l'oreille du numéro 18. Concentré, le jeune garçon écoute attentivement mais n'a qu'une hâte, fouler la pelouse du Pacaembu et disputer son premier match professionnel. Santos mène 2-1, et Neymar remplace le Colombien Mauricio Molina, sous les hourras de la foule. « Le crack du futur », comme il a longtemps été présenté, devient le crack du présent. C'est désormais à lui de jouer, à lui de séduire ses entraîneurs, ses coéquipiers et les *torcedores,* impatients de le voir enfin en action. En l'espace de trente minutes, ils auront déjà un aperçu du potentiel de leur nouveau chouchou. Dès son premier ballon, il exécute un passement de jambes, élimine son adversaire, déborde sur le côté droit avant de centrer fort... sur la barre transversale ! Après cette première étincelle, il réalise un slalom géant à toute vitesse, réussit des jeux en triangle, des une-deux et provoque deux coups francs dangereux. Largement suffisant pour réussir ses débuts et recevoir les applaudissements du public.

Aujourd'hui, Vagner Mancini, 51 ans, qui a entraîné une douzaine de clubs de première division, se souvient des moments qui ont précédé son changement le plus marquant dans sa carrière. « Je lui ai demandé s'il était prêt. Il m'a répondu avec beaucoup d'assurance qu'il ne sentait pas la pression. Je lui ai tenu le même discours que pour n'importe quel jeune qui dispute son premier match. Je lui ai dit d'avoir confiance en lui, de ne pas avoir peur de dribbler, de frapper, de jouer comme il savait le faire. C'est ce qu'il a fait. Il ne s'est pas intimidé et a réussi son match. » Il récidivera cinq jours plus tard, pour ses débuts à domicile, au stade Vila Belmiro, contre

Paulista Jundiai, le club où a été formé Nenê. Lancé en début de seconde période, à la place du défenseur Domingos, il doit secouer son équipe, menée au score dès la 18e minute. Heureusement, Neymar se sent déjà dans son jardin dans ce stade vieillot mais authentique. Il se démultiplie, à droite, à gauche, dans l'axe, enchaîne les courses et les gestes techniques brillants et parvient même à égaliser. Mais son but est refusé pour hors-jeu. Poussé par le public, Santos réussira à s'en sortir à la 84e, sauvegardant l'invincibilité de Vagner Mancini à la tête de l'équipe : quatre victoires et deux nuls depuis sa prise de fonctions.

Trois jours plus tard, privé de plusieurs cadres, Vagner Mancini titularise Neymar sur le front de l'attaque pour affronter Mogi Mirim, lors de la 14e journée du championnat paulista. Paolo Henrique Ganso (56e) puis Roni d'une jolie tête piquée (68e) creusent l'écart pour Santos. Sur une nouvelle offensive, Molina décale Germano qui lance Triguinho, dont le centre trouve au point de penalty la tête plongeante de… Neymar ! Il est 18 h 37 quand le numéro 7 inscrit son premier but comme joueur professionnel. Il lève son index droit vers le ciel puis saute en l'air en mettant un coup de poing dans le vide. Comme un certain Pelé, l'idole de son grand-père. « Il était super fan et j'ai le souvenir d'avoir regardé des vidéos de ses actions, de ses buts et de ses célébrations, confiera Neymar dans le livre *Conversations avec mon père*. Mon papa m'avait raconté l'histoire de ce coup de poing dans le vide. Quand j'ai marqué, j'ai reproduit ce geste. Je voulais rendre hommage à mon grand-père et faire plaisir à mon père. Ce but était plus pour eux que pour moi. Ce but était de Santos ! »

Cette tête plongeante marque surtout le début d'une longue série. Après des débuts aussi prometteurs, Vagner

Mancini n'a aucun scrupule à aligner son attaquant de 17 ans. Trois jours après son premier but, il récidive et ouvre le score au premier tour de la Coupe du Brésil face à Rio Branco (4-0). Et rebelote lors du 3-0 infligé à Santo André lors de la 16e journée du championnat paulista. Après quatre matchs consécutifs sans marquer, Neymar se réveille au meilleur moment : face au Palmeiras d'Edmilson, en demi-finales du championnat paulista (2-1). Dans le chaudron de Vila Belmiro, il inscrit le but de la gagne d'une frappe croisée aux 20 mètres qui surprend Marcos, le gardien champion du monde en 2002. Un mouvement pratiqué et répété avec son père. « Il me disait toujours de feinter, d'attendre que le défenseur écarte les jambes pour frapper au milieu. La première fois que ça a fonctionné, avec Portuguesa, j'avais couru dans sa direction au bord du terrain pour l'embrasser et le remercier », se souvient Neymar Junior. Cette fois, sa « spéciale » a encore plus de saveur. Elle a fait mouche contre Palmeiras, le club dont il est tombé amoureux. C'était son club fétiche quand il était enfant et les stars de l'époque, Rivaldo, Alex ou Marcos, étaient ses idoles. Alors, inscrire un but au gardien vétéran sera forcément consigné sur son tableau de chasse.

Un autre champion que Neymar aimerait épingler à son palmarès, c'est Ronaldo, « O Fenomeno ». De l'ancien Ballon d'Or, il imitait les dribbles et même la coupe de cheveux du Mondial 2002. Ça tombe bien, c'est avec lui et les Corinthians que Santos a rendez-vous en finale du championnat paulista. Mais malgré ses kilos en trop, l'ancienne star de l'Inter Milan, du Barça ou du Real Madrid est encore utile. Il inscrit deux buts magnifiques (dont un lob du gauche de 25 mètres) restés dans les annales. « Gronaldo », comme certains détracteurs le surnomment, scelle la victoire du Corinthians sur la pelouse de Vila

Belmiro (3-1). Le match retour (1-1) confirme la supériorité du club entraîné à l'époque par Mano Menezes et, après quinze ans d'exil en Europe, Ronaldo peut soulever son premier trophée brésilien sous les yeux de Neymar, qu'on présente déjà comme son successeur sous le maillot de la Seleção.

Cet échec en finale va laisser des traces et l'équipe de Santos est encore fragilisée lorsqu'elle entame le championnat national, le week-end suivant. Elle concède deux défaites et trois nuls en cinq matchs. Neymar ne marque plus et Vagner Mancini est déjà menacé. Le déplacement à Bahia, le 12 juillet, lui sera fatal. Sans Neymar, absent, Santos prend l'eau et s'incline 6-2. Une défaite considérée comme un sabordage qui va précipiter le départ de l'entraîneur qui ne sera resté que six mois (15 victoires, 9 nuls et 6 défaites en 30 matchs). Rien d'anormal au Brésil où l'on change d'entraîneur aussi souvent qu'on va à la messe...

Celui qui doit prêcher la bonne parole et faire des miracles arrive quelques jours plus tard. Il s'agit de Vanderlei Luxemburgo, une vieille connaissance du club de Santos qu'il a déjà entraîné en 1997-98, en 2004 puis en 2006-07. Entre ces deux dernières expériences, le technicien brésilien avait pris les rênes des Galactiques du Real Madrid et avait croisé au centre d'entraînement madrilène un aspirant footballeur de 14 ans : Neymar Junior. Mais, bizarrement, les retrouvailles ne sont pas des plus chaleureuses. Même si c'est Neymar qui lui offre la victoire pour ses débuts, contre l'Atletico Paranaense (1-0, le 22 juillet), il n'entre pas dans les petits papiers de l'ancien sélectionneur national (1998-2000). À partir de la fin juillet, il enchaîne neuf matchs consécutifs dans la peau d'un remplaçant, quittant chaque fois le banc pour disputer en moyenne 25-30 minutes de jeu.

De quoi frustrer les supporters et les dirigeants du club. Invité à s'expliquer face aux médias, dans une salle de presse trop petite, Vanderlei Luxemburgo va vite refroidir l'ambiance. « Dans le futur, Neymar sera un joueur de haut niveau, mais je suis persuadé qu'il a été lancé trop tôt avec l'équipe première, avance-t-il en préambule. Il aurait dû jouer davantage avec les équipes de jeunes pour gagner en maturité. Il faut un peu de calme avant qu'il ne soit prêt. Il est fragile comme un papillon, il est tout fin et ne résiste pas aux chocs. Il doit encore gagner de la masse musculaire et je ne veux pas cramer un tel joueur. »

Piqué dans son orgueil, « le papillon » prend son mal en patience puis se réveille en fin de saison, inscrivant six buts lors des cinq derniers matchs. Pas de quoi redresser la courbe de résultats du club qui termine le championnat à la 12e place. Le bilan de Luxemburgo est médiocre (9 victoires, 8 nuls et 9 défaites) et c'est sans ménagement qu'il est limogé en décembre 2009.

TÉMOIGNAGE
Paulo Henrique Ganso, milieu de terrain,
coéquipier de Neymar en Seleção
et avec Santos de 2006 à 2010

« En plus d'être un joueur incroyable, Neymar est aussi un vrai clown »

« Ma première rencontre avec Neymar, c'était au centre de formation de Santos. On avait un rêve tous les deux et on n'hésitait pas à en parler ensemble : devenir joueur professionnel ! Franchement, on est allés beaucoup plus loin que nos délires de gosses. Moi, je n'ai pas réussi à le suivre tout en haut. Les blessures peuvent expliquer que je ne sois pas entré dans le Top 10 comme tout le monde me le prédisait, mais je suis fier de ce que j'ai accompli. Je n'ai pas à rougir de ma carrière.

Le premier match dont je me souviens et qui a compté pour la suite, c'est lors de la Copinha (chapitre 10). *Nous* (les joueurs) *qui connaissions la bête, on savait de quoi il était capable, même contre des plus grands. Mais je crois que ce jour-là le monde a commencé à entendre parler de Neymar. À l'époque, il en fallait de la personnalité et du talent pour réussir ses débuts de cette façon. Depuis, il ne se passe pas un match où il ne confirme pas ses incroyables qualités… Plus tard, le premier semestre 2010 a été incroyable ! Il restera gravé à jamais dans ma mémoire. J'ai connu beaucoup de moments formidables mais, franchement, cette époque était incroyable. Ils représentaient l'insouciance, le bonheur simple. Ils étaient synonymes aussi de réussite. À partir de là, on savait que nos carrières étaient lancées. Notre équipe jouait avec panache, et marquer des buts était notre façon de concrétiser ce bonheur d'évoluer ensemble. Je suis vraiment honoré d'avoir participé à cette équipe "santastique". On était des copains, mais pas seulement. Il y avait beaucoup de talent au mètre carré et c'était très difficile de nous battre... Ce que j'aimerais, c'est rejouer un jour avec Neymar, dans la même équipe. Ce serait un honneur de partager de nouveau le même maillot. J'espère que ça arrivera avant qu'on soit trop vieux.*

On ne se lassait pas de voir Neymar jouer ou s'entraîner. Il a toujours été spectaculaire et décisif quand on avait besoin de lui. Il y a eu des matchs où il endossait la responsabilité de nous faire gagner. Neuf fois sur dix, il y parvenait. Et moi, j'étais heureux d'y participer, parfois de très près en lui offrant des passes décisives. En plus d'être un joueur incroyable, Neymar est aussi un vrai clown. J'ai toujours adoré célébrer nos buts avec lui. C'était un moment spécial mais il fallait bien le faire et on s'entraînait pour ça. On inventait des danses, des chorégraphies... Quand on marquait, il fallait marquer le coup, ça nous permettait aussi de jouer encore plus relâchés après... On se marrait bien à inventer ces célébrations puis à les exécuter... Là où il était le plus chiant, c'est quand il fallait le marquer à l'entraînement. Il était insupportable. Intenable et mauvais perdant en plus. Je n'ai jamais aimé jouer contre lui. Le jour où je l'ai vu le plus heureux, ça devait être lors de notre première convocation (chapitre 15). *C'était la réalisation d'un rêve. Il a aussi connu des moments difficiles comme cette embrouille avec le coach* (chapitre 16), *mais il a toujours su surmonter les obstacles. Ça m'a toujours fasciné. Quand il trébuchait, il se relevait aussitôt et retrouvait très vite le sourire. Un secret ? Mais Neymar ne peut rien vous cacher ! L'histoire, tout le monde la connaît. Et la fin, je suis certain qu'elle va se terminer en apothéose. Car c'est un garçon qui cherche et qui mérite tout le bonheur du monde.* »

Chapitre 12

Les « Quatre Santastiques » et la déception 2010

Quand le truculent Luis Álvaro de Oliveira Ribeiro, aussi connu sous le nom de LAOR, est élu président de Santos en décembre 2009 avec 62 % des voix, il promet du changement. « On va faire un grand ménage et on va retrouver les sommets », assure le successeur de Marcelo Teixeira. Âgé de 67 ans à l'époque, cet homme d'affaires spécialisé dans l'immobilier a besoin d'un architecte pour façonner son groupe et faire progresser les jeunes pousses issues du centre de formation. Il se tourne vers Dorival Junior, dont le parcours comme joueur (modeste milieu de terrain défensif) puis entraîneur (il venait de faire remonter Vasco da Gama en Série A) ne laissait rien présager de flamboyant. Mais la greffe entre un coach relativement jeune (47 ans) et son groupe va très vite prendre. Derrière ses petites lunettes transparentes et ses cheveux déjà grisonnants, Dorival a des airs de poète romantique. Il veut justement distiller un peu de lyrisme et beaucoup de vitesse à une équipe qui ne manque pas de talent mais qui ne sait pas comment l'exprimer.

Il monte une équipe jeune et ambitieuse fondée sur l'*alegria* et l'*ousadia* (la joie et l'audace), deux valeurs qui collent parfaitement aux semelles de Neymar Junior, la tête de gondole d'un onze majeur qui ressemble à ceci : un jeune gardien formé au club (Rafael Cabral), une défense expérimentée avec une moyenne d'âge de 29 ans (Pará, Edu Dracena, Durval, Leo), un milieu de terrain avec deux chiens de garde de 23 ans (Wesley et Arouca), un chef d'orchestre à la patte gauche magique (Paulo Henrique Ganso) et un trident offensif absolument imprévisible : Madson (puis Robinho), Neymar et André. C'est avec cette équipe que Santos est devenu irrésistible et a enchanté l'État de São Paulo puis le Brésil tout entier.

Comme de coutume au Brésil, l'année civile débute par cinq mois de championnat régional. Celui de l'État de São Paulo est le plus relevé du pays avec la présence de grosses écuries comme Palmeiras, Corinthians, São Paulo FC ou Santos. Dès le début de l'exercice, les Noir et Blanc ne font pas de quartier contre les petites équipes. Onze victoires en treize matchs ! Avec parfois des scores outrageants (5-0 contre Barueri, 6-3 contre Bragantino). L'attaque santista est tout simplement magique. Neymar inscrit huit buts en douze matchs et il régale avec ses amis : Ganso à la baguette, et André à la conclusion. Le trio est rejoint à partir de mi-février par Robinho, alors dans une impasse à Manchester City. Neymar va pouvoir jouer avec son idole et se répartir aussi les responsabilités. Il va aussi se rendre compte qu'il n'a rien à lui envier. Et l'entente entre les deux artistes va faire des étincelles. Leur vitesse et leur technique font plier toutes les défenses, y compris celles du São Paulo FC de Rogério Ceni en demi-finales du championnat paulista (6-2 sur l'ensemble des deux matchs). « Cette époque, c'était que du bonheur, se souvient Neymar dans le livre *Conversations avec mon père*. Le fait d'être ensemble et de jouer ensemble était indescriptible. Toutes les bonnes énergies qu'on partageait se répercutaient sur le terrain avec des super mouvements, des buts et des victoires. On n'arrêtait pas de rigoler, de se chambrer, de se marrer. On avait confiance l'un envers l'autre. On entrait sur le terrain et on savait déjà qu'on allait gagner. Notre confiance était contagieuse. L'arrivée de Robinho a rendu tout ça encore plus merveilleux. Je jouais avec mon idole ! On est devenus très proches. Ce fut une des meilleures années de ma vie. On était heureux, on jouait en s'éclatant et on rendait les supporters fous de joie. Que demander de plus ? »

À chaque match de Santos, c'est le show assuré. Avec l'arrivée de Robinho, Neymar devient encore plus intenable. Du 10 mars au 26 mai, il inscrit dix-neuf buts en quinze matchs, dont un quintuplé contre Guarani en Coupe du Brésil, le jour des quatre-vingt-dix-huit ans du club de Santos. Avec Ganso, Robinho, Neymar et André, le quatuor gagne un surnom révélateur : « les Quatre Santastiques ». Pour rendre la partition encore plus savoureuse, ils s'amusent à inventer des célébrations inédites. À chaque but, sa petite danse ou sa chorégraphie pour imiter les stars de la chanson du moment. Mais ils sont tellement efficaces et marquent tellement de buts (130 en 6 mois) qu'ils doivent inventer autre chose. Alors, tout y passe : la marche militaire, une simulation d'air guitare, la danse du pingouin, le shoot à trois points, le *shadow tennis* ou la parodie de rap américain avec casquette de hip-hop sur le crâne. Du grand spectacle. Et quand Neymar est absent, il a le droit à sa dédicace. Le 10 mars, suspendu contre Ituano, il en profite pour se rendre à New York pour une opération marketing avec Red Bull. Quand Ganso a marqué le deuxième but de son équipe, tous se sont rassemblés au poteau de corner pour simuler la pose de la statue de la Liberté et adresser un clin d'œil à leur pote.

Mais pour que ce vent de folie ne parte pas en fumée, il faut gagner des titres. Dorival Junior en est bien conscient, alors il réclame un peu plus de sérieux et de concentration au moment de disputer la finale du championnat paulista contre Santo André, la surprise du tournoi. À l'aller, le 25 avril, Santos s'impose 3-2 avec un Neymar étonnamment transparent et remplacé dès la mi-temps. Le dimanche suivant, il a bien l'intention de prendre sa revanche pour remporter le premier trophée de sa carrière professionnelle. Il inscrit un doublé mais le manque de maturité de son équipe est criant. Sanctionné par trois cartons rouges, Santos concède la défaite sur le même score qu'à l'aller. Mais au bénéfice d'une meilleure campagne l'équipe de Robinho est sacrée championne de l'État de São Paulo ! Le tour d'honneur et la célébration seront à la hauteur d'un succès plein de panache malgré un accroc lors de la finale retour. Grâce à ce titre, le premier trophée du club depuis 2007, les Meninos da Vila se positionnent comme des renforts crédibles au sein de la Seleção qui prépare son départ pour la Coupe du monde en Afrique du Sud.

Voilà déjà plusieurs semaines que les supporters de Santos militent pour que Ganso et Neymar intègrent l'équipe nationale entraînée par Dunga. « *Aõ, Aõ, Aõ, o Neymar é seleção* », chantent-ils régulièrement. Mais Dunga n'a pas l'habitude qu'on lui dicte ses choix. L'opinion publique et la presse lui mettent la pression. Tout le monde veut voir le duo infernal de Santos mettre un peu d'impertinence dans un groupe et une équipe qui manque de folie. Les anciens comme Ronaldo, Romario, Zico et même Pelé s'y mettent. Le parallèle avec le Roi est d'ailleurs tentant. En 1958, Pelé n'avait que 17 ans lorsqu'il a été convoqué à la surprise générale pour disputer la Coupe du monde en Suède. Il y gagnera la première de ses trois couronnes mondiales et entamera l'écriture de sa légende. Pour que Neymar puisse marcher sur les traces du « meilleur joueur du siècle », il doit donc espérer un coup de pouce de Dunga.

Le 12 juin 2010, dans une salle de conférences d'un hôtel de la zone ouest de Rio de Janeiro, et devant une centaine de journalistes, le sélectionneur national lance le diaporama des vingt-trois joueurs appelés à disputer la Coupe du monde. Après avoir égrené les trois gardiens de but, les défenseurs et les milieux de terrain, c'est le moment tant attendu. Neymar sera-t-il l'invité de dernière minute pour le voyage en Afrique du Sud ? Robinho (Santos), Luis Fabiano (FC Séville) et Nilmar (Villarreal) sont sélectionnés, comme prévu. Il ne reste alors qu'un seul nom à dévoiler. Ronaldinho (Milan), Adriano (Flamengo) et Neymar peuvent prétendre au dernier strapontin. Mais c'est finalement Grafite (Wolfsburg) qui coiffe tout le monde au poteau et provoque une onde de choc dans l'amphithéâtre…

Face à cette déception réelle, bien que prévisible, Neymar se replonge dans le quotidien de son club. Le cœur n'y est plus trop et ses prestations s'en ressentent (3 défaites en 4 matchs de championnat, 0 but). Mais la perspective de disputer une finale de Coupe du Brésil, face à Vitoria, lui redonne du baume au cœur. Au match aller, le 28 juillet, il ouvre le score mais rate un penalty en tentant une panenka que le portier adverse capte sans difficulté. Il subit les premiers sifflets de sa jeune carrière. « Ça m'a fait mal, mais cet épisode m'a servi de leçon », dira-t-il ensuite. Après la victoire à l'aller (2-0), Santos s'incline au retour (2-1) mais remporte tout de même la Coupe du Brésil pour la première fois de son histoire. À seulement 17 ans, et avec deux trophées d'envergure remportés en l'espace de trois mois, la carrière de Neymar est lancée. De quoi bouleverser son père : « Ce fut beaucoup d'émotion pour le cœur d'un papa, le cœur d'un supporter, le cœur d'un ancien joueur, dira Neymar Senior. Mon fils vient des tribunes, il vient du centre de formation, il est un fils de Santos. Il est sorti de Santos, mais Santos ne va jamais sortir de sa chair, c'est son berceau, et Vila Belmiro est sa maison. »

TÉMOIGNAGE

André, attaquant, coéquipier de Neymar à Santos en 2009-2010 puis en 2012-2013

« *Avec lui, c'était l'éclate totale !* »

« La première fois que j'ai vu Neymar, il devait avoir 14-15 ans, et moi 16 ans. C'était dans les dortoirs du club de Santos. Il était déjà marrant avec ce petit sourire en coin. Il n'a pas changé, en fait. Ça fait dix ans que je le connais et il est toujours le même. Il est toujours heureux, de bonne humeur, prêt à faire le pitre. C'est pour ça que j'ai voulu devenir son pote. Les gens positifs sont précieux.

Avec lui, sur le terrain, c'était l'éclate totale ! On a vécu une période marquante, pour moi mais aussi pour ceux qui l'ont accompagné. On avait une équipe fabuleuse qui a enchanté les supporters et tous les amoureux du foot. En fait, on a réussi à transposer sur la pelouse l'amitié qu'on avait créée en dehors. Tout se faisait naturellement. On rigolait dans le vestiaire en inventant des chorégraphies et des danses pour célébrer nos buts. Tout ça me manque, et j'ai très envie de rejouer avec lui. On s'est d'ailleurs promis de terminer notre carrière dans la même équipe. On va voir si on y parvient, à Santos ou ailleurs. L'important, c'est d'être ensemble avec mon pote "Ney le maigrichon", c'est son surnom...

Aujourd'hui, on n'a même plus besoin de se parler avec Ney. Il suffit qu'on se regarde pour savoir ce qu'on pense. C'est rare de sentir ça avec quelqu'un. On a tous les deux le même style de vie, la même façon de voir les choses, les mêmes délires. C'est pour ça qu'on est devenus des frangins. »

Chapitre 13

Le fauteuil de Senna, le coup de fil de Pelé et le transfert à Chelsea

Le parc d'Ibirapuera est le poumon de la ville de São Paulo. Conçu et dessiné par l'architecte et paysagiste Roberto Burle Marx, il est l'équivalent de Central Park à New York ou du bois de Boulogne à Paris. Marcelo Djian, l'œil de l'Olympique Lyonnais au Brésil, y a ses habitudes. Ce jour-là, avant d'entamer son footing, il croise Wagner Ribeiro, l'agent de Neymar Junior. Nous sommes en juillet 2010. Le manager du joueur est de bonne humeur et a envie de partager une bonne nouvelle. Il lui révèle la future destination de son poulain : « Marcelo, tu sais où va Neymar ? Il va aller à Chelsea ! On ne peut pas refuser. C'est une offre magnifique. » Quelques jours plus tôt, c'est West Ham, modeste club londonien, qui a dégainé le premier. Les Hammers proposent à la direction de Santos un chèque de 15 M€ et l'assurance que le joueur pourra s'adapter tranquillement avant d'aller dans un club du Big Four, comme Javier Mascherano et Carlos Tevez l'ont fait avant lui. Mais le club présidé par Luis Álvaro de Oliveira Ribeiro ne donne pas suite. Propriétaire à 60 % des droits du joueur (les 40 % restants appartiennent au groupe DIS, la branche sportive de Sonda, une enseigne de supermarchés de São

Paulo), Santos espère une meilleure offre pour son joyau. Elle va arriver quelques jours plus tard, en provenance de Chelsea. Par l'intermédiaire de l'agent israélien Pinhas Zahavi, proche de Roman Abramovitch, le propriétaire russe du club londonien, les Blues sont prêts à payer 20 M€ pour s'attacher les services du Brésilien. Pas de quoi déstabiliser la direction de Santos qui ferme la porte via un communiqué publié sur son site Internet le 20 juillet 2010 : « Le président Luis Álvaro de Oliveira Ribeiro remercie l'intérêt que porte le club anglais pour son joueur Neymar Junior, mais Santos n'est pas intéressé pour ouvrir les négociations. » La partie de poker menteur est lancée, et Santos, comme le clan Neymar, a bien l'intention de faire monter les enchères.

Chelsea revient à la charge quelques jours plus tard et propose cette fois 30 M€ et un contrat de cinq ans pour lequel le joueur touchera 3,5 M€ par an. Wagner Ribeiro s'y voit déjà et en parle à ses proches. Le mariage entre Neymar et les Blues est pour bientôt. Comment refuser une offre aussi mirobolante ? Début août, alors que Neymar doit honorer sa première sélection avec l'équipe nationale face aux États-Unis, à New York, son entourage en profite pour se rendre à Big Apple. Neymar Senior et Wagner Ribeiro y rencontrent Pinhas Zahavi, alias « Pini », et les représentants de Chelsea à l'hôtel Hilton, sur la Lexington Avenue. Dans une salle de réunion avec vue sur les gratte-ciel de Manhattan, ils peaufinent les contours d'un contrat à la hauteur du phénomène. Mais pour le signer encore faut-il que Santos y trouve son compte. Et à la surprise de Wagner Ribeiro, Santos n'est toujours pas vendeur ! « N'importe quel club brésilien aimerait avoir une telle proposition sur la table, s'étonne l'agent du joueur sur les ondes de Radio Globo à son retour des États-Unis. Luis Álvaro *(le président de Santos)* est un rêveur (...). C'est le moment pour Neymar de partir, de disputer la Ligue des champions et de se mesurer à ce qui se fait de mieux. »

Mais avant de le laisser chasser la Coupe aux grandes oreilles en Europe, le président de Santos a d'autres desseins pour son protégé. Il veut remporter la Copa Libertadores et asseoir encore un peu plus la légende naissante du chouchou des supporters. Le président a des arguments à faire valoir pour le convaincre de rester. Le championnat brésilien n'a jamais été aussi bien portant, sportivement et économiquement, et Neymar, qui se sent bien dans son cocon de Santos, n'a que 19 ans. Rien ne presse s'il veut gagner des trophées avec son club formateur avant d'aller voir ailleurs. Pour le convaincre, la direction du club doit s'aligner sur l'énorme proposition salariale de Chelsea. Le président Luis Álvaro a alors une idée. Il va monter une opération intitulée « projet Neymar ». Il confie cette mission à Armênio Neto, son directeur marketing, et à Eduardo Musa, coordinateur du projet. Ils doivent trouver une façon de générer des revenus en s'appuyant sur la marque Neymar. L'idée est de valoriser le « produit » et de trouver des partenaires qui sponsorisent le joueur pour permettre au club de lui verser « un salaire européen ».

Le publicitaire s'enferme pendant trois jours dans son bureau. Il en ressort avec la conviction qu'il est encore possible de ne pas le laisser filer à Chelsea. Ancien basketteur professionnel puis diplômé en marketing sportif, Armênio Neto est aussi un fan de Santos. Pas question pour lui de perdre un tel crack. Son idée est de dénicher des gros sponsors et de reverser au joueur 70 % des revenus générés. Les 30 % restants atterrissent dans les caisses du club et permettent de lui payer une partie de son salaire. Mais encore faut-il générer suffisamment de revenus pour y parvenir. Il sollicite son réseau et tâte le terrain. Nombreux sont ceux qui mordent à l'hameçon. Il faut dire que vendre Neymar n'est pas si difficile. Il a l'image d'un garçon bourré de talent, impertinent, conquérant, et qui parle à la jeunesse de son pays. Bref, il est la star montante d'un pays décomplexé qui surfe sur un taux de croissance à deux chiffres. Nike et Panasonic le suivent déjà depuis longtemps. Mais bientôt des marques comme Claro, Ambev, Guarana ou Red Bull vont répondre à l'appel d'Armênio Neto. Il parvient aussi à les convaincre en jouant sur leur orgueil et en misant sur leur patriotisme : « Voulez-vous que notre diamant aille briller ailleurs ? Sommes-nous incapables de retenir un joueur qui a du talent ? » Grâce à l'aura de l'attaquant brésilien et à la bonne santé de l'économie brésilienne, la première partie du plan fonctionne. En quelques jours, le « projet Neymar » est enclenché. Sur le papier, il pourrait porter ses fruits. À condition néanmoins de convaincre le clan Neymar de rester…

Le rendez-vous décisif a lieu le 16 août 2010, à 10 heures, dans les bureaux de la banque Santander. Après les salutations d'usage, le président de Santos, Luis Álvaro de Oliveira Ribeiro, prend la parole. Il entame son speech, présente rapidement le contenu du « projet Neymar » avant d'éteindre la lumière. Il laisse la parole à Armênio Neto qui projette une première image sur le mur. Il s'agit d'un fauteuil vide. Tous les participants se regardent, dubitatifs, avant que le chef du marketing ne livre son explication : « C'est la chaise que devrait occuper la principale idole sportive du Brésil ! Depuis la mort d'Ayrton Senna *(en 1991),* elle est vide. Gustavo Kuerten aurait pu l'occuper mais il a dû arrêter le tennis à seulement 29 ans. Ronaldo Fenomeno a quitté le

Brésil à 17 ans. Cette chaise est vide et si votre fils refuse l'offre de Chelsea et reste à Santos, il sera en mesure de l'occuper ! »

La tirade fait mouche. Armênio Neto se souvient d'un Neymar Senior un peu déstabilisé : « Il ne s'y attendait pas et ça l'a touché. » Ses convictions légèrement ébranlées, il assiste à la suite de la démonstration. Les slides se succèdent pendant trente minutes. Ils présentent des chiffres, des courbes et des graphiques. L'objectif est de démontrer la viabilité économique et sportive du projet. Wagner Ribeiro et Neymar Senior sont attentifs au ping-pong proposé par le président et le directeur marketing de Santos. C'est alors qu'un coup de fil interrompt la présentation. Luis Álvaro décroche et passe son téléphone portable à Neymar Senior. À l'autre bout du fil : le Roi Pelé ! De sa voix unique et caverneuse, le triple champion du monde se transforme en conseiller. « Le moment de quitter Santos n'est pas encore venu. Il doit encore progresser avant d'aller en Europe. S'il était mon fils, je lui conseillerais d'attendre encore un peu », énonce Pelé avec conviction.

Présent lors de ce rendez-vous historique, Armênio Neto se souvient : « Tout était calé en amont avec Pelé. Il a appelé au bon moment. Quand il a pris le téléphone, Neymar Senior a reculé dans son fauteuil et a écarquillé les yeux. Il n'en revenait pas. Quand il est entré dans la salle de réunion, il était convaincu à 99 % de signer à Chelsea. Quand il a quitté la pièce, c'était du 50-50. » Santos a rééquilibré les débats mais rien n'est joué. D'autant que les dirigeants de Chelsea opèrent un marquage à la culotte. Bruce Buck, le président du club londonien, est au Brésil, officiellement pour assister à la finale de la Copa Libertadores entre l'Inter Porto Alegre et le Chivas de Guadalajara. L'agent israélien Pini Zahavi est là aussi. Ils sont en embuscade, prêts à profiter de la moindre brèche pour payer la clause et faire signer l'attaquant brésilien. En attendant le dénouement de cette *novela,* le joueur se rend avec son club à Florianopolis, pour y affronter Avai, en Copa Sudamericana (victoire 1-0). À son retour, le lendemain matin, Neymar retrouve son père dans la luxueuse demeure de Walter Schalka, un puissant industriel membre du comité directoire de Santos. C'est là que tout va se jouer. Les avocats du club sont présents. Wagner Ribeiro aussi. C'est comme si on disputait une séance de penalties. Tout peut arriver. Coordinateur du « projet Neymar », Eduardo Musa, alias Duda, était présent lors de ce huis clos si spécial. Il raconte : « L'ambiance n'était pas forcément tendue mais on sentait l'importance de ce qui était en train de se jouer. C'était une réunion difficile. Ça discutait des chiffres, des clauses, de l'aspect commercial, du contrat... Il fallait convaincre car on savait que Chelsea était prêt à payer la clause libératoire pour faire signer Neymar. C'était un peu un quitte ou double. Si ça ne marchait pas avec nous, ils pouvaient retrouver les dirigeants de Chelsea dans la foulée et signer chez eux. Ils ne devaient pas être très loin d'ailleurs. Moi, j'étais un peu stressé. Neymar ? Lui, il était en train de dormir dans une chambre. Il revenait d'un déplacement à Florianopolis et avait besoin de se reposer. À un moment, son père est monté et ils ont discuté tous les deux environ trente minutes. Ils sont redescendus, ils ont finalisé encore deux-trois clauses et ils ont signé. C'était un énorme soulagement. On a débouché quelques bouteilles de champagne pour fêter ça ! »

L'information est officialisée quelques heures plus tard. Neymar reste à Santos ! Le 19 août 2010, il signe un nouveau contrat de cinq ans avec une clause libératoire de 45 M€. Son salaire mensuel passe de 170 000 à 600 000 R$, ce qui en fait le deuxième joueur le mieux payé du championnat, derrière le Ballon d'Or et double champion du monde Ronaldo. Devant les médias, lors d'une conférence de presse organisée au club, le président de Santos savoure sa victoire. « C'est la tête d'un homme, sur un corps de jeune homme, qui a été capable de prendre cette décision courageuse. Bravo à lui ! » Wagner Ribeiro, qui privilégiait un transfert, doit s'incliner. Il évoque néanmoins un projet merveilleux. « Je n'ai jamais rien vu de tel au Brésil », dit-il. Quant au joueur, c'est le soulagement qui l'emporte. Il sait qu'il s'agit de reculer pour mieux sauter. Alors, autant savourer ces derniers mois à la maison pour s'éclater et entrer définitivement dans l'histoire du club. « Le fauteuil de Senna, le coup de fil de Pelé, tout ça a fini par peser, confiera le joueur dans *Conversations avec mon père*. À la fin, je n'avais plus aucun doute. Et le NON que nous avions adressé au Real Madrid en 2006, on l'a répété quatre ans plus tard à Chelsea (...). On a d'abord pensé à mon bonheur et à ma progression comme joueur plutôt qu'à l'argent. Je ne me vends pas pour de l'argent. Bien sûr que ça aide, mais ce n'est pas lui qui décide de ma carrière... »

TÉMOIGNAGE

Edinho, fils du Roi Pelé, et ancien entraîneur adjoint de Santos de 2007 à 2015

« C'est encore trop tôt pour comparer Neymar à mon père »

« Tout le monde veut comparer Neymar à mon père, mais c'est encore trop tôt. Je pense qu'on pourra s'amuser à ce petit jeu seulement dans dix ans. Quand Neymar va terminer sa carrière, on pourra faire ce genre de comparaison. En attendant, je suis content de savoir que mon père a participé au maintien de Neymar au club. Grâce à lui, j'ai eu le privilège de voir cet athlète fantastique s'entraîner tous les jours devant mes yeux. Je me suis régalé. Je savais qu'il deviendrait l'une des plus grandes étoiles du football mondial. À ses débuts, en 2009-10, il avait déjà toutes les qualités qui me faisaient dire qu'il pourrait devenir le plus grand. Il avait la vitesse, la technique, la vision, l'intelligence. Tout ça à seulement 18 ans ! Là où Neymar m'impressionnait vraiment, c'était sa vitesse, son adresse avec les deux pieds et sa vision du jeu aussi… En général, les joueurs techniques jouent avec la tête penchée vers le bas, ils regardent leurs pieds. Mais lui, il n'a pas besoin. Il voit tout, il a une vision panoramique absolument exceptionnelle… Je ne sais pas si c'est le meilleur joueur des dix dernières années au Brésil. On a déjà vu d'autres grands talents comme le regretté Dener par exemple, qui est mort dans un accident de voiture dans les années 1990 à seulement 23 ans… Le Brésil a toujours eu des joueurs techniques, mais Neymar, c'est encore plus fort car il sait tout faire. C'est un ensemble, un alliage de vitesse et de technique. Avec ça, il est inarrêtable. Et avec ça, oui, il peut être comparé à mon père. »

Chapitre 14

Neymarzetes, tatouages et mohican

« *Neymaaaaaaar, te amo !!* » Sa popularité se mesure désormais en décibels. Des déclarations d'amour hurlées par des adolescentes en transe, Neymar en reçoit dès lors tous les jours. Les cris stridents des jeunes filles font office de révélateur. Lors d'une séance d'entraînement ou en arrivant dans un hôtel pour une mise au vert, il est conseillé de s'écarter pour ne pas risquer une déchirure du tympan. Ça hurle, ça pleure et ça crie. Les *Neymarzetes,* comme on les appelle, sont partout. Elles marquent leur idole à la culotte pour récolter une photo, un autographe ou, encore plus recherché, un selfie. Les plus chanceuses, et les plus jolies, obtiennent son numéro de téléphone. Tous les jours, ces jeunes filles se réunissent au centre d'entraînement du Roi Pelé ou aux abords des stades de tout le Brésil pour croiser le « Justin Bieber brésilien ». « On l'aime, il est beau, c'est le meilleur », disent-elles en chœur.

Non seulement Neymar doit se sortir du marquage de plus en plus virulent des défenseurs adverses, mais il doit aussi dribbler ses fans, chaque jour plus nombreux. À partir du deuxième trimestre de l'année 2010, la pépite de Santos est confrontée à un phénomène qu'il n'avait pas vraiment anticipé. Sa popularité grimpe en flèche. Pas seulement à

Santos et dans la région, mais dans tout le pays. Il est devenu de façon fulgurante l'idole des jeunes. L'entraîneur de Santos, Dorival Junior, a été le témoin privilégié de ce changement de statut pour le moins radical. Il raconte : « En janvier, à Santos, j'ai croisé par hasard Neymar dans un shopping avec sa petite copine. Il n'y avait personne pour lui demander une photo ou un autographe. En avril-mai, c'était devenu la folie. Il y avait une horde de jeunes filles sur ses traces : à l'entraînement, à l'aéroport, aux portes des hôtels. Et les filles criaient comme si elles voyaient les Beatles. C'était dingue ! »

Lui qui était surnommé « grandes oreilles », « le maigrichon » ou le « cure-dents » devient en quelques semaines un véritable sex-symbol. Et même s'il répète qu'il est timide et qu'il ne comprend pas les raisons d'un tel engouement, il y prend goût. Il ne prend plus seulement plaisir à séduire balle à pied, il veut désormais plaire en dehors du terrain. Alors il cultive son image, travaille son look, ses coupes de cheveux, ses tatouages. Sa première coupe à sensation, il la doit à Cosme Salles, un ami d'enfance, devenu un as du ciseau et de la tondeuse. « Je lui coupe les cheveux depuis qu'il a 14-15 ans. Un jour, il m'a demandé une coupe différente, comme s'il voulait s'affirmer. Je lui ai proposé la mohican. Il a adhéré et il a vraiment kiffé. C'est devenu sa marque de fabrique. Et la mienne aussi », plaisante celui qui a ouvert un salon à Santos avant de devenir chanteur de funk. « À cette époque, on devait faire entre dix et quinze mohicans par jour. C'était de la folie. Tous les jeunes entraient et disaient : "Je veux la coupe de Neymar" », se souvient un employé du salon Geométricos Cabeleireiros, devenu une référence grâce à son illustre client. Mais la fièvre ne se répand pas seulement à Santos. Les gamins de tout le pays sont contaminés, de Fortaleza à Manaus, en passant par Porto Alegre ou Brasilia, ils veulent tous imiter leur idole. Insolent balle au pied, Neymar le devient aussi avec cette coupe inspirée des punks anglais des 80's. Son père, lui, n'approuve pas du tout ce style provocateur. Mais il ne peut rien faire. Il est simple spectateur quand il découvre son fils, avec son ami André, pénétrer sur la pelouse de Vila Belmiro avec la fameuse mohican. « De retour à la maison, il m'a engueulé mais c'était trop tard », s'amuse le jeune homme, fier de son coup.

Pour les tatouages, il doit affronter les mêmes réticences venant de la part du paternel. « Mais il m'a pris par les sentiments ! Pour le premier tatouage, il m'a dit que c'était pour honorer maman, ensuite c'était pour honorer Rafaela, puis pour moi… J'ai fini par le laisser faire et, maintenant, il n'y a plus de place », s'est un jour résigné Neymar Senior. Résultat, son corps est devenu une sorte de fresque géante où l'on peut lire toutes sortes de messages. *Alegria* (joie) et *ousadia* (audace) sur les chevilles. *Life is a joke* (la vie est une plaisanterie) sur le biceps gauche, *tudo passa* (tout passe) sur le cou, *stay strong* (rester fort) sur l'épaule gauche, *blessed* (bénie) sur la nuque ou *family* (famille) sur le bras gauche. On y découvre aussi le visage de sa sœur, celui d'un lion, un ballon coiffé d'une couronne, une note de musique… Au fil des mois et des conquêtes sportives ou féminines, il se fera aussi tatouer *Never ending love* (amour sans fin), en hommage à son histoire d'amour avec l'actrice Bruna Marquezine, ou les anneaux olympiques sur le poignet après la victoire aux JO de Rio 2016. Aujourd'hui, il en compte presque quarante sur tout le corps.

Au-delà du look et du style, Neymar doit aussi travailler le reste et notamment sa communication. Pas très à l'aise devant les caméras et les micros, il se contente de phrases courtes et peu articulées lors de ses débuts. « Il était assez mal à l'aise, se souvient le journaliste Luciano Ribeiro, du quotidien local *A Tribuna*. Parfois, il confondait personnalité et manque d'éducation. Je me souviens qu'une fois, alors qu'il avait répondu un peu à côté, un confrère avait reformulé sa question. Neymar avait répondu : "Mais t'es sourd ou quoi ?" C'était un peu un choc et ç'avait créé un malaise. »

Ces erreurs sont pourtant logiques venant d'un jeune garçon de 17-18 ans. Mais à partir du moment où Santos lance le « projet Neymar », le club doit le faire passer dans une autre dimension. Pour « vendre » le produit Neymar, il faut l'améliorer, le rendre encore plus attrayant et éviter les erreurs. Il faut aussi s'assurer de toucher un public plus large et ne pas seulement viser les 12-25 ans. C'est la mission confiée à Eduardo Musa, l'un des responsables du service marketing qui sera chargé exclusivement du crack à partir du 15 septembre. « On a organisé plusieurs actions pour développer le produit Neymar. Il fallait le préparer à devenir une star. Ce n'est pas forcément évident à gérer quand tu as 18 ans, mais c'est un garçon très intelligent et il a vite compris que le jeu en valait la chandelle », se souvient-il. Neymar est d'abord soumis à des séances de *media training* pour prendre confiance en lui quand il est face à la caméra. On lui enseigne à éviter les pièges et à préparer des réponses à des questions prévisibles. Il prend aussi des cours de phonétique et d'orthophonie pour apprendre à articuler et à s'exprimer de façon plus naturelle. « Avec le *media training,* il a perdu en spontanéité et a gagné en langue de bois, déplore Luciano Ribeiro. Il est devenu plus poli mais le contenu des interviews n'avait plus aucun intérêt. On pouvait presque prévoir l'ensemble de ses réponses. »

Des cours d'anglais, pour viser le marché international, sont également au programme. Mais, faute de temps, il n'y participera quasiment jamais. Eduardo Musa : « L'idée n'était pas de le transformer mais plutôt de l'accompagner et de le faire progresser de façon naturelle. Il a vu que ça marchait, alors il a pris confiance en lui et il s'est prêté au jeu. » Dans ces conditions, c'est devenu plus facile d'en faire une tête de gondole. Outre son talent de footballeur hors du commun, il possède aussi « un charisme naturel », apprécie Armênio Neto, qui mise alors sur plusieurs ressorts pour le vendre aux sponsors. « 1. Le physique : avec ses cheveux, son extravagance, ses tatouages. 2. La personnalité : avec son audace, sa joie de vivre et sa vitesse », énumère l'ancien directeur marketing du club. Avec un tel package, Neymar fait mouche auprès des sponsors. Claro, Red Bull, Lupo, Tenys Pé, Ambev, Santander ou Unilever seront les premiers à miser sur lui.

Avec tous ces engagements et ces obligations qui s'accumulent, Neymar est forcément moins concentré sur le football. Dorival Junior n'a pas oublié : « À un moment, on terminait de s'entraîner sur un terrain. Et sur l'autre, il y avait un hélicoptère qui l'attendait pour l'emmener sur le tournage d'une publicité ou d'un shooting photo à Rio ou São Paulo. Sa vie avait complètement changé. » Eduardo Musa, jeune père de famille, séparé, doit braver les multiples sollicitations pour s'occuper de la poule aux œufs d'or. « Je l'accompagnais au quotidien, le jour mais aussi la nuit quand il sortait ou se rendait à des événements. Je gérais son planning. Mon téléphone n'arrêtait jamais de sonner. De 7 heures du matin à minuit, selon les fuseaux horaires, car les sollicitations venaient d'Asie, d'Europe et d'Amérique du Sud. Je n'ai jamais compté le nombre de coups de fil, mais je recevais en moyenne cent vingt mails par jour », se souvient Duda, surnommé à l'époque le « Bouclier de Neymar ». Et malgré toute son implication, il ne pourra rien faire pour éviter le premier dérapage de la nouvelle star…

TÉMOIGNAGE
Armênio Neto,
ancien directeur marketing de Santos

« *Il résiste à tout* »

« Neymar est un garçon unique. Au-delà de son talent de footballeur, ce qui me frappe, c'est sa force mentale. Il résiste à tout, il assume tout, et plus c'est difficile et plus il aime ça. Il déteste la facilité, le confort. C'est pour ça qu'il a quitté le Barça pour le PSG. C'est aussi pour ça qu'il a relevé le défi de rester à Santos malgré l'offre très agressive de Chelsea. À l'époque, c'était compliqué de résister. Il pouvait gagner six fois plus qu'à Santos et disputer la Ligue des champions. Mais, avec son père, ils ont été très courageux.
Quand nous avons monté le "projet Neymar" et que nous l'avons présenté à son père, il n'y croyait pas trop. Il m'a dit : "Mais vous y croyez vraiment ? Vous pensez vraiment que mon fils peut devenir tout ça ?" Il doutait de la dimension mondiale de son fils mais son grand mérite a été de nous croire capables de parvenir à le hisser tout là-haut. Il fallait penser comme si le joueur était une entreprise. C'était complètement nouveau au Brésil. On n'a pas inventé la roue mais on a changé les mentalités. On a monté une structure autour de Neymar Junior, on a développé la marque et on a récolté les fruits avec les sponsors. À l'époque, on avait présenté le même type de projet à Paulo Henrique Ganso. Il a refusé de nous suivre. Et, aujourd'hui, vous voyez la différence entre les deux. Juste avant la polémique entre Neymar et son coach, Dorival Junior, on discutait avec trois gros sponsors. On était sur le point de signer avec les trois mais deux se sont désistés. Le

troisième, c'était Red Bull. Ils n'avaient jamais sponsorisé un joueur de foot. Des équipes, oui, mais pas des joueurs. Pendant la réunion, j'ai ouvert ma tablette et je leur ai montré le festival de buts inscrits contre Guarani. Les gars se sont dit : "Ah oui, ce gosse est radical. Il n'est pas comme les autres." C'est comme ça que Red Bull est entré. Après, ils ont tous suivi. C'est devenu de la folie. Sur les contrats publicitaires, Neymar touchait 70 %. Les 30 % restants étaient pour le club qui s'en servait pour payer le salaire du joueur. Neymar était finalement le joueur le moins cher de l'effectif. Pour l'empêcher de partir au Real Madrid, en 2011, on est passé à 90 %/10 %. Il est resté deux ans de plus.

Les publicités, les tournages, les filles ou les fans, tout ça ne l'a jamais écarté de son objectif : le terrain. J'ai l'impression que son cerveau est divisé en plusieurs cases. Il sait séparer les choses. Son père a évidemment un rôle prépondérant. Sans lui, il ne serait jamais allé aussi loin. J'ai assisté à de nombreuses discussions entre eux, notamment avant les matchs. C'était toujours très émouvant, très profond. Son père a travaillé le cerveau de son fils. Ils sont parfaitement connectés tous les deux. »

Chapitre 15

Première sélection, premier but

Dans la salle de gym un peu vieillotte du centre d'entraînement de Santos, tous les regards sont tournés vers l'unique écran de télévision. Assis sur des appareils de musculation, Neymar, Ganso et la plupart des titulaires vainqueurs la veille de São Paulo FC (1-0) ont délaissé leur programme de récupération. Ce qui les intéresse, c'est la première convocation de Mano Menezes, le nouveau sélectionneur du Brésil, qui va annoncer en direct la liste des vingt-quatre joueurs sélectionnés pour affronter les États-Unis, en amical. Nous sommes le 26 juillet, soit vingt-quatre jours après l'élimination brutale de la Seleção en quarts de finale de la Coupe du monde 2010, face aux Pays-Bas (2-1). Après un tel fiasco, Dunga, qui était déjà contesté avant le début du tournoi, prend la porte. Ricardo Teixeira, le président de la Confédération brésilienne de football (CBF), jette alors son dévolu sur Luiz Felipe Scolari, vice-champion d'Europe avec le Portugal en 2004. Mais celui-ci vient de s'engager avec le Palmeiras et ne peut pas se libérer. Idem pour Muricy Ramalho, bloqué par son contrat avec le Fluminense. Le troisième candidat sera le bon. Mano Menezes, 48 ans, méconnu du grand public, accepte le défi : redorer l'image de la

Seleçao, à quatre ans du Mondial organisé au pays. Luiz Antonio Venker, dit « Mano » Menezes, ex-défenseur sans talent, a écumé les clubs amateurs de l'extrême sud du pays avant de passer ses diplômes d'entraîneur à seulement 25 ans. Avec son look d'instructeur de la marine, il a façonné les jeunes de Guarani puis ceux de l'Inter Porto Alegre avant de signer son premier contrat pro, à 35 ans, comme coach de Guarani. Il s'illustre en atteignant les demi-finales de la Coupe du Brésil en 2004, avec l'improbable Club du 15-Novembre. L'année suivante, il ramène le Gremio Porto Alegre en D1, puis sa progression se prolonge chez les Corinthians où il remporte notamment la Coupe du Brésil, en 2009, avec Ronaldo à la pointe de l'attaque.

C'est donc cet homme au CV pas franchement impressionnant qui décide du destin d'une nouvelle génération. Depuis une salle de conférences d'un hôtel de Rio de Janeiro, Mano Menezes s'installe sur l'estrade et fait face à une trentaine de journalistes. Il remercie les dirigeants de lui faire confiance puis évoque sa volonté d'entamer un nouveau cycle en misant sur un football offensif. Tel un robot, il énumère ensuite par ordre alphabétique les heureux élus. « André, attaquant, Santos Futebol Clube » est le premier nom à être prononcé. À plus de 500 kilomètres de là, dans la salle de gym de Santos, Neymar et Ganso n'en reviennent pas. Leur pote est sur la liste. Ils crient de joie et sourient pendant quelques secondes avant de tendre à nouveau l'oreille. « ... David Luiz, défenseur, Benfica... Ederson, milieu, Lyon... Ganso, milieu, Santos... » À l'annonce de la convocation du gaucher, tous ses coéquipiers se jettent sur lui et lui glissent des petites tapes sur le crâne. « Yeahhh !! Allez, il n'en manque plus qu'un », dit Ganso en croisant les doigts. « Jefferson, gardien, Botafogo... Marcelo, latéral, Real

Madrid... Neymar, attaquant, Santos... » Cette fois, c'est la libération ! Le trio infernal de Santos est convoqué pour la première fois et c'est tous ensemble qu'ils vont se rendre aux États-Unis pour faire leurs grands débuts avec la Seleção. En incluant Robinho, l'un des quatre rescapés du Mondial, bientôt rapatrié en Europe, ce sont les quatre « Santastiques » qui sont de la partie pour la première de Mano Menezes. Suivis par la caméra de Santos TV, Ganso et Neymar quittent la salle de gym en courant. Ils sont fous de joie et ils veulent partager cet instant magique avec leur compère, André. Les voilà qui interrompent l'entraînement dirigé par Dorival Junior pour tomber dans les bras de leur pote, le porter en triomphe et lui infliger une série de smashs sur le crâne. Submergé par l'émotion, l'attaquant natif de Rio verse une petite larme avant que le trio ne se retrouve dans la salle de presse pour livrer ses impressions aux suiveurs du club. « Notre jour est enfin arrivé, savoure Neymar, tout sourire. On va arriver sur la pointe des pieds mais j'espère qu'on va se lâcher petit à petit pour représenter comme il se doit notre club et notre football offensif au sein de la Seleção. »

Mission accomplie quelques jours plus tard au New Meadowlands Stadium, dans le New Jersey. Pendant que son père discute à New York de son avenir avec les dirigeants de Chelsea, Neymar se prépare de l'autre côté de la Hudson River à disputer son premier match avec l'équipe nationale. Même s'il s'agit d'une rencontre amicale, il ne peut pas se rater. Après autant d'attente autour de sa première sélection, l'attaquant de 18 ans n'a pas vraiment le droit à l'erreur. Heureusement, il peut compter sur la présence de son « grand frère » Robinho pour le rassurer. Lors du mini-stage de préparation, il fait également la connaissance de Daniel Alves, lui aussi rescapé du Mondial 2010. Longtemps dans l'ombre de Maicon, il doit lui aussi saisir sa chance. Très vite, les deux joueurs sympathisent. Même si le latéral droit du Barça a presque dix ans de plus, il se reconnaît dans ce gamin, talentueux et intrépide. Il apprécie aussi son excentricité, pas seulement capillaire. Alors il le prend sous son aile, lui donne des conseils et lui rappelle l'importance de ce premier rassemblement. Mais ça n'empêche pas le Bahianais de se mêler aux délires du gamin de Santos. Et c'est justement ce qui plaît à Neymar : ce mélange entre décontraction parfois totale et professionnalisme exacerbé de celui qui a déjà gagné la Ligue des champions (2009), l'Europa Ligue (2006 et 2007) ou la Copa America (2007). « Voilà le modèle à suivre », se dit celui qui portera le numéro 11 lors de sa première sélection. Entouré par Robinho, capitaine d'un soir, mais aussi Thiago Silva, David Luiz ou Dani Alves, il retient ses larmes quand retentit l'hymne national brésilien. Un *abraço* à Ganso, lui aussi titulaire, un autre à Dani Alves, et le match débute devant plus de 77 000 spectateurs. « C'est le début d'une nouvelle ère pour le football brésilien », s'enthousiasme le célèbre commentateur de TV Globo, Galvão Bueno.

Après une bonne entame de match et seulement vingt-huit minutes de jeu, André Santos, lancé par Robinho, centre depuis son couloir gauche vers le point de penalty. Sans avoir besoin de sauter, Neymar place une tête dans le petit filet opposé et trompe Tim Howard resté planté sur ses appuis. Il s'agenouille, ferme les yeux et lève les bras au ciel avant d'être félicité par Ganso, Pato et bientôt toute l'équipe. « Gooooooooolll !!! Qu'est-ce que ça fait plaisir de commenter le premier but de ce gamin plein de talent ! » s'enflamme Galvão Bueno. Comme Zagallo, Jairzinho, Zico ou Rivaldo avant lui, Neymar est buteur pour son premier match avec la Seleção. Juste avant la mi-temps, c'est un centre venu de la droite de Daniel Alves qui trouve Pato dans la surface : 2-0, le match est plié et la domination brésilienne récompensée. Même si Neymar rate deux duels face au gardien américain en seconde période, son bilan est largement positif. « J'ai rêvé de ce but, mais je ne pensais pas que ça serait de la tête, glisse-t-il au reporter de TV Globo. Grâce à Dieu, on a gagné et on a montré notre football. L'entraîneur mais aussi la commission technique nous ont vraiment mis à l'aise. On se sent bien dans cette équipe », sourit le prodige comme pour donner rendez-vous à des supporters redevenus optimistes. La presse aussi est soulagée, elle a constaté le retour d'un football offensif, fondé sur la vitesse et la technique. De bon augure après l'ère Dunga où les résultats primaient sur la qualité de jeu.

Les deux matchs amicaux suivants ne seront pas très instructifs, l'Iran (3-0) et l'Ukraine (2-0) n'étant pas des adversaires assez conquérants pour mesurer les progrès d'une Seleção qui se prive de Neymar, embourbé dans une embrouille avec son coach Dorival Junior. La punition consommée, le natif de Mogi das Cruzes est rappelé pour affronter l'Argentine de Lionel Messi, le 17 novembre 2010. Privé de Ganso, blessé, Mano Menezes a besoin d'un créateur au milieu de terrain. Il ressort du placard Ronaldinho, qui n'était plus appelé depuis mars 2009. L'occasion rêvée pour Neymar de jouer avec l'une de ses idoles. C'est ce qu'il confie aux caméras de CBF TV la veille du match organisé au Qatar, pour promouvoir la candidature du pays à l'organisation de la Coupe du monde 2022. Dans un studio improvisé, assis à côté du Ballon d'Or 2006, Neymar se livre à une déclaration d'amour envers le joueur du Milan AC : « Je ne sais même pas quoi dire ! Ce mec est mon idole. Je suis fan de lui, de son football, de la personne qu'il représente. Je tiens à le féliciter pour tout ce qu'il a accompli. Je suis son fan numéro 1 », dit-il avant de lui taper dans la main et de lui passer le micro. « J'ai bien suivi son début de carrière, le sien comme celui des jeunes de Santos qui cartonnent. Ils jouent un football joyeux, c'est beau. Maintenant que je suis de retour avec la Seleção, je me sens privilégié de faire partie de cette bande et j'espère qu'ensemble on va donner de la joie au peuple brésilien », rigole Ronnie.

Mais entre un jeune de 18 ans encore un peu tendre et un artiste de 31 ans déjà un peu usé, la mayonnaise a du mal à prendre. Les deux artistes éprouvent des difficultés à se trouver et le Brésil se fait sanctionner à la dernière minute. Après une perte de balle de Douglas, qui fête alors sa première et dernière sélection, Lionel Messi slalome à toute vitesse dans la défense brésilienne, élimine David Luiz et expédie une frappe croisée magistrale qui trompe le gardien Victor. La Pulga en profite pour rappeler lors de ce match de gala qu'il est bien le meilleur du monde. Ronaldinho lui a transmis le flambeau à Barcelone, et l'Argentin se demande alors si c'est ce Neymar, dont on dit le plus grand bien, qui lui prendra un jour le témoin des mains…

TÉMOIGNAGE
Ederson, milieu de terrain du Flamengo,
ancien joueur de l'Olympique Lyonnais
et de la Lazio Rome

« Un garçon très humble et super généreux »

« Pour ma première sélection avec la Seleção, j'étais un peu intimidé. En débarquant à l'hôtel, à New York, je pensais qu'on me demanderait avec qui je voulais partager ma chambre. Je pensais à Thiago Silva que je connaissais depuis longtemps. Mais la CBF avait déjà organisé le partage. J'ai récupéré mes clés, je suis monté dans ma chambre et qui je trouve ? Neymar ! Il était en train de se reposer. Il était allongé sur son lit, s'est réveillé et m'a pris dans ses bras pour me souhaiter la bienvenue. J'étais touché. J'ai découvert un jeune garçon super gentil. On était tous contents d'être là, en fait. Il n'y avait que des nouveaux joueurs et on savait qu'on débutait un nouveau cycle qui devait nous emmener à la Coupe du monde 2014. À l'entraînement, on était tous à bloc. Il y avait beaucoup d'intensité, de concentration. Il fallait montrer qu'on était prêts. Je me souviens avoir réalisé un super entraînement la veille du match. Je sortais du stage de préparation à Tignes avec Lyon et j'étais dans une super phase.

Je connaissais évidemment Neymar pour l'avoir vu jouer avec Santos, mais quand je me suis entraîné avec lui, j'ai vu la différence. Il a un toucher de balle extraordinaire, absolument unique. Il n'était pas stressé par l'enjeu. Il était relâché, relax. Ça se voyait aussi qu'il avait une relation privilégiée avec Ganso. Ils se trouvaient les yeux fermés tous les deux. On sentait aussi que pour Neymar c'était le début d'une grande carrière avec la Seleção. On le souhaitait tous d'ailleurs. Même moi qui étais en concurrence avec lui, j'avais envie qu'il brille. Le Brésil avait besoin d'un nouveau crack et on savait que ce serait lui. Comme la plupart des nouveaux dont je faisais partie, Neymar est tombé sous le charme de Daniel Alves lors de ce rassemblement. Il faisait rigoler les autres, il était décontracté et ça se voyait que c'était un mec sympa sur qui on pouvait compter. Leur amitié est née à ce moment-là, je pense.

Dans notre chambre, on a partagé quelques moments sympas avec Neymar. On écoutait de la musique brésilienne et on discutait. Il était très curieux de savoir comment ça se passait pour moi en Europe. Je me souviens lui avoir dit de faire attention au club qu'il allait choisir. Je lui ai dit de privilégier une équipe qui joue un football offensif, fondé sur le jeu au sol et la possession de balle, comme le Barça, en fait. Il ne pouvait pas aller dans une équipe qui s'appuie trop sur le physique.

Avant le match contre les États-Unis, il n'était pas spécialement tendu. Il a réalisé une bonne entame et a marqué un but de la tête. On était tous super contents pour lui. Quand je le remplace (à la 73e minute), *je lui tape dans les mains et je lui dis : "Bravo petit !" Malheureusement pour moi, je me suis gravement blessé sur mon premier ballon. Rupture totale du muscle de la cuisse droite. La douleur était affreuse. Malgré les antidouleurs, j'avais encore super mal quand je suis rentré à l'hôtel. Neymar a essayé de me remonter le moral. Il était triste pour moi. J'ai gardé mon maillot et je l'ai fait signer par tous les joueurs. Je savais déjà à l'époque que Neymar allait devenir l'un des meilleurs au monde. C'était écrit. Il a de la personnalité, du talent et l'envie de travailler. Contrairement à ce que la presse raconte, c'est aussi un garçon très humble et super généreux. Il deviendra le meilleur joueur du monde, j'en suis certain.* »

Chapitre 16

Rébellion, monstre et compagnie...

« J'ai travaillé toute ma vie dans le monde du football et je n'ai jamais vu un gamin aussi mal éduqué sportivement parlant que ce Neymar ! Il est temps que quelqu'un s'occupe de son éducation ou sinon nous allons créer un monstre. Il est devenu tout-puissant. Mais pour le moment il n'est pas un homme, il n'est pas un grand joueur, il est seulement un projet de tout ça. Pour le bien du football brésilien, il faut que quelqu'un se charge de le remettre dans le droit chemin, sinon il va se perdre (...). Ce que j'ai vu ce soir me dégoûterait presque du football. Je suis vraiment déçu, et je ne suis pas le seul. J'ai entendu des remplaçants de Santos dire qu'ils n'étaient pas en accord avec leur coéquipier... C'est moche, vraiment moche, ce que j'ai vu ce soir à Vila Belmiro. »

Cette charge, énoncée en direct à la télévision le 15 septembre 2010, est signée René Simoes, l'entraîneur de l'Atletico Goianiense. Le technicien à la moustache, d'ordinaire sympathique et bienveillant, a perdu son flegme. Debout, dans la salle de presse de Vila Belmiro, l'ancien sélectionneur de la Jamaïque et du Costa Rica se livre pendant plus de trois minutes à ce violent réquisitoire contre la nouvelle star brésilienne. Face aux micros tendus, il lui reproche publiquement son attitude, son manque de respect vis-à-vis de son coach et de ses coéquipiers et sa tendance à se jeter et à simuler en permanence. « Si on le laisse faire, nous allons vraiment créer un monstre », conclut Simoes, encore plus déçu par le comportement de Neymar que par la défaite de son équipe, qui après avoir mené 2-0 à la 50e minute s'est inclinée 4-2, lors de la 22e journée du championnat brésilien.

Mais qu'a-t-il bien pu faire pour mériter un tel châtiment ? Voilà déjà quelques matchs que Neymar affiche une certaine nervosité. Sans doute perturbé par les innombrables sollicitations extra-sportives dont il fait l'objet, et par le fait d'avoir dû regarder le Mondial 2010 à la télévision, l'attaquant de 18 ans n'est plus aussi tranchant lorsque le championnat reprend le 15 juillet, après un mois de trêve lié à la Coupe du monde sud-africaine. Moins en forme, moins efficace, il traîne aussi une mauvaise série de trois penalties ratés sur six tentatives. Pas l'idéal pour assouvir sa soif de buts. Trois jours avant la réception de l'Atletico Goianiense, Santos se déplace à Fortaleza pour y affronter Ceara. En fin de match, Neymar et un défenseur adverse s'invectivent, se repoussent et provoquent même un début de bagarre générale. Furieux, l'attaquant à la mohican s'en prend à un reporter et est quasiment incontrôlable quand il est poussé dans les vestiaires par ses coéquipiers.

Accusé d'être un *cai-cai* (un plongeur), Neymar a surtout l'impression de ne pas être assez protégé par les arbitres. Au Brésil, le débat est alors assez vif entre les pro-Neymar qui adorent son style provocateur-dribbleur et ceux qui le trouvent de plus en plus arrogant et simulateur. C'est dans ce contexte pas franchement apaisé que Santos reçoit l'Atletico Goianiense, ce 15 septembre 2010. Après la *remontada* santista, Neymar, plutôt discret pendant le match, est fauché dans la surface et obtient un penalty à la 85e minute. L'occasion de mettre fin à sa mauvaise série. Il se relève, s'empare du ballon mais, au moment de le poser au niveau des 11 mètres, Leo, l'un des plus expérimentés de l'effectif, lui glisse quelques mots à l'oreille. Il lui rappelle les instructions de Dorival Junior avant le match. En cas de penalty, c'est Marcel qui frappe. Agacé, Neymar lâche le ballon et se rapproche d'un pas nonchalant vers le banc de touche. Quand son coéquipier inscrit le quatrième but de son équipe, Neymar n'y prête même pas attention. Il est surtout occupé à insulter copieusement son entraîneur, qui lui répond l'index levé, tel un professeur qui passe un savon à son élève. Le jeu reprend et Neymar se comporte alors comme un gamin vexé. Il conserve le ballon, joue tout seul, fait des passements de jambes inutiles sans se soucier de la présence de ses coéquipiers. Edu Dracena essaie de le raisonner mais il se fait lui aussi insulter. Le public de Santos, réputé connaisseur des choses du football, prend parti et scande le nom de Dorival. Au coup de sifflet final, attendu par une horde de reporters, Neymar dribble micros et caméras et s'engouffre dans le tunnel en sprintant.

Dans le vestiaire, le face-à-face entre le joueur et son entraîneur est houleux. Les deux hommes s'expliquent mais l'intervention musclée de l'assistant de Dorival remet de l'huile sur le feu. Il faut alors que plusieurs coéquipiers s'interposent pour mettre un terme à cette embrouille. Abasourdi par l'attitude de son crack, Dorival Junior est très embarrassé au moment de commenter le premier conflit de sa carrière de coach. « Je ne suis pas très à l'aise pour parler de ce qui vient de se passer, dit-il en conférence de presse quelques minutes plus tard. Il faudra régler le problème en interne, avec la direction, avec le joueur et avec son père... Il a commis un acte d'indiscipline anormal, un peu à l'image de son football... » Dans la foulée, René Simoes met le feu aux poudres, compare Neymar à un monstre et déclenche une énorme polémique.

« Ce n'était pas un discours prémédité, avoue aujourd'hui l'entraîneur de 64 ans. J'ai parlé comme un éducateur que je suis. J'ai dit ça pour tirer la sonnette d'alarme. Il fallait réagir, et surtout faire réagir son entourage. Ç'a plutôt bien marché, car il est rentré dans le droit chemin après ce dérapage. » Mais le lendemain, c'est une pluie de critiques qui s'abat sur le numéro 11 de Santos. Il est accusé par certains journaux d'avoir commis « un crime contre son équipe ». Robinho, reparti en Europe, n'est plus là pour le défendre et ses coéquipiers ne se bousculent pas pour le protéger. Marcel, l'auteur du penalty de la discorde, estime que « sur un terrain il faut respecter la hiérarchie et les directives de l'entraîneur ». Les médias, sous le charme du joueur il y a encore quelques semaines, commencent à retourner leur plume. Ils compilent tous les excès récents du joueur pour brosser le portrait du *bad boy* du football brésilien. Contre Avai, par exemple. Le 2 septembre, alors que l'arbitre avait sifflé une faute, Neymar réalise un coup du sombrero sur Marcinho Guerreiro qui était à terre. Une provocation inadmissible selon le joueur. « Un geste immature », dira plus sobrement le commentateur Ledio Cardona, sur SporTV. Après le match, l'entraîneur d'Avai, Antonio Lopes, accusera Neymar de « plonger et de donner des coups » puis d'avoir dit à l'un de ses joueurs : « Je suis millionnaire, je peux tout me permettre ! » C'est justement ce que commence à déplorer une partie de l'opinion publique qui estime que le gamin a perdu l'humilité qui faisait sa force et que le succès lui est monté à la tête. « Il se la pétait, il était devenu de plus en plus arrogant, se souvient Luciano Ribeiro, fidèle suiveur de Santos pour le quotidien *A Tribuna*. Il voulait être le roi de l'équipe et se sentait au-dessus des lois. Les gens ont commencé à vraiment critiquer son comportement. »

Conseillé par Eduardo Musa, son bouclier, Neymar essaie

de faire retomber la pression le lendemain du scandale. Via Twitter, il s'excuse et demande pardon à ses dirigeants, à son président, à son entraîneur, à ses coéquipiers, à Edu *(Dracena),* à tous ceux qui l'aiment… « Le Neymar d'hier était un Neymar complètement à côté de la plaque. Celui que vous avez vu ne se reproduira plus jamais, écrit-il. Le vrai Neymar, c'est celui qui est heureux, qui a le sourire et qui joue un football joyeux. » Mais son mea-culpa ne règle pas tout. Quelle punition le club va-t-il lui infliger désormais ? Le président Luis Álvaro de Oliveira donne carte blanche à son entraîneur pour le sanctionner. Celui-ci l'écarte du groupe pour affronter Guarani (0-0) et lui inflige une amende de 50 000 *reais*. « Je ne le punis pas pour le plaisir, mais parce que c'est nécessaire. J'espère que ça va l'aider à grandir », estime Dorival. Mais trois jours après un morne match nul et vierge, à Campinas, Santos doit recevoir Corinthians pour l'affiche de la 24e journée. La question que tout le monde se pose est de savoir si Neymar sera réintégré pour ce choc. En conférence de presse, la réponse de Dorival est attendue. Elle tombe comme un couperet. « Non, Neymar ne jouera pas », annonce le technicien. Il s'agira de sa dernière conférence de presse en tant qu'entraîneur de Santos ! Le président Luis Álvaro se sent trahi. Il était convenu d'écarter la pépite un seul match et de la réintroduire contre Corinthians. « C'est de l'insubordination », estime le *big boss*. Après une réunion de crise dans la soirée, la sentence tombe. Il est 1 h 18 quand un communiqué du club annonce le licenciement de l'entraîneur qui a remporté le championnat paulista et la Coupe du Brésil quelques mois plus tôt.

« Neymar a eu la peau de Dorival », résument les quotidiens brésiliens qui, dans leur majorité, regrettent l'attitude du club à l'égard de l'ex-entraîneur. Le joueur est évidemment très mal à l'aise avec cette situation. Quelques années plus tard, il révélera avoir traversé la pire journée de son existence. Ce ne sont pas les critiques de la presse qui l'ont le plus touché. C'est surtout le visage de ses parents quand il est rentré à la maison le soir du match. Sa mère, Nadine, était en larmes, et son père, très en colère. « Je n'ai pas reconnu mon fils, ce n'était pas lui. Ce n'est pas comme ça que je l'ai éduqué », a regretté Nadine quelques années plus tard. « J'ai vraiment merdé ce jour-là, confie Neymar dans le livre *Conversations avec mon père*. Ce fut une des pires journées de ma vie (...). J'ai réalisé que je devais m'améliorer, grandir, devenir plus mature. Mais j'ai appris de mon erreur (...). Je me suis senti mal après son départ, je me suis senti coupable. J'ai eu cette sensation aussi parce que Dorival était un super mec. » Le lendemain du départ de l'entraîneur, Neymar est titularisé par le coach intérimaire, Marcelo Martelotte. Dans une ambiance survoltée, Santos parviendra à prendre l'avantage après un but de Neymar à la suite d'un mauvais renvoi du gardien des Corinthians (2-1, 26e). Mais sans son guide, l'équipe santista finira par se perdre (3-2) pour concéder sa huitième défaite en vingt-quatre journées. La fin de saison est décevante. Amputée par les départs d'André (Dynamo Kiev) et Robinho (Milan AC), l'équipe n'est plus aussi virevoltante. Malgré un sursaut d'orgueil de sa vedette (7 buts lors des cinq dernières journées), Santos termine à la 8e place du championnat, à quinze points derrière le Fluminense de Fred, l'ancien Lyonnais. Le club santista peut néanmoins se consoler avec une qualification pour la Copa Libertadores obtenue grâce à son succès en Coupe du Brésil, quelques mois plus tôt. Avec soixante-cinq matchs et quarante-quatre buts inscrits en 2010, Neymar, qui est passé dans la lessiveuse médiatique, peut enfin souffler et se reposer...

TÉMOIGNAGE
René Simoes,
ancien entraîneur de l'Atletico Goianiense

« *Je voulais le faire réagir* »

« *J'ai l'impression que cette histoire avec Neymar est le point d'orgue de ma carrière. Tout le monde m'en parle, encore aujourd'hui. Quand je tiens des conférences auprès d'entreprises, par exemple, il y a toujours quelqu'un qui me demande de lui expliquer ce qui s'est passé ce soir-là.*
À l'époque, Neymar avait déjà eu des attitudes un peu déplacées sur un terrain. On l'excusait et on disait qu'il n'était encore qu'un gamin. Mais Pelé, Platini ou Zico ont eux aussi été des gamins et ils ne se sont jamais comportés comme ça. Quand se déroule l'épisode du penalty, j'observe tout ça et je me rends compte de la gravité de la situation. Tu as un jeune joueur de 18 ans qui insulte en plein match son entraîneur, son capitaine et ses coéquipiers. Je n'avais jamais vu un truc pareil. En tant qu'éducateur, je ne pouvais pas laisser passer ça. J'ai donc tiré la sonnette d'alarme, pour lui, mais aussi pour le Brésil car il était destiné à être l'attaquant de la Seleção en 2014.
Ma fille qui est psychologue m'a téléphoné le soir même pour me dire que j'y avais été un peu fort. Mais je voulais le faire réagir. Je voulais le sortir de sa zone de confort et aussi avertir son entourage. Beaucoup d'entraîneurs m'ont félicité car ça les démangeait. Je me suis occupé de son éducation sportive, en quelque sorte. Neymar fait partie de la génération du like. *Si tu reçois un* deslike, *c'est la fin du monde pour eux. Mais la vie, ce n'est pas comme ça. Elle est faite de victoires, de*

défaites, de respect de la hiérarchie, de lois. Il existe une ligne à suivre et Neymar commençait vraiment à s'en écarter. Quelques jours après cet épisode, j'ai écrit une lettre que je lui ai fait parvenir. Je lui ai expliqué mon geste en lui disant que j'avais vu beaucoup de jeunes joueurs talentueux se perdre à cause de ce genre d'attitude. Je sais qu'il l'a lue et qu'il a apprécié mon geste. »

Chapitre 17

« Neymaradona »

C'est la seule exigence formulée par Neymar Senior. Quand Ney Franco, le sélectionneur des moins de 20 ans brésiliens a convoqué la star de Santos pour disputer le championnat sud-américain de la catégorie, son père a pris le téléphone pour lui demander une faveur. « Il voulait que je lui donne une semaine de repos supplémentaire avant qu'il ne rejoigne le groupe, se souvient l'ancien coach du Flamengo ou de Botafogo. Au départ, j'ai cru qu'il ne voulait pas que son fils dispute ce tournoi. Il avait déjà évolué avec les A *(deux fois)*, donc il voyait peut-être ça comme une régression. Mais non, il voulait juste une semaine de repos complètement légitime après sa saison marathon. »

C'est donc six jours après l'ensemble du groupe que Neymar retrouve ses jeunes coéquipiers à Granja Comary, le centre d'entraînement national situé à une centaine de kilomètres de Rio de Janeiro. Aux abords du parc national Serra dos Orgãos, le complexe est situé dans un écrin de verdure, coincé entre les montagnes de la région Serrana. Dans ce cadre champêtre et régénérant, Lucas, Casemiro, Oscar, Alex Sandro ou Danilo se préparent dans l'indifférence quasi générale.

Ils sont tous inconnus du grand public mais ils savent que ce championnat sud-américain des moins de 20 ans peut servir de tremplin à leur carrière. Ils savent aussi qu'une victoire offrira au Brésil un ticket pour participer aux jeux Olympiques de Londres, dans deux ans. Après l'échec du Mondial sud-africain, il n'est pas question de se louper.

En cette période de Noël, le public est absent et un seul journaliste est sur zone pour couvrir les entraînements dirigés par Ney Franco. L'arrivée de Neymar, le 26 décembre, va néanmoins bouleverser la quiétude des lieux. À partir de là, une horde de fans et de jeunes filles se rend tous les jours à Granja Comary pour hurler son amour à la star de Santos. Une douzaine de journalistes débarquent également, brisant ainsi la solitude de Marcio Iannacca, le reporter de GloboEsporte, présent depuis déjà une semaine. « C'est là que je me suis rendu compte de la popularité du gamin, se souvient le journaliste. Neymar a soulevé un véritable engouement. C'était chouette car il était content d'être là et tous les joueurs étaient très disponibles. » Après quelques jours de stage supplémentaires, la délégation se rend au Pérou et établit son camp de base à Tacna, dans le sud du pays, à seulement 50 kilomètres de la frontière chilienne. Les conditions d'hébergement sont simples. Neymar fait chambre commune avec le défenseur Bruno Uvini mais il traîne en permanence avec Lucas Moura, la pépite du São Paulo FC. Les deux jeunes joueurs se sont souvent croisés, notamment lors de leurs années futsal. Ils ont les mêmes délires, le même style de jeu, fondé sur la vitesse et le dribble, et ils ont les mêmes aspirations : devenir le meilleur joueur du monde. Mais pas le temps de rêver, c'est déjà le Paraguay, qui se dresse sur la route de la mini-Seleção. Dans un 4-3-3 offensif avec Oscar en soutien du trio Lucas-Henrique-Neymar, le Brésil s'amuse et réalise une démonstration grâce à un quadruplé magistral de Neymar (4-2), dont un délicieux lob du pied gauche. Encore quasiment inconnu en Amérique du Sud, l'attaquant au numéro 7 inaugure son opération séduction de la meilleure façon. Le quotidien argentin découvre le phénomène et titre « Neymaradona ». Les Péruviens, eux, tombent sous le charme de ce gamin à la crête dorée et en font leur chouchou.

Après le show du match inaugural, le Brésil affronte la Colombie, trois jours plus tard. La victoire est encore convaincante et Neymar inscrit le dernier but (3-1). Muet contre la Bolivie (1-1), il est laissé au repos lors du dernier match de poules contre l'Équateur (1-0). Le Brésil termine leader de la première phase en affichant l'image d'une équipe séduisante et offensive. Idéal pour redorer le blason de Neymar après la polémique et le bras de fer l'ayant opposé à Dorival Junior quatre mois plus tôt. « J'ai senti qu'il voulait se débarrasser de cette image de *bad boy* qui commençait à lui coller à la peau, se remémore Ney Franco. Il avait retenu les leçons et s'était servi de cet épisode pour rectifier le tir. Il s'est super bien comporté avec le groupe, avec le staff, avec le public. Il était très charismatique. Tout le monde l'adorait et tout le monde voulait passer du temps avec lui. » Dans leur hôtel de Tacna, les joueurs n'ont pas grand-chose à faire. Alors, ils errent dans les jardins, s'amusent avec la tortue centenaire qui fait office de mascotte et profitent de leur journée de repos pour faire du shopping dans un centre commercial.

Le soir, ils se détendent aussi en jouant à *FIFA* sur PlayStation. « On avait installé une console dans le lobby de l'hôtel et parfois Neymar, Lucas et Uvini nous rejoignaient après le dîner pour jouer avec nous, se souvient le journaliste Marcio Iannacca. Il était doué et il jouait en général avec l'Inter Milan ou le FC Barcelone. »

Mais le club catalan n'est pas seulement virtuel. Il est même physiquement présent au Pérou pour observer la nouvelle génération. Ce genre de compétitions est idéal pour dénicher ou superviser les futures stars du football mondial. Lors du match face au Chili, à Arequipa, pour entamer la deuxième phase, « l'espion » Albert Valentin est dans les tribunes. Le représentant du Barça n'est pas franchement discret avec son iPad sur les genoux. Grâce à un logiciel créé par le club espagnol, il reproduit les courses des joueurs qui l'intéressent afin d'établir un portrait-robot plus précis. Lucas est dans le collimateur, tout comme Neymar, dont Albert Valentin reconnaît qu'il a « le profil Barça » et qu'il pourrait se fondre dans son système de jeu si particulier. « Ce qui nous intéresse, c'est davantage le talent et la technique que le physique. Bon, s'il a les deux, c'est encore mieux », concède-t-il sans vouloir entrer dans les détails. Mais pas besoin de logiciel pour constater que Neymar est hors norme. Face au Chili, il inscrit les deux premiers buts d'un large succès, complété par la première réalisation de Lucas (5-1). Alors qu'il reste encore quatre matchs à disputer, il peut déjà savourer son succès et célébrer son anniversaire, le 2 février. Son père, présent au Pérou depuis le début du tournoi, s'invite à l'hôtel de la mini-Seleção et offre en cadeau une voiture miniature pour le 19e anniversaire de son fils. Il s'agit d'une mini-Ferrari et il lui lance un défi comme ils ont coutume de le faire. « Si tu marques deux buts en finale, je t'offre une voiture. Pas une Ferrari, mais une vraie voiture », lui promet son papa. Déjà propriétaire d'une Volvo XC60, Neymar vise alors un modèle beaucoup plus cher et puissant : une Porsche Panamera turbo…

Après deux succès, contre la Colombie (2-0) et l'Équateur (1-0), et malgré un revers face à l'Argentine (2-1), le Brésil a le droit de disputer l'équivalent d'une finale face à l'Uruguay. Dans le stade Nacional San Augustin d'Arequipa, le Brésil, chouchou du public local, est intraitable. Mais cette fois Neymar laisse la vedette à son pote Lucas Moura, irrésistible ce soir-là. Le futur joueur du PSG inscrit trois buts (40e, 42e et 80e) et signe la performance la plus aboutie de sa jeune carrière. « C'est le meilleur match de toute ma vie », s'émotionne le numéro 10, auteur également d'une passe décisive pour Neymar qui ne pouvait pas quitter la compétition sans laisser sa trace. D'abord sur un service de Lucas au point de penalty (57e), puis en reprenant à bout portant une frappe mal repoussée par le gardien uruguayen (62e). Fou de joie, il célèbre son but avec ses potes avant de tourner un volant imaginaire en direction des tribunes, histoire de rappeler à son père qu'il allait devoir s'acquitter de son pari et sortir le chéquier...

Élu meilleur joueur du tournoi, Neymar est aussi devenu le meilleur buteur brésilien de cette compétition avec neuf réalisations, dépassant les huit buts d'Adailton en 1997. Mission largement accomplie avec un trophée continental et une qualification pour les jeux Olympiques en poche. Pour compléter le tableau, Neymar a aussi effacé cette image de garçon rebelle et insolent qui l'accompagnait depuis son embrouille avec Dorival. Le Brésil a retrouvé son chouchou, impertinent balle au pied, mais terriblement attachant...

TÉMOIGNAGE

Ney Franco, entraîneur de la sélection brésilienne des moins de 20 ans

« *Il était aussi mon relais dans le groupe* »

« On avait une équipe très forte. Ce n'est pas un hasard si plusieurs ont fait de grandes carrières, comme Oscar, Casemiro, Danilo, Alex Sandro, Juan Jesus, Lucas ou Neymar. Lui, il était mon leader technique, mon buteur et mon meilleur joueur offensif. Il jouait sur le côté gauche mais je l'ai testé aussi dans une position axiale. Il a été performant, mais pas autant qu'à gauche où il avait tous ses repères et où il se sentait comme chez lui.

Dès les premiers entraînements à Granja Comary, j'ai vu l'étendue de son potentiel. Je me suis dit qu'il allait devenir un jour le meilleur joueur du monde. Ce jour va bientôt arriver, je pense. Il était prédestiné. Un jour, j'ai dit à son père qu'il pouvait remercier Dieu pour le cadeau qu'il lui avait fait. Même s'il a beaucoup travaillé, son talent est inexplicable. J'ai pourtant bossé avec beaucoup de jeunes joueurs, mais lui, c'était encore un autre niveau.

En plus d'être mon leader technique, il était aussi mon relais dans le groupe. Il était copain avec tout le monde, il était rassembleur de bonnes énergies. C'est précieux dans un groupe. Il se faisait aussi le porte-parole de ses copains. Un jour, il m'a demandé s'ils pouvaient sortir tous ensemble et aller au McDonald's. J'ai refusé car ils avaient un match à disputer deux jours plus tard. Il a accepté ma décision sans faire de scandale. À l'entraînement, il était pénible en revanche car il était toujours le dernier à vouloir quitter le terrain.

Il voulait toujours rester pour une série de frappes ou de coups francs.
Son implication a été totale et il a été très important pour moi. Il avait quelque chose à se faire pardonner après l'épisode du penalty à Santos, mais je crois qu'il ne s'est pas forcé. Il s'est comporté comme un leader, qui n'écrase personne et qui prend soin de ses coéquipiers. J'ai pris beaucoup de plaisir à travailler avec lui. »

Chapitre 18

Copa Libertadores, baston et *golaço*

Des feux d'artifice et de la passion. Des buts, de la baston et un public en fusion ! Tous les ingrédients de la Copa Libertadores sont réunis en ce 22 juin 2011 lors de la finale retour du tournoi le plus prestigieux d'Amérique du Sud. Vainqueur avec Pelé en 1962 et 1963, le Santos Futbol Clube a l'occasion d'inscrire une troisième fois son nom au palmarès d'une épreuve créée en 1958. Quarante-huit ans se sont écoulés après le dernier sacre de Pepe, Coutinho, Pelé mais aussi Zito et Lima, deux joueurs à l'origine de la venue de Neymar à Santos quand il avait 13 ans. Avec Ganso, Elano ou Danilo, la star brésilienne est sur le point de marcher sur les traces de ses glorieux aînés. Après avoir obtenu un match nul courageux sur le terrain des Uruguayens de Penarol (0-0), les hommes de Muricy Ramalho, devenu entraîneur depuis le 10 avril 2011, ont l'opportunité de rafler la mise à domicile, dans le stade du Pacaembu de São Paulo.

Après un marathon de douze matchs, entamé le 25 janvier au Venezuela, contre le Deportivo Tachira (0-0), la formation brésilienne ne veut pas laisser passer une telle occasion. Ils ont déjà avalé des milliers de kilomètres pour se rendre au Paraguay (contre Cerro Porteño) ou au Chili (Colo-Colo). Avec trois victoires, deux nuls et une défaite, ils sont sortis de justesse de leur groupe de qualification. Ils ont encore en mémoire leur duel musclé face aux Mexicains d'America (1-0 sur l'ensemble des deux matchs) en huitièmes de finale. Au tour suivant, ce sont les Colombiens d'Once Caldas qui ont bien failli interrompre le parcours de Santos (1-0 ; 1-1). En demi-finales, ils ont retrouvé les Paraguayens de Cerro Porteño, se sont imposés à domicile (1-0), avant de décrocher un nul prolifique au match retour (3-3). C'est donc un véritable parcours du combattant que l'équipe de Neymar a réalisé pour se frayer un chemin jusqu'en finale. Le « Peixe » a dû muscler son jeu, laissant son football rapide et chatoyant au vestiaire pour devenir plus pragmatique, plus physique, plus vicieux. La base de l'équipe magnifique de 2010 est néanmoins toujours là. Paulo Henrique Ganso, opéré du genou onze mois plus tôt, a perdu de sa magie mais il est toujours capable de sortir des passes lumineuses de son chapeau. Le gardien Rafael, la défense centrale Durval-Edu Dracena, le milieu de terrain défensif Arouca et l'électron libre Neymar composent la colonne vertébrale de cette formation à laquelle est venu s'ajouter le milieu de terrain Elano, en provenance de Galatasaray. Ancien de la maison, il apporte sa science tactique et sa vista sur les coups de pied arrêtés. Cela profite à Zé Eduardo, le successeur du buteur André en attaque. Pour compléter le tableau, Santos s'appuie sur deux latéraux prometteurs, Danilo et Alex Sandro, qui occuperont bientôt les couloirs des meilleurs clubs européens. C'est avec cette équipe, assemblée en 4-4-2, que Santos vise la victoire finale.

Après un festival de fumigènes et de feux d'artifice pour fêter l'entrée des deux équipes, c'est un début de match fermé auquel assistent les 38 000 spectateurs. Face à un Santos stressé par l'enjeu, les Uruguayens de Peñarol, avec leur maillot jaune et noir, se comportent comme des frelons agressifs. Ils ne laissent pas le moindre centimètre de liberté à Neymar et sa bande. Leur salut passe par là. Une détermination sans faille enrobée dans un bloc le plus compact possible. Cinq fois vainqueur de l'épreuve, le club de Montevideo est un habitué de ce genre de rendez-vous. Il sait parfaitement casser le rythme, provoquer puis piquer son adversaire. Zé Eduardo, qui dispute son dernier match avec Santos avant d'être transféré au Genoa, est le seul à tenter sa chance. Mais ses deux frappes ne sont pas cadrées. Dès le retour des vestiaires, alors que l'ambiance devient irrespirable, Arouca réalise un festival depuis le rond central. Il dribble un premier adversaire, un deuxième, s'appuie sur Ganso pour poursuivre son échappée belle et se présente à l'entrée de la surface avant de servir Neymar sur sa gauche. Pas question de rater la cible. Sans contrôle, il reprend le cuir de l'intérieur du pied droit pour le glisser au ras du poteau de Sosa, le gardien de Peñarol (1-0, 47e). « *Golaçooooooo !!!* » hurle le commentateur de SporTV. C'est comme si la foudre venait de s'abattre sur le Pacaembu ! Le vacarme est indescriptible, des dizaines de fumigènes sont craqués presque instantanément. Neymar hurle et s'offre une extension magistrale immortalisée par une légion de photographes pour célébrer ce qui ressemble alors au but du titre. C'est son sixième but de la compétition. Peut-être le plus important de sa jeune carrière. Mais encore faut-il tenir…

À force de défendre, Peñarol ne sait plus vraiment comment attaquer. Brouillons, les Uruguayens ont du mal à s'approcher du but de Rafael. C'est finalement Santos qui va enfoncer le clou à la 68e. Elano remonte le terrain et sert Danilo sur sa droite. À l'angle de la surface de réparation, le futur joueur du Real Madrid crochète et enroule une frappe du pied gauche qui vient se loger dans le petit filet de Sousa ! Dans une loge du stade, Pelé, vêtu d'une veste rouge aux couleurs du principal sponsor de la compétition, exulte. C'est lui qui doit remettre le trophée au capitaine de l'équipe vainqueur et il n'a aucune envie de l'offrir à celui de Peñarol.

À quelques centaines de kilomètres de là, en Argentine, la Seleção se prépare à disputer la Copa America. Bien au chaud dans un hôtel à Campana, Robinho, un autre enfant du club, se sert de son lit comme d'un trampoline. Il bondit comme un gamin pour célébrer le but de Danilo. Il y a encore quelques semaines il faisait partie de l'effectif et cette probable victoire serait aussi la sienne. Filmé par les caméras de CBF TV, il jubile et s'enflamme : « Ça y est, c'est fini ! 2-0, c'est dans la poche ! » Plus calme, Daniel Alves est allongé à côté, sur le lit *king size*, et lui aussi se félicite de la victoire de ses potes : Neymar, Ganso, Elano. Le joueur du Barça se dit aussi que dans quelques mois, lors du Mondial des clubs à Tokyo, il pourrait les retrouver et se mesurer à ses compatriotes. Le public de Santos aussi y pense. Le match n'est même pas encore terminé que les supporters du « Peixe » se mettent à chanter : « *O Barcelona... pode esperar, a tua hora vai chegar !* » (Hey, Barcelone, tu peux te préparer, ton heure va bientôt arriver !)

Mais Peñarol n'a pas encore renoncé. Une offensive puis un centre a priori inoffensif poussent Dorval à tacler et à marquer contre son camp (2-1, 80e). « Oh, mon Dieu ! On va jouer les dix minutes les plus stressantes de l'histoire récente de Santos », s'étrangle le commentateur de SporTV. Dans les tribunes, les supporters sont à l'agonie. Ils prient, ils pleurent et retiennent leur respiration dès que le ballon s'approche de la surface de Rafael. La tension est intenable d'autant que Santos n'arrive pas à tuer le match. Malgré les boulevards qui s'offrent à eux, Zé Eduardo rate l'immanquable de la tête puis Neymar, sur un ballon piqué astucieux, trouve le poteau à la dernière minute. Après encore quelques secondes d'angoisse, l'Argentin Sergio Pezzotta siffle la fin du match mais pas encore la fin du duel. Une provocation d'un membre du staff de Santos déclenche une bagarre générale comme seule la Copa Libertadores sait en offrir. La police militaire doit intervenir et distribuer quelques coups de matraque pour calmer les esprits. Pendant que certains s'échangent des gifles et des coups de pied, Neymar entame un tour d'honneur avec son pote Ganso. Il escalade les grilles de protection et chante avec les supporters, ivres de joie. Sept ans après avoir assisté depuis les tribunes à la défaite de son club contre Boca Juniors, il est désormais le héros de tout un peuple.

« C'est magnifique ! On entre dans l'histoire », déclare Neymar au micro de SporTV avant d'embrasser son coach Muricy Ramalho, qui ajoute : « Je lui ai dit qu'il était un vrai champion. Il mérite ce titre. » Après avoir reçu la médaille du vainqueur et enfilé le désormais traditionnel tee-shirt célébrant la conquête du « Tri » (triple champion de la Libertadores), Edu Dracena et ses coéquipiers soulèvent l'énorme trophée sous une pluie de confettis. Dans les tribunes, Neymar Senior est submergé par l'émotion. « Je n'ai pas de mots pour décrire cette sensation. Je n'en aurai jamais. J'ai vu mon fils marquer un but en finale et devenir champion des Amériques avec Santos. Je suis prêt à attendre quarante-huit années de plus pour fêter un titre comme celui-là et pour ressentir une joie aussi fabuleuse », dit-il alors. Quant à Pelé, s'il félicite son successeur potentiel, il ne semble pas encore prêt à lui laisser sa place sur le trône. « Est-ce que Neymar m'a rejoint ? Pas encore ! Pour cela, il faudra qu'il inscrive 1 283 buts », rigole le Roi, heureux néanmoins de voir son dauphin prendre de plus en plus de place dans le paysage.

TÉMOIGNAGE
Muricy Ramalho,
ancien entraîneur de Neymar à Santos

« *Le meilleur footballeur que j'ai vu* »

« Quand je suis arrivé à Santos, certains me disaient de faire attention à Neymar. "Il est arrogant, il se la pète, il n'est pas facile..." Mais c'était tout le contraire. J'ai rencontré un garçon adorable, sérieux, bien élevé. C'était un vrai plaisir de travailler avec lui. Je n'ai jamais eu le moindre problème et je m'éclatais à l'entraîner. C'était un vrai bonheur de le voir à l'œuvre. La plupart des gens ne le voyaient qu'une fois par semaine sur un terrain. Moi, c'était tous les jours. Il nous régalait, inventait des gestes et des dribbles que je n'avais jamais vus. J'ai entraîné beaucoup de grands joueurs, comme Rogério Ceni, Fernandão ou Ronaldinho, mais Neymar est le meilleur footballeur que j'ai vu. Il était fort dans tous les domaines.

Moi, je lui ai surtout fait travailler les coups francs. Après chaque entraînement, il restait 20-25 minutes pour frapper dans toutes les positions. Il est devenu très fort dans cet exercice. Rogério Ceni avait un taux de réussite incroyable et il était meilleur que Neymar. Mais, à force de travail, je me demande si Neymar n'est pas devenu supérieur à Rogério...

Le succès n'a pas vraiment été un problème à gérer. Il était sollicité de partout, mais quand il revenait d'un tournage ou d'une obligation avec un sponsor, par exemple, il retrouvait l'entraînement avec la même volonté, la même envie. C'était le deal que j'avais passé avec son père. Je lui ai dit : "Tant qu'il est à fond aux entraînements, ça ne me pose pas de

problème." On avait une relation de confiance et tout se passait super bien. Toutes ses sollicitations ne semblaient même pas le fatiguer. Il était toujours premier aux tests physiques. Au niveau aérobic, il était largement le meilleur. En vitesse pure aussi.
En 2016, quand Tite a pris les commandes de la Seleção, il m'a téléphoné. Il voulait savoir comment étaient Neymar et Ganso, comment ils se comportaient comme joueurs, comme êtres humains. Il voulait des infos. Je lui ai répondu que Neymar était l'un des joueurs les plus faciles que j'ai jamais entraînés de ma vie. C'est la vérité. Ce gosse est formidable !
Je me souviens d'un épisode qui m'avait marqué. En 2012, après notre titre en Copa Libertadores, on perd à La Paz contre Bolivar (1-2). Avant le match, l'entraîneur adverse (Angel Hoyos) *avait dit qu'il ne connaissait pas Neymar. C'était une façon de le chambrer. Mais c'est le genre de choses à ne pas faire avec lui. Au retour, on gagne 8-0 avec deux buts de Neymar. À la fin du match, il est allé se présenter à l'entraîneur. Il lui a serré la main et lui a dit : "Salut, je m'appelle Neymar." C'est lui tout craché ! Audacieux, brillant, mais pas méchant. »*

Chapitre 19

Copa America, tango et slalom géant

Après avoir atteint le nirvana avec son club formateur, Neymar n'a même pas le temps de savourer. Vingt-quatre heures après avoir gagné la Copa Libertadores, l'équivalent de la Ligue des champions en Amérique du Sud, le gamin de 19 ans se retrouve devant un challenge encore plus épicé. Il rejoint la Seleção pour y disputer, dans la peau d'un titulaire, sa première grande compétition internationale. Après une première sélection bien négociée et ponctuée par un but contre les États-Unis (en août 2010), il était resté au frigo contre l'Iran et l'Ukraine, à cause de son embrouille avec Dorival Junior. Son deuxième rendez-vous, face à l'Argentine de Lionel Messi, avait illustré tout le chemin qu'il lui restait à parcourir pour concurrencer les meilleurs. Lors de sa troisième sélection, face à l'Écosse, le 27 mars 2011, il se frotte à sa première équipe européenne. C'est d'ailleurs l'occasion pour les médias du Vieux Continent de découvrir cette pépite venue du bout du monde. À l'Emirates Stadium, les observateurs sont attentifs puis épatés lorsqu'ils le voient décocher une jolie frappe du droit après un service du latéral gauche André Santos (1-0, 45e). Il multiplie les jolis gestes mais ses chutes à répétition finissent par les laisser perplexes. Et quand

Neymar s'écroule dans la surface et provoque un penalty après un contact léger avec Adam, ce sont les fans qui condamnent son attitude et le traitent de plongeur. Les sifflets lui tombent dessus. De même qu'une banane, jetée des tribunes. Un geste qui sera interprété comme un acte raciste. Mais Neymar garde son sang-froid et transforme le penalty (2-0), inscrivant son troisième but en trois sélections. Le tout sous les yeux du jeune retraité Ronaldo « Fenomeno », qui se demande combien de temps son record de soixante-deux buts avec le maillot auriverde va tenir...

Après deux matchs amicaux sans marquer, contre les Pays-Bas (0-0) puis la Roumanie (1-0), les 4 et 7 juin, Neymar retrouve donc ses coéquipiers en Argentine pour y disputer la Copa America, au pays de Messi, Agüero, Di Maria et compagnie. Seulement vingt-quatre heures après la conquête de la Copa Libertadores, il débarque avec Elano et Ganso, les traits tirés après une nuit de fête, mais tellement fier de rejoindre la délégation brésilienne. « Je suis super heureux pour le titre remporté hier, mais ça y est, j'ai changé la puce dans ma tête, et là, je suis déjà concentré sur mon travail avec la Seleção », explique-t-il. Malgré son jeune âge et son manque d'expérience dans ce genre de compétitions, Neymar est presque considéré comme le leader de l'équipe. Mano Menezes n'hésite pas à lui confier les rênes de l'attaque. « Neymar est prêt, il a gagné en maturité avec cette Libertadores. Il a pris des coups, il a souffert, mais il a su se montrer décisif. Il le sera aussi avec nous », certifie le sélectionneur brésilien. Positionné dans un 4-3-3, il évolue aux côtés d'Alexandre Pato et de son pote Robinho. Il compte sur le numéro 10, Ganso, pour recevoir des passes dans de bonnes conditions. Mais lors du premier match, face au Venezuela, les ballons n'arrivent jamais. Inoffensifs, les Brésiliens butent sur la défense regroupée du Petit Poucet de la compétition. Fred remplace Robinho, puis Lucas prend le relais de Pato, mais rien n'y fait. L'action la plus chaude a finalement lieu après le coup de sifflet de l'arbitre. En se dirigeant vers les vestiaires tout en ruminant un 0-0 frustrant, Neymar s'embrouille avec le sélectionneur vénézuélien, César Farias. « Je lui ai demandé un peu de respect, le football en a besoin, et lui en avait manqué *(Neymar avait continué à jouer alors qu'un joueur adverse était blessé).* C'est à ce moment que j'ai été bousculé et agressé par-derrière », se plaint l'entraîneur, très agacé par l'attitude de l'attaquant de Santos. Trois jours plus tard, à Cordoba, le Brésil est malmené dans les grandes largeurs par le Paraguay. Malgré l'ouverture du score de Jadson (39e), la défense brésilienne craque de partout. C'est d'abord Thiago Silva qui est surpris dans son dos et laisse Roque Santa Cruz égaliser (55e). C'est ensuite Daniel Alves qui se fait chiper un ballon dans sa surface. Nelson Valdez en profite pour tromper Julio César et donner l'avantage aux Guaranis (67e). Au bord de la rupture, Ganso glisse enfin un bon ballon à Fred qui égalise à la dernière minute d'une frappe croisée à l'entrée de la surface (2-2, 89e). Mano Menezes peut sauter de son banc et embrasser son staff. Son équipe est encore vivante.

Pour se qualifier, elle doit néanmoins battre l'Équateur, quatre jours plus tard, au stade Mario Kempes de Cordoba. La Seleção compte aussi sur le réveil de Neymar, muet depuis le début du tournoi. Ceux qui voyaient dans cette Copa America un duel à distance entre Messi et Neymar déchantent. Le premier est timide au sein d'une Albiceleste qui tousse (nuls contre la Bolivie et la Colombie). Le second est nerveux et s'agace de ne pas trouver la faille. Certains, comme Sergio Agüero, s'étonnent même qu'on puisse vouloir comparer les deux joueurs. « Messi a déjà gagné le Ballon d'Or. Neymar n'a jamais fait partie de la liste. C'est un grand joueur mais il doit venir en Europe pour le confirmer », persifle gentiment l'Argentin. En attendant d'y poser un jour ses crampons, l'attaquant de Santos a une mission : sauver le Brésil d'une élimination au premier tour. Face à l'Équateur, il se démultiplie et marque le deuxième but (après un une-deux avec Ganso) puis le quatrième et dernier (après un centre de Maicon). Auteur lui aussi d'un doublé, Alexandre Pato est l'autre héros d'un match qui a vu Julio César encaisser deux buts largement évitables. Mais l'essentiel est là. Avec ce succès (4-2), le Brésil est qualifié pour les quarts de finale de la Copa America. Avant d'affronter de nouveau le Paraguay, pour une place en demi-finales, les hommes de Mano Menezes assistent à la télévision à la débâcle argentine. Le 16 juillet, à Santa Fe, et malgré l'énorme soutien populaire qui les accompagne, les coéquipiers de Messi n'arrivent pas à se défaire de l'Uruguay. Gonzalo Higuain (17e) répond à Diego Perez (5e), et c'est donc aux tirs au but que les deux nations doivent se départager. Tout le monde inscrit le sien sauf le chouchou du peuple, Carlos Tevez. Son échec est synonyme d'élimination et de grande tristesse pour le pays organisateur.

C'est dans ce contexte un peu morose que le Brésil entre en piste, le lendemain, dans l'antre du stade de l'Estudiantes La Plata. Face aux hommes de Tata Martino, le Brésil dispute son meilleur match du tournoi, domine son adversaire et se crée une dizaine d'occasions franches. Ça ne suffit pas pour tromper le gardien Justo Villar, dans un grand soir. Ce n'est pas forcément le cas de Neymar, pas toujours inspiré et qui est prié de laisser sa place à Fred à la 83e minute. C'est depuis le banc de touche, emmitouflé dans une doudoune, qu'il assiste à la pire séance de tirs au but de l'histoire du Brésil. C'est d'abord Elano qui parodie Roberto Baggio et qui expédie son tir dans les tribunes. Thiago Silva, d'une frappe trop molle, bute ensuite sur le gardien paraguayen. Avec son pied gauche pourtant précis, André Santos envoie le ballon au-dessus de la transversale. Et Fred, le buteur, est lui aussi incapable de cadrer sa frappe. Elle passe très loin du poteau droit de Villar. « C'est l'élimination la plus absurde à laquelle j'ai assisté, enrage Galvão Bueno sur TV Globo. Rater quatre penalties consécutifs, en frapper trois hors cadre, c'est du jamais-vu ! » Même si Neymar n'a pas participé à ce fiasco final, il n'est pas exempt de tout reproche au cours d'un tournoi qui a vu l'Uruguay de Forlan, Cavani et Suarez s'imposer en finale face au Paraguay (3-0). Avec seulement deux buts au compteur, pour treize frappes, le bilan de l'attaquant à la mohican est insuffisant. « Pour quelqu'un qui doit représenter l'avenir de la Seleção, c'est vraiment trop peu », écrit la presse brésilienne. Journaliste respecté, Cosme Rimoli livre alors cette analyse sur son blog : « Ils *(Ganso et Neymar)* ne sont pas prêts ! La fragilité physique de l'attaquant est un problème. Sa faculté à résister à la pression aussi. Il s'est montré trop égoïste. La Copa America leur a fait du mal. Leur image de nouveaux phénomènes en a pris un coup, ça ne fait aucun doute. »

Mais Neymar, qui maîtrise l'art du dribble, est aussi un as du rebond. Il va le prouver seulement dix jours après l'élimination en Copa America. De retour dans son cocon de Santos, entouré des siens et de ses supporters, il s'apprête à retrouver la compétition domestique. C'est son premier match avec Santos depuis la victoire en Copa Libertadores. Pour la 12e journée du championnat brésilien, l'équipe de Muricy Ramalho accueille le Flamengo de Vanderlei Luxemburgo emmené par Ronaldinho Gaucho. C'est le match censé opposer le maître à l'élève. À 31 ans, Ronnie est encore capable de fulgurances, notamment techniques. Et il a bien l'intention de prouver que son règne n'est pas complètement terminé. Pour ça, rien de tel qu'une belle affiche, un mercredi soir en prime time pour ressusciter aux yeux du grand public. Mais c'est d'abord Neymar qui rappelle qu'il n'a pas dispersé son talent en Argentine. Il est à l'origine du premier but de Borges (5e), puis lui offre une passe décisive grâce à une bicyclette improbable (2-0, 16e). Il s'agit d'un simple échauffement avant son chef-d'œuvre de la 25e minute. Parti depuis le long de la ligne de touche, il s'exfiltre d'abord du marquage de Leo Moura et Willian. Le voilà qui avale l'espace, aperçoit une ouverture et appuie sa passe vers Borges. L'attaquant de Santos remise instantanément sur Neymar qui poursuit son numéro. Il repousse du bras Renato Abreu à la manière d'un rugbyman, avant de s'attaquer au shérif de la défense du Flamengo : Ronaldo Angelim. En pleine course, et à l'entrée de la surface, Neymar improvise un grand pont sensationnel, se présente face au gardien et parvient, tout en étant taclé, à piquer son ballon au-dessus de Felipe. « *Golazooooo !!!* » Quel but ! Neymar vient de signer une œuvre d'art ! C'est peut-être le but de l'année », s'enflamme le commentateur de TV Globo qui ne croit pas si bien dire. Quelques semaines plus tard, le slalom géant de Neymar est retenu, avec les buts de Lionel Messi et Wayne Rooney, parmi les trois finalistes du prix Puskas, qui récompense le plus beau but de l'année… En attendant, à Santos, la soirée a encore de belles surprises à proposer. Ronaldinho, de près (28e), Thiago Neves de la tête (32e) et Deivid (44e) à la réception d'un corner, remettent les deux équipes à égalité (3-3). Elano avait pourtant la balle du 4-2 dans les pieds mais sa tentative de panenka est gobée par le gardien qui s'amuse dans la foulée à jongler pour chambrer celui qui avait déjà échoué dans cet exercice, en quarts de finale de la Copa America.

Après le repos, ce match déjà fou repart sur des bases

toujours aussi élevées. À la suite d'un raid de Leo, Neymar se présente face à Felipe pour le sanctionner d'un ballon piqué imparable (4-3, 50e). Mais le Flamengo va réagir grâce à son maestro Ronaldinho. D'abord sur un coup franc astucieux à l'entrée de la surface. Il profite du mauvais réflexe du mur de Santos, qui saute au moment de la frappe, pour glisser le ballon à ras de terre et tromper Rafael (4-4, 67e). Enfin, sur un dernier contre, c'est l'ancien Ballon d'Or qui trouve la cible sur un tir de l'intérieur du pied droit (4-5, 85e). Ronaldinho réalise alors un pas de samba avant de baisser le rideau sur un match d'anthologie. « Ce match restera dans les mémoires des amoureux du football. Tous les ingrédients étaient réunis, il a sa place dans les livres d'histoire et peut-être même dans la liste des plus grands matchs de tous les temps », estime le journaliste Antonio Neres.

Il restera en tout cas comme le match qui a permis à Neymar de faire le tour de la planète. Son but, malgré la défaite, circule sur les télés du monde entier. Et le 9 janvier 2012, au centre de convention de Zurich, il est tout endimanché dans son costume noir, sa chemise blanche et sa cravate grise. Sélectionné parmi les vingt-trois prétendants au Ballon d'Or, il ambitionne surtout le prix Puskas. L'honneur d'ouvrir l'enveloppe avec le nom du gagnant revient au Mexicain Hugo Sanchez. Après quelques secondes de suspense, il annonce le nom du Brésilien. Celui-ci félicite Rooney, assis à sa droite, se fraye un passage entre Piqué et Iniesta et rejoint la scène. « Je suis très heureux de recevoir un prix comme celui-là face à de grands joueurs dont je suis fan ! Je voudrais remercier Dieu. Bonne soirée à tous », conclut le jeune homme, qui avec le trophée du plus beau but de l'année touche du doigt un gratin qu'il va fréquenter de plus en plus souvent...

TÉMOIGNAGE
Rivelino, légende brésilienne,
champion du monde 1970

« *Il a* besoin *de dribbler* »

« Quand j'ai vu le but de Neymar face au Flamengo, j'ai tout de suite pensé à Pelé. C'est le seul qui était capable de faire ce genre de slalom en partant de la ligne médiane. Quand Pelé recevait le ballon, il n'avait qu'un objectif en tête : aller au but ! Il avait la puissance, la vitesse et la technique. Il ressemblait alors à un félin et il devenait inarrêtable. Quand je vois Neymar en action, j'ai parfois des flash-back et je revois Pelé. Mais "O Rei" (le Roi) *était tellement unique que je ne peux le comparer à personne d'autre. C'est impossible...*
Ce dont je suis certain, c'est que, comme Pelé, Neymar a reçu un don de Dieu. Il a ça dans ses gènes. Ce qu'il réalise avec le ballon, c'est tellement naturel que ça ne s'explique pas, ça ne se travaille pas. C'est la ginga do Brasil *! Elle vient de la rue, de la plage, des deux contre deux ou du futsal. Neymar est l'héritier des Pelé, Garrincha ou Ronaldinho. Je suis admiratif de sa façon de jouer, de dribbler, d'improviser. On me compare parfois à Neymar, mais j'étais beaucoup moins créatif que lui. J'ai inventé le dribble de l'élastique mais je n'avais pas une panoplie aussi large que Neymar. Lui, il crée des choses à chaque match, à chaque entraînement. Son génie vient de là, il trouve la solution au dernier moment et les défenseurs ne peuvent pas l'anticiper. En plus de son dribble, il a la vitesse. Un peu comme Jairzinho l'ouragan. Quand les deux qualités sont associées, ça fait des ravages.*

Au-delà de ce don, je crois que Neymar a profité de ses années futsal pour parfaire ses qualités naturelles. C'est un bon moyen de travailler la protection de balle dans un périmètre réduit. Il faut aussi penser et agir rapidement. Si tu y arrives au futsal, tu y arriveras aussi sur un terrain normal. Moi aussi, j'ai fait mes classes sur les parquets. Mais à l'époque les ballons étaient différents. Ils étaient lourds, ils ne rebondissaient pas… Réussir un dribble, c'est parfois aussi savoureux que marquer un but ou délivrer une passe décisive. Neymar a besoin *de dribbler. C'est presque vital pour lui. Plus de 80 % des fois où il reçoit le ballon, il tente une action individuelle. J'adore le voir à l'œuvre mais je n'aime pas quand il tente des dribbles inutiles, ceux qui servent à humilier l'adversaire. Ce n'est pas bien, ce n'est pas utile. En revanche, quand il réussit à dribbler un ou plusieurs adversaires avant de marquer ou de délivrer une passe décisive, alors là, oui, j'applaudis des deux mains et je pense à mon pote Pelé, mais je ne le dis pas trop fort… »*

Chapitre 20

Bébé Neymar, tsunami et hara-kiri

Toujours souriant et de bonne humeur, Neymar a les mâchoires serrées ce jour-là. Il erre dans les couloirs de l'hôtel où son équipe est au vert avant un déplacement en Colombie pour y affronter Once Caldas, en Copa Libertadores. Son entraîneur, Muricy Ramalho, le croise, surpris de le voir dans cet état. « Que se passe-t-il ? » l'interroge son coach. « Rien, mais j'ai fait quelque chose que je n'aurais pas dû. J'ai mis une fille enceinte », réplique-t-il la mine triste. Papa de trois garçons, Ramalho n'a même pas besoin de se forcer pour lui remonter le moral : « Être père, c'est la chose la plus belle au monde. Tu ne dois pas être triste mais heureux de ce qui t'arrive ! » Après cet échange, Neymar se sent mieux mais il n'est pas complètement soulagé. Il doit encore annoncer la nouvelle à ses parents. Sa maman, Nadine, fond en larmes en apprenant qu'elle va devenir grand-mère. Mais son père ? Comment va-t-il réagir ? Combien de fois lui a-t-il répété de se protéger ? Combien de fois l'a-t-il mis en garde contre des aventures d'un soir ? Le voilà pourtant obligé de se confier. « Quand j'ai appris la nouvelle, je ne savais pas quoi faire. J'ai eu peur de la responsabilité. C'était trop tôt, j'ai beaucoup pleuré, confesse-t-il dans le livre *Conversations avec mon père.* Je n'arrivais pas en parler à mon père. Il m'avait tellement mis en garde… Finalement, une fois le choc passé, il m'a dit que l'amour qu'il ressent pour moi et pour ma sœur est infini, et même si je ne restais pas avec la mère de mon fils, il serait l'un des nôtres pour toujours. »

« Pour être honnête, j'étais en colère quand il m'a annoncé la nouvelle, avoue néanmoins Neymar Senior au magazine *Istoé,* en juin 2011. Je l'avais pourtant prévenu de faire attention. Il a déconné. Mais il m'a dit que le préservatif s'était percé… » Soulagé par la réaction compréhensive de ses proches, Neymar reconnaît la paternité de l'enfant. Les deux familles s'accordent pour que Carol Dantas obtienne la garde tout en bénéficiant du soutien financier du futur papa. Même s'il s'entend bien avec la future maman, Neymar n'a pas l'intention de se fixer aussi jeune. Et tant pis si cela ne correspond pas aux préceptes de son Église évangélique. C'est par l'intermédiaire d'un ami que Neymar et Carol se sont rencontrés. Ils se fréquentaient de façon occasionnelle. Elle n'avait que 16 ans quand ils ont commencé à flirter et seulement 17 ans quand elle est tombée enceinte. D'après les confidences de la jeune fille à l'émission de télé *Domingão do Faustão*, elle était même prête à cacher sa grossesse au futur papa pour ne pas perturber sa carrière. « J'avais peur de le lui dire. Mais après, je me suis dit que cet enfant devait savoir qui était son père. J'ai attendu une semaine et je lui ai raconté (…). On était des gamins et il a fallu se transformer du jour au lendemain en adultes. Il a assumé et il s'est comporté en homme », a confié plus tard la jeune fille sur TV Globo.

À la veille de la demi-finale retour de la Copa Libertadores, contre Cerro Porteño, elle lui annonce le sexe de l'enfant. C'est un garçon ! Il s'appellera Davi Lucca. Le 24 août 2011, à 11 heures, quelques jours avant la date prévue, la jeune fille accouche à l'hôpital São Luiz de São

Paulo. « Deux kilos et 810 grammes d'audace et de joie », tweete le papa pour annoncer la nouvelle. Le parrain de l'enfant, Paulo Henrique Ganso, est présent. Eduardo Musa aussi. « C'était un moment fabuleux. Je ne l'avais jamais vu aussi ému. Je crois que c'est l'instant le plus privilégié que j'ai connu avec lui », se souvient celui qui partageait alors son quotidien. Pour répandre la nouvelle, Neymar se fend d'un second tweet et d'une photo le montrant avec le nouveau-né dans les bras. En quelques heures, la naissance de Davi Lucca devient le sujet le plus commenté du Brésil sur les réseaux sociaux...

Malgré la fatigue et l'émotion, Neymar et Ganso sont sur la pelouse de Vila Belmiro le soir même pour affronter le Fluminense. Le jeune papa de 19 ans réalise une première mi-temps spectaculaire, mais il ne trouve pas le chemin du but pour le dédicacer à son fils et imiter ainsi Bebeto lors du Mondial 1994. C'est finalement Ganso, inspiré, qui offre deux buts à Borges pour garantir le succès de Santos (2-1). Après le match, Muricy Ramalho s'amuse de la situation. Il révèle avoir accordé un bon de sortie à Neymar, la veille, pour quitter la mise au vert et assister à la naissance. Mais il n'imaginait pas que Ganso en profiterait pour se faire la malle et filer lui aussi. « Le parrain assiste à l'accouchement, maintenant ? Ils sont vraiment trop modernes, ces jeunes », en rigole le coach de Santos, épaté par la prestation de son meneur de jeu. Il estime aussi que la paternité va faire du bien à son joueur vedette. « Il va gagner en maturité, il va se responsabiliser encore plus », prophétise l'entraîneur qui fera connaissance avec Davi Lucca seulement trois semaines après la naissance. Le 7 septembre 2011, Neymar débarque au centre d'entraînement du Roi Pelé pour présenter son « héritier » à ses coéquipiers. Elano en profite pour plaisanter devant la caméra de Santos TV : « Il a déjà quelques cheveux, tu pourrais lui faire une mini-mohican », rigole l'international. Quelques semaines plus tard, Davi Lucca est dans les bras de son papa au moment de pénétrer sur la pelouse avant le derby contre Corinthians. Comme c'est la tradition au Brésil, des enfants accompagnent toujours l'entrée en piste des vingt-deux acteurs. Mais un bébé de six mois, il fallait oser ! Neymar le reconnaît : « Je n'ai pas été très raisonnable mais j'ai eu le feu vert de sa maman. Les gars m'ont trouvé un mini-maillot et un bonnet aux couleurs de Santos et je suis allé sur le terrain avec lui. Presque personne ne le savait. C'était un super moment. » Et la nouvelle mascotte leur porte chance. Santos s'impose 1-0 face au rival historique, où un certain Marquinhos dispute l'un de ses premiers matchs.

Peu à peu, le vestiaire devient le terrain de jeu de Davi Lucca. Carol l'emmène régulièrement au centre d'entraînement pour passer quelques heures avec son globe-trotter de papa. « Il n'y avait pas de moments plus savoureux que ceux-là », affirme Neymar qui adore voir son fils crapahuter entre les jambes de ses collègues et recevoir des bisous de tous les fonctionnaires du club. Ganso, qui se demande si son filleul sera gaucher comme lui, essaie de lui faire frapper un ballon. En vain. Quant à Rafael, le gardien, il s'amuse à lui deviner un avenir dans les cages. Il place un ballon d'un côté et un gant de l'autre. Davi Lucca rampe vers les gants, hésite, puis va toucher le ballon, provoquant l'hilarité de tout le vestiaire… Mais pendant cette période bénie, le jeune papa ne marque plus. Il traverse un désert de sept matchs, soit 66 minutes de disette avant de retrouver le chemin des filets. Pas étonnant que Santos, absorbé par le parcours victorieux en Copa Libertadores, termine la saison en roue libre. Le club se contente de la 10e place du championnat remporté par le Corinthians de Tite. Mais même après soixante-treize matchs disputés depuis le 15 janvier 2011, le marathon n'est pas terminé pour le club de Muricy Ramalho. Les deux matchs les plus importants de l'année ont lieu mi-décembre, à l'autre bout du globe, quand tous les autres clubs brésiliens sont enfin en vacances. Qualifié pour le Mondial des clubs, grâce à sa victoire en Libertadores, Santos se rend au Japon en espérant se mesurer au Barça de Lionel Messi. L'engouement est énorme. Voilà quarante-huit ans que le club brésilien n'a pas conquis le monde. C'était en 1963 contre le Milan AC. Alors, avant l'embarquement vers l'aéroport de Guarulhos, les partenaires de Neymar sont confrontés à une véritable marée noir et blanc. Que ce soit à la sortie du centre d'entraînement, sur le chemin de l'aéroport ou dans l'aérogare, ils sont des milliers de supporters à chanter et à encourager leurs héros avant le grand départ. Des dizaines de malabars doivent même intervenir pour créer un cordon de sécurité afin de laisser les joueurs se diriger vers le balcon d'enregistrement. L'aéroport de Guarulhos se transforme en stade avec tifos, papelitos, tambours et supporters au bord de l'hystérie collective. Rafael a du mal à se frayer un chemin. Arouca et Edu Dracena se font arracher leur veste. Face à une foule de plus en plus incontrôlable, la sécurité décide d'employer la technique de la tortue. L'idée étant de former un cercle autour du joueur pour le protéger puis de fendre la marée humaine sans s'arrêter. Même comme ça, Elano, Ganso et surtout Neymar sont obligés de se recroqueviller et d'avancer à l'aveugle grâce à une carapace humaine salvatrice. Le tsunami est redoutable. Ils boivent la tasse, prennent peur, mais ressortent finalement la tête de l'eau, soulagés de ne pas avoir été engloutis. « C'était franchement effrayant », dira Ganso dans la salle d'embarquement, encore un peu secoué par cette déferlante de supporters…

Après plusieurs heures d'accalmie et une escale en

Allemagne, l'arrivée à Nagoya est chaleureuse mais plus disciplinée. Les supporters japonais de Santos, et les Brésiliens déjà sur place, réservent un accueil quasi triomphal à l'équipe emmenée par Neymar.

Fans de football brésilien depuis le passage de Zico, les Japonais vouent une véritable admiration aux magiciens auriverde. Kaká, Ronaldo, Robinho ou Ronaldinho, ils ont tous été considérés comme des dieux vivants au pays du Soleil-Levant. Malgré ses 19 ans, Neymar est déjà une vedette. Ses exploits sous le maillot de Santos et de la Seleção sont régulièrement racontés sur Fuji TV par une journaliste nippone basée depuis 2011 à Rio de Janeiro. Elle a été la première en Asie à prévoir la naissance de ce phénomène. Et des agences de pub qui ont misé sur Neymar avant qu'il n'explose la remercient encore aujourd'hui d'avoir anticipé son succès planétaire. « Mes amis publicitaires cherchaient le prochain sportif d'envergure mondiale. Je leur ai parlé de Neymar, qui était une évidence pour moi, même quand il n'avait que 18 ans, reconnaît Kyomi Nakamura de sa petite voix aiguë. Avoir participé à sa célébrité dans mon pays est un honneur. Mais c'était facile car Neymar incarne exactement ce que les Japonais aiment quand on parle de footballeur brésilien. Il est imprévisible, il dribble et il va vite. Il a un don et ça, les Japonais adorent. En plus, Neymar a un look et un style qui peuvent ressembler à ceux de la jeunesse de chez nous. Pas étonnant qu'il soit rapidement devenu une star au Japon. »

En demi-finales du Mondial des clubs, face à Kashiwa Reysol, champion du Japon et d'Asie, Neymar n'a aucun scrupule à se montrer décisif. Dès la 19e minute, il claque une magnifique frappe du gauche enroulée de 20 mètres. Et Borges l'imite, du pied droit, quelques minutes plus tard (2-0, 24e). Si Rafael concède la réduction du score sur corner après une tête de Sakai (aujourd'hui à l'OM), Danilo met un terme au suspense sur un coup franc bien enroulé (3-1, 63e). Trois jours après cet apéritif bien négocié, c'est le plat de résistance qui leur est proposé. À Yokohama, Neymar va se mesurer à Lionel Messi. Il veut prouver, comme tout le Brésil, que son équipe peut rivaliser avec le grand Barça. Souvent déprécié et considéré comme inférieur aux clubs européens, le football sud-américain possède un ambassadeur capable de renverser l'ordre établi. C'est en tout cas ce que croient la plupart des Brésiliens avant ce rendez-vous dominical, à l'heure du petit déjeuner. Mais entre deux *pão de queijo* (pains au fromage) et une gorgée de café, ils doivent se rendre à l'évidence. Les deux équipes ne jouent pas dans la même cour. Après vingt-quatre minutes, et deux buts de Messi et Xavi, le match paraît déjà plié. Juste avant la pause, Fabregas en remet une couche et donne à cette finale des allures de correction (3-0, 45e). Face à une équipe catalane où neuf joueurs ont été formés au club, Santos est inexistant. Neymar échappe une seule fois à Éric Abidal et à la défense espagnole, mais sa frappe entre les jambes de Victor Valdés n'est pas assez appuyée. Dans la foulée, c'est Messi qui s'en va dribbler Rafael pour humilier définitivement la formation brésilienne (4-0, 82e). « Santos n'a pas respecté son ADN d'équipe offensive, regrette Milton Neves, le commentateur de SporTV. Elle aurait dû jouer comme elle sait le faire. Quant à Neymar, il a été timide, il n'a pas osé, on ne l'a pas vu dribbler ou tenter des passements de jambes… » C'est donc la crête basse que le chouchou des Japonais reconnaît la supériorité de son adversaire au micro de la télé brésilienne : « On a affronté la meilleure équipe du monde. Ils ont des joueurs fantastiques. Le Barça nous a donné une leçon de football… »

TÉMOIGNAGE

Leo, latéral droit, 115 matchs sous les couleurs de Santos avec Neymar, entre 2009 et 2013

« *Il m'a mis la misère* »

« *Après cette finale perdue contre le Barça, Neymar était inconsolable. Il n'arrêtait pas de pleurer. Je lui ai dit : "Ne t'inquiète pas, on est tombés sur le meilleur Barça de l'histoire, et puis tu auras d'autres occasions de disputer la finale du Mondial des clubs." C'est ce qui s'est passé. Il l'a jouée et gagnée avec le Barça deux ans plus tard. Je lui ai envoyé un message pour le féliciter et lui rappeler ma prédiction. Il m'a répondu : "T'avais raison, Léléo !" Je savais que mon pote aurait une autre chance. Il le mérite tellement. Rien ne lui arrive par hasard. Son talent et sa détermination sont exceptionnels. Ça s'est vu dès qu'il a débarqué à l'entraînement des pros, à seulement 17 ans. Il en faisait plus que les autres. Il bossait dur, il restait toujours après les séances pour frapper des coups francs ou des penalties et il s'entraînait même quand on était au repos. Un vrai forcené. Avec le talent naturel que Dieu lui a offert, il est devenu un joueur inarrêtable.*

En tant qu'arrière droit, je l'avais souvent sur mon chemin. Il m'a mis la misère. J'ai vécu un calvaire avec lui (rires). *Il était insaisissable, capable de passer des deux côtés, et puis il innovait tout le temps, il inventait des dribbles que même Dieu ignorait. Ça ne m'énervait pas car c'était son style de jeu. Et il était encore plus provocateur en match. Neymar aimait bien faire des paris, mais je ne jouais jamais avec lui, j'étais sûr de perdre. Lui, il déteste la défaite. Même aux jeux*

vidéo, il ne supportait pas. En quand il gagnait, il te cassait les oreilles pendant une semaine. C'est aussi comme ça qu'on reconnaît les champions. Celui qui refuse la défaite, il progresse chaque jour un peu plus...
Au club, Neymar était notre ami, notre compagnon, notre héros. Il nous a fait passer dans une autre dimension. Avec lui, il y avait toujours beaucoup de supporters, des médias et des filles aux entraînements. Partout où on se produisait, il y avait les fans de Neymar qui l'attendaient. C'était une vraie folie. Nous, ça nous faisait marrer, on aimait bien. Et lui, il était habitué. Et il avait toute une équipe, menée par son père, qui le protégeait de ça pour qu'il ne pense qu'à une chose : le football. La paternité à seulement 19 ans lui a fait du bien. Il est devenu plus mature, plus serein. Mais ça ne l'empêchait pas de faire des conneries. Sa spécialité, c'était de prendre ma voiture lors des mises au vert au centre d'entraînement du Roi Pelé, et de la laisser toute la nuit au milieu de la pelouse. Quand il pleuvait, c'était encore plus savoureux. Il laissait les portières ouvertes et je la retrouvais trempée le lendemain matin. Je ne pouvais pas me venger car il se cachait jusqu'au coup d'envoi du match (rires). »

Entretien

Neymar : « J'ai toujours admiré Zidane »

Interview datée du 3/11/2011

À seulement 19 ans, son agenda est déjà celui d'un ministre. Entre les matchs, les déplacements, les obligations commerciales et sa récente paternité, Neymar n'a pas vraiment le temps – ni l'envie – d'accorder des interviews à la presse étrangère. Mais à force d'insister, de relancer le service communication et de harceler Eduardo Musa, le miracle se produit. Quatre mois après la première sollicitation, Santos nous accorde une interview avec la star. Elle aura lieu le jeudi 3 novembre 2011, sur la pelouse du centre d'entraînement du Roi Pelé. Extraits d'un entretien publié en partie dans le journal L'Équipe, le 10 novembre 2011. Le titre ? Neymar : « Je veux marquer l'histoire ».

Diamants à l'oreille, chaîne en argent autour du cou et casquette vissée sur sa coupe iroquois décolorée : c'est ça, le style Neymar ! Avec son côté bling-bling, l'attaquant brésilien de 19 ans est devenu l'idole des jeunes mais aussi le joueur sur qui tout un pays mise pour gagner la Coupe du monde 2014. Malgré la pression, Neymar, convoité par le Barça et le Real Madrid, la joue relax. Après un entraînement ébouriffant et avant d'aller pouponner son fils âgé de 3 mois, la star de Santos nous a reçus au centre d'entraînement du Roi Pelé. Entretien avec une future légende…

« Neymar, avant d'être considéré comme "le nouveau Roi du football brésilien", qui étiez-vous ?

*– Un gamin normal. Je suis "à moitié de la favela", comme on dit ici. Ça signifie que je suis issu d'une famille très humble. On habitait à São Vicente (*près de Santos*) dans un minuscule appartement avec mon grand-père. On était tous ensemble. J'étais entouré de mes amis, j'allais à l'école, je jouais au cerf-volant mais aussi et surtout au foot. Malgré les difficultés, c'étaient les années bonheur. J'étais tout petit aussi, donc je ne me rendais pas forcément compte des galères que mes parents ont dû surmonter. Mais, pour moi, c'était* tudo bem, *et je ne pensais qu'à une chose : jouer au foot !*

– Vous souvenez-vous de votre premier ballon ?

– Mon père m'a raconté que le premier, je l'ai eu au marché. J'ai attrapé un petit ballon et j'ai joué avec.

Plus tard, à la maison, j'avais au moins cinquante ballons qui traînaient. Toute ma vie je n'ai pensé qu'au football. Je voulais des ballons, toujours plus de ballons. Pour mes anniversaires et des occasions spéciales, mon père me demandait de choisir un cadeau. Chaque fois je réclamais un ballon !

– Racontez-nous votre premier séjour en Europe !

– C'était en 2006, je n'avais que 13 ans et j'étais parti avec mon père faire un essai au Real Madrid. Ce fut une expérience constructive pour ma vie personnelle et professionnelle. C'était dur mais c'était beau. Je me suis entraîné et j'ai pu sentir comment est la vie en Europe. C'était difficile car j'étais loin de ma famille, de mes amis… Je n'avais que 13 ans, c'était un peu compliqué, donc on a décidé de rentrer à la

maison. Mais je ne regrette rien. J'ai aussi eu la chance de rencontrer mes idoles : Robinho, Zidane, Beckham, Ronaldo, Julio Baptista, Roberto Carlos, Robinho…

– Zidane vous a-t-il impressionné ?

– J'ai toujours admiré Zidane. C'est l'une de mes idoles. Sa technique, son style, c'est fabuleux ! Sur le terrain, c'était vraiment un joueur fantastique !

– Votre éclosion est finalement intervenue en 2010, lorsque vous avez remporté le championnat paulista et la Coupe du Brésil avec Robinho, Ganso, André…

– Ah, cette année a vraiment été incroyable ! Je me suis éclaté avec mes potes, on marquait tout le temps, on dansait, on se faisait vraiment plaisir. C'est l'année qui m'a permis de m'imposer à Santos et de conquérir des titres.

– En 2011, vous remportez la Libertadores, vous devenez titulaire avec la Seleção et même si vous jouez sans arrêt, vous n'êtes jamais blessé. Comment faites-vous ?

– Grâce à Dieu, je ne me suis jamais blessé. J'espère continuer comme ça. Je demande à Dieu de continuer à me protéger. Je n'ai pas vraiment de secret. La nourriture ? Non, rien de spécial, je mange comme tout le monde ici : du riz, des haricots, de la farofa *(farine de manioc)…*

– D'où viennent vos dribbles ?

– Je ne sais pas. C'est dans ma tête, j'improvise. Ça sort comme ça ! (Il se touche le front.)

– Quel est le football que vous aimez regarder ?

– Je regarde presque tout ! Mais la Ligue des champions, c'est le top ! C'est là où il y a le meilleur football.

– Quand vous jouez à la PlayStation, quelle équipe européenne choisissez-vous ? Le Real ou le Barça ?

– Ça dépend (il sourit). *En fait, je joue presque tout le temps avec Santos ! C'est mon équipe !*

– Que connaissez-vous du football français ?
– En dehors de Zidane, j'adore Benzema et Ribéry, ce sont les deux joueurs que j'admire, ce sont des cracks.
– Ribéry vous ressemble un peu, non ?
– Oui, c'est possible, il est rapide, il aime dribbler et provoquer. Comme moi ! »

Chapitre 21

Médaille en chocolat et triplé à la Pelé

La génération Dunga en 1984 ? Elle s'est ratée face aux Bleus de Daniel Xuereb, buteur en finale (0-2). Celle du duo Bebeto-Romario en 1988 ? Elle a échoué, elle aussi en finale, contre l'URSS (1-2 a.p.). Celle de Ronaldinho en 2000 ? Elle s'est fait surprendre par la puissance du Cameroun en quarts de finale (1-2, a.p.). On peut égrener encore longtemps la liste des équipes brésiliennes qui ont disputé les jeux Olympiques, aucune n'a remporté la médaille d'or. En douze participations, depuis Helsinki en 1952, la mini-Seleção n'est jamais montée sur la plus haute marche du podium. Cette médaille d'or est d'ailleurs le seul et unique titre qui manque au palmarès d'un pays cinq fois vainqueur de la Coupe du monde. Après l'échec du Mondial 2010, les JO de Londres arrivent à point nommé pour redorer le blason de la CBF. Toujours aux commandes de la sélection principale, Mano Menezes est désigné pour diriger l'équipe olympique. Le technicien gaucho n'a pas le droit de se planter. Un échec et il pourrait perdre aussi son poste chez les A.

Seuls les joueurs de moins de 23 ans sont invités à disputer le tournoi olympique. Mais chaque sélection peut convoquer trois jokers, plus âgés. Mano Menezes choisit Thiago Silva, impérial avec le Milan AC, Marcelo, incontournable au Real Madrid, et Hulk, qui pétarade au FC Porto. Ces « vétérans » sont censés entourer la nouvelle génération emmenée par Neymar, évidemment, mais aussi Lucas Moura, Ganso, Oscar, Pato ou Leandro Damião, l'attaquant de l'Internacional Porto Alegre. Favorite de la compétition, la Seleção n'est pas vraiment bousculée lors de la première phase. Avec une moyenne de trois buts par match, elle domine l'Égypte (3-2), la Biélorussie (3-1) et la Nouvelle-Zélande (3-0) pour se qualifier tranquillement en quarts de finale. Le Brésil fait bonne impression mais laisse poindre quelques lacunes. Neymar ? Il offre deux passes décisives et inscrit deux buts : un de la tête contre les Pharaons, et l'autre sur un joli coup franc face à la Biélorussie.

Le 4 août 2011, dans l'enceinte de Saint James Park, à Newcastle, le Brésil affronte le Honduras, tombeur surprise de l'Espagne lors de la première phase. Les hommes de Mano Menezes sont vite menés au score après la reprise victorieuse de Martinez (0-1, 12e). Leandro Damião égalise à l'arrache avant que Roger Espinoza ne redonne l'avantage au Honduras, pourtant réduit à dix depuis la 35e minute. Neymar égalise ensuite sur penalty avant de solliciter Damião qui pivote pour inscrire le but de la victoire à l'heure de jeu (3-2, 60e). « On a su garder notre sang-froid et revenir deux fois au score. Mais on a eu chaud », reconnaît le numéro 10, conscient des difficultés rencontrées face à un adversaire pourtant modeste. En demi-finales, la star de Santos n'a pas besoin de trop s'employer face à la Corée du Sud. Même s'il ne marque pas, il réalise un bon match et participe au large succès (3-0) obtenu grâce à Romulo (38e) et Leandro Damião (57e et 64e).

Cinq matchs, cinq victoires, quinze buts inscrits, cinq encaissés, jamais la Seleção olympique n'avait obtenu un bilan aussi limpide avant de disputer la grande finale. Neymar, auteur de trois buts et quatre passes décisives, est déterminant. Tout comme Damião qui, avec six réalisations, est le meilleur buteur du tournoi. Mais pour valider ce bilan et faire mieux que la génération Dunga 84 et Romario 88, il faut franchir l'obstacle mexicain en finale. Avec une équipe au complet, sans blessé ni suspendu, les partenaires de Thiago Silva se présentent à Wembley plutôt confiants. Ils vont vite déchanter. Seulement trente secondes après le coup d'envoi, le latéral droit, Rafael, évite une touche, mais sa passe est interceptée. Elle profite à Oribe Peralta qui déclenche une frappe limpide à 20 mètres pour ouvrir le score. Le spectre de l'échec glace alors toute l'équipe, fébrile et incapable de réagir. Encore plus quand l'attaquant mexicain inscrit un doublé en plaçant une tête imparable après un coup franc expédié au cœur de la surface (2-0, 74ᵉ). La réduction du score d'Hulk à la dernière minute n'y changera rien. À moins que cet ultime centre sur la tête d'Oscar, absolument seul aux 6 mètres… « Mais non !!! C'est pas possible ! Oscar manque le cadre ! Comment a-t-il pu rater ça ? C'était la dernière chance du Brésil », s'étrangle alors le commentateur de BandSports, déçu comme des millions de Brésiliens de devoir se contenter de la médaille d'argent. Consultant lors de cette finale, Romario, aussi offensif qu'il l'était sur un terrain, prend la parole et passe à l'attaque. « Le Brésil n'aurait jamais dû perdre. Mais il paie le prix de ses erreurs, surtout celles de l'entraîneur. Il est nul. Il ne sait pas convoquer un groupe, il ne sait pas opérer des changements en cours de match… Heureusement, ce sera son dernier match à la tête de la Seleção ! Le Brésil aurait dû être commandé par Ney Franco (vainqueur de la Copa Sudamericana des moins de 20 ans avec la génération Neymar). C'est lui qui connaissait le mieux cette équipe. C'est la faute de Menezes, tout ça. Il est nul ! C'est à cause de lui si le Brésil a encore échoué », persifle Romario, de plus en plus énervé. Mais pour la presse brésilienne, l'échec de Londres n'incombe pas seulement au sélectionneur. Neymar est lui aussi pointé du doigt. Malgré de bonnes statistiques, les médias lui reprochent de ne pas avoir été décisif en finale. Ils soulignent aussi les dix ballons perdus et les cinq frappes non cadrées. « Ce n'est pas la première fois qu'il échoue, écrit notamment Carlos Padeiro sur le portail UOL. Son premier grand test, lors de la Copa America 2011, avait aussi été un échec. Voilà pourquoi la défiance de l'opinion publique à son égard va augmenter. Voilà pourquoi les supporters ne savent pas s'ils pourront compter sur lui lors du Mondial 2014… »

Le constat est sévère mais il en va ainsi au pays du football où 200 millions de sélectionneurs potentiels analysent, encensent parfois et critiquent souvent. Au Brésil, on appelle ça *cornetar.* C'est même l'activité préférée des supporters, qui chambrent, plaisantent et insultent à tout-va. Sans se soucier de la présence des proches qui doivent parfois se boucher les oreilles pour ne pas craquer. « Il m'en a fallu de la patience. Parfois c'était insupportable, reconnaît Neymar Senior. Quand j'entends que mon fils est un simulateur ou un *pipoqueiro (*qui tremble comme du pop-corn*),* ce n'est pas facile. Je dois le tolérer mais ce n'est pas évident. » Rafaela souffre aussi quand elle entend des critiques dirigées vers son grand frère. Lors de l'émission *Domingão do Faustão,* elle confie tout son désarroi face aux attaques dont Neymar peut être victime. « Pendant les matchs, je suis révoltée parfois. Les gens l'insultent et je ne peux rien faire, seulement subir des critiques infondées. Ça me fait pleurer car mon grand frère est quelqu'un de bien. Il n'a jamais changé. Il est le même, avec nous, avec ses amis. Il a un grand cœur, il est très attentionné et ça me fait mal quand on dit qu'il est arrogant ou je ne sais quelle autre connerie… »

Critiqué par les uns, adulé par les autres, Neymar

En 1996, lors d'un match de Championnat Paulista A3, Neymar Senior avec son fils, considéré comme la mascotte de l'équipe de l'Uniao Mogi. En haut à droite, le gardien de but, Haraldo Lamounier (cf. témoignage chapitre 1).

2001 – Neymar Junior (accroupi au centre avec le ballon), déjà considéré comme la vedette de l'équipe de futsal de Gremetal. En haut à gauche, Betinho, l'homme qui l'a découvert.

2004 – Neymar Junior avec l'équipe de Santos. Accroupis, avec de gauche à droite : Luizinho, Neville, Neymar, Kleber, Dudu, Maicon (cf. témoignage chapitre 3), Elias et Danilo.

Le 16/08/2006 – Les années bonheur ! Neymar, 14 ans, avec son père dans l'appartement familial près de Vila Belmiro, le stade de Santos.

Le 08/02/2008 – Trois jours après avoir fêté ses 16 ans, Neymar, qui a résisté aux offensives de Chelsea, signe son premier contrat professionnel avec Santos.

Le 22/03/2009 – Neymar lors de ses premiers matches avec l'équipe professionnelle. Il est lancé dans le grand bain le 14 février 2009 par Vagner Mancini mais c'est sous les ordres de Dorival Junior qu'il va flamber et devenir le nouveau roi de Santos.

Avril 2010 – Neymar et le Roi Pelé lors d'un shooting photo pour célébrer les 40 ans du magazine *Placar*.

15 mai 2011 – Neymar inscrit le but de la victoire lors de la finale retour du Championnat de São Paulo contre le Corinthians (2-1). Un mois plus tard, il remportera la Copa Libertadores avec Santos.

Le 30 juin 2013 – Dans un Maracanã surchauffé, la Seleção commandée par Scolari et sublimée par un Neymar de gala domine l'Espagne, championne du monde en titre (3-0), grâce à un doublé de Fred et un but de son numéro 10.

Le 30 juillet 2013 – Neymar lors de sa première apparition sous le maillot du Barça, face au Lechia Gdansk (2-2), en match amical. Il inscrira son premier but en match officiel quelques jours plus tard contre l'Atletico Madrid (1-1), offrant ainsi la Super Coupe d'Espagne à sa nouvelle équipe.

Le 12 juin 2014 – Malgré tous les efforts de Neymar, le Brésil souffre lors du match d'ouverture de la Coupe du Monde 2014. Bien aidée par un penalty généreux, la Seleção finit par s'imposer avec un doublé de Neymar et un but d'Oscar (3-1).

Le 4 juillet 2014 – La Coupe du Monde de Neymar s'arrête en quart de finale sur cette charge du Colombien Zuniga. Victime d'une fracture de la 3e vertèbre, le numéro 10 assistera depuis son canapé au naufrage de son équipe face à l'Allemagne, quatre jours plus tard (1-7).

Lors de la saison 2014-2015, conclue par une victoire en Ligue des Champions, son entente avec Lionel Messi fait des étincelles. À eux deux, ils marquent 97 buts, toutes compétitions confondues, avec le maillot du Barça !

4 mars 2017 – Auteur d'un penalty et d'un coup franc magistral, Neymar est le principal artisan de l'incroyable «*remontada*» infligée au PSG (6-1). Après ce match historique, le Brésilien comprend néanmoins que pour devenir numéro 1, il va devoir s'émanciper et quitter le Barça...

5 août 2017 – Cinq mois après la «*remontada*», Neymar est présenté au public du Parc des Princes. Après des semaines de tractations, le Brésilien devient le joueur le plus cher de la planète. Il coûte 222 M€ aux dirigeants du PSG.

22 octobre 2017 – Pour son premier clasico, face à l'Olympique de Marseille, Neymar marque mais est expulsé (2-2). Il sera encore plus malheureux au match retour en se blessant tout seul. Victime d'une entorse de la cheville, il se fracture le cinquième métatarse et ne pourra pas affronter le Real Madrid, en huitième de finale retour de la Ligue des Champions (1-2).

devient un personnage de plus en plus clivant. Les puristes lui reprochent cette tendance à plonger et à en rajouter. « Mais c'est pour éviter de se faire découper », plaide son père. D'autres n'apprécient pas son côté showman, sur le terrain, et show-off, en dehors. Pourtant, sa volonté de gagner et de progresser ne faiblit pas. « Malgré toutes les sollicitations, il est toujours resté concentré sur le foot », soutien Muricy Ramalho. Quelques mois avant de disputer les jeux Olympiques, il s'est d'ailleurs adjugé un troisième titre de champion paulista consécutif. Un exploit dans un championnat déséquilibré mais relevé par la présence de puissants rivaux comme Palmeiras, Corinthians ou le São Paulo FC. En quête de titres et de records, il franchit la barre symbolique des cent buts, le 29 avril 2012. Un chiffre significatif qu'il atteint en transformant un penalty face à Denis, le remplaçant de Rogério Ceni. Un exploit quand on sait qu'il a débuté chez les pros seulement trois ans et cinquante et un jours plus tôt. Ce jour-là, au Morumbi, il inscrira deux buts de plus pour asseoir définitivement la qualification de Santos en finale. Mais ses dribbles excessifs et quelques plongeons exagérés vont énerver Cicero (expulsé pour un tacle dangereux) et agacer aussi l'entraîneur adverse, Emerson Leão. « Il n'est pas obligé d'en faire autant », regrette-t-il après une élimination qui lui coûtera son poste. Mais le talent de Neymar n'a pas que des détracteurs. Et Lucas Moura le concède après la lourde défaite de son équipe : « Neymar est un génie avec le ballon. Il est capable de plier un match à lui tout seul. C'est ce qu'il a fait aujourd'hui... »

Le natif de Mogi das Cruzes va récidiver une semaine plus tard, contre Guarani, l'invité surprise de la finale du championnat paulista. À l'aller, il voit Ganso ouvrir le score d'une frappe lointaine avant de se charger d'inscrire un doublé (3-0). Au match retour, au terme d'un duel hyper spectaculaire, c'est Santos qui confirme son succès initial en s'imposant 4-2 avec deux doublés, d'Alan Kardec (1re et 90e) et Neymar (8e s.p. et 71e). L'attaquant à la mohican est bien le roi de São Paulo. Il égale d'ailleurs le triplé de Pelé et sa bande, sacrés en 1967, 1968 et 1969. « Celui qui entend de la bouche de ses parents ou de ses grands-parents les exploits de Pelé devra dans le futur raconter les exploits de Neymar à ses enfants et petits-enfants », écrit Alexandre Lozetti sur le site GloboEsporte, le 13 mai 2012.

Malheureusement pour le héros santista, la suite de la saison ne sera pas aussi réjouissante. Tenant du titre de la Copa Libertadores, le « Peixe » s'incline cette fois en demi-finales face au voisin du Corinthians (0-1, 1-1). Une issue cruelle car l'équipe de Tite n'était pas supérieure. Obligé de lâcher du lest dans la bataille continentale (12 matchs disputés entre février et mai), Santos sacrifie certains matchs de championnat pour permettre aux titulaires de récupérer. Résultat, les partenaires d'Arouca terminent l'exercice à la 8e place, au terme d'une campagne irrégulière (13 victoires, 14 nuls, 11 défaites). Pour se consoler, ils parviennent néanmoins à remporter la Recopa Sudamericana, l'équivalent de la Supercoupe d'Europe en Amérique du Sud, face à Universidad de Chili (0-0, 2-0). Au final, en 2012, Neymar aura disputé avec son club la bagatelle de quarante-sept matchs (sur 75 possibles) et inscrit quarante-trois buts. Insuffisant néanmoins pour être sacré meilleur joueur de la saison. Le trophée revient à Fred, l'attaquant de Fluminense, champion du Brésil. Neymar devra se contenter de celui de meilleur attaquant et du plus beau but, inscrit face à l'Atletico Mineiro de Ronaldinho, le 17 octobre 2012. Ce but, entre accélération fulgurante, dribble et feinte de frappe, il l'inscrit avec le numéro 200 dans le dos, comme le nombre de matchs déjà disputés avec le maillot de son club formateur...

TÉMOIGNAGE
Lucas Moura, rival au futsal,
ami et ancien coéquipier
de Neymar avec la Seleção et au PSG

« *J'ai toujours battu Neymar au futsal* »

« Je garde un très bon souvenir des jeux Olympiques de Londres ! Même si on n'a pas réussi à remporter cette médaille d'or que le Brésil espérait tant, on n'a pas démérité. Conquérir une médaille d'argent et monter sur un podium olympique, ce n'est pas rien, il faut le valoriser. Malheureusement, on n'a pas vraiment pu ressentir totalement l'atmosphère des JO car nous étions isolés dans un hôtel, loin du village olympique. C'était un peu frustrant. On a pu y aller seulement une fois et c'était sympa de croiser d'autres athlètes, notamment les Brésiliens. Je me souviens avoir croisé les volleyeurs, les gymnastes, les nageurs, c'était chouette. C'est un souvenir précieux que je garde en moi. C'était génial aussi de rejouer avec Neymar. Ça fait tellement longtemps qu'on se connaît… La première fois que je l'ai rencontré, c'était sur un parquet de futsal. On était très jeunes, on devait avoir 6 ou 7 ans. Moi, je jouais pour l'équipe de Santa Maria et lui, il évoluait sous les couleurs de Gremetal. On a commencé à s'affronter régulièrement et à force de se croiser on a sympathisé. On se disait bonjour, on se donnait une accolade, on se félicitait mutuellement, c'est comme ça qu'est née notre amitié. C'était une époque géniale. Surtout que je battais toujours Neymar à ce moment-là (rires). *C'étaient des matchs toujours très difficiles, très tendus, mais mon équipe a toujours eu le dessus. Je peux me la raconter et dire que j'ai toujours*

battu Neymar au futsal (rires). *Bon, au football normal, c'est différent, il a beaucoup plus de victoires que moi.*
Mon père dit que j'étais meilleur que Neymar à l'époque du futsal. Mais il n'est pas objectif. Moi, je n'aime pas faire de comparaison, chacun son style. C'est très difficile de dire qui était meilleur que l'autre. Lui était vraiment un génie de cette discipline. Ses dribbles ou sa faculté à improviser que vous voyez aujourd'hui proviennent du futsal. Moi, j'étais davantage sur la vitesse, la rapidité mais aussi le dribble. Le futsal a toujours été ma grande passion, j'adore ça et je continue d'ailleurs de le pratiquer avec des potes quand je suis en vacances.
Avec les JO de Londres, l'autre grand souvenir que j'ai avec Neymar, c'est la Copa Sudamericana des moins de 20 ans au Pérou (voir chapitre 17). *Ce tournoi a représenté un vrai tournant dans ma carrière. Je me suis fait connaître et ma trajectoire a pris une tournure magnifique. Notre équipe était super forte, et on s'entendait très bien avec Neymar. C'est là que nous sommes vraiment devenus des frères. On était toujours ensemble, on traînait dans les couloirs de l'hôtel, on jouait aux cartes, à la console, et je me souviens aussi qu'on était devenus accros au pop-corn. Tous les jours, on allait à la cuisine et on demandait au chef de nous en préparer une bassine. On ne laissait personne d'autre que nous y toucher. On est restés un mois dans cet hôtel, on a fait plein de conneries et j'ai des souvenirs vraiment sympas. Sportivement, la finale contre l'Uruguay (6-0) restera comme l'un des meilleurs matchs de ma vie, pour l'importance qu'il représentait et parce que tout m'a réussi lors de cette rencontre. C'est un match mémorable. Marquer trois buts en finale avec le maillot numéro 10 de la Seleçao sur les épaules, c'est très émouvant. On avait entamé ce match à fond, on avait senti les Uruguayens un peu présomptueux et ça nous avait motivés*

comme jamais. C'était un match parfait qui est resté dans les annales. Neymar avait inscrit un doublé ce soir-là…
De toutes ces années passées ensemble, ce que je retiens, c'est la compétitivité de Neymar. Il est comme moi, il déteste perdre à un point que vous ne pouvez même pas imaginer. Mais j'estime que c'est une grande qualité. Il est arrivé tout en haut justement parce qu'il est compétitif, il veut tout le temps gagner, il veut toujours progresser et pour s'améliorer il faut travailler. Mais quand il perd, il ne faut pas trop le chambrer, il devient très susceptible et il peut s'énerver. Je crois qu'on est pareils à ce niveau-là… »

Chapitre 22

Le transfert secret

Au black jack, ça fait toujours mouche ! Pas pour Neymar, pour qui le chiffre 21 n'a rien de magique. Depuis qu'il a fêté son 21e anniversaire, le 5 février 2013 (le même jour que Cristiano Ronaldo), rien ne va plus. Tout commence par ce match amical perdu face à l'Angleterre, à Wembley (2-1, le 6 février). Pour la première de Luiz Felipe Scolari, appelé à la rescousse pour succéder à Mano Menezes, l'attaquant de Santos est méconnaissable et rate tout ce qu'il entreprend. Il évoque « le froid et les pieds gelés » pour se justifier, quand les observateurs estiment que c'est l'identité de l'adversaire qui l'empêche de briser la glace. « Face aux Sud-Américains, Neymar a le dessus, notamment au plan psychologique. Pas face aux Européens où tu as l'impression que chacun de ses dribbles est voué à l'échec », constate Tim Vickery, le correspondant de la BBC au Brésil…

La saison de la star brésilienne avait pourtant bien démarré. Avec le retour de son compère d'attaque, André, il réalise un début de championnat paulista convaincant. Cinq buts en cinq matchs, c'est le tarif appliqué en club par Neymar, qui va bientôt faire la connaissance de Luiz Felipe Scolari. L'entraîneur, champion du monde 2002, quitte son poste à Palmeiras pour prendre en main les destinées d'une Seleção bien morose. Mano Menezes a payé son échec aux jeux Olympiques de Londres et des matchs amicaux sans relief. Il est viré et remplacé par celui que le public appelle affectueusement « Felipão ». Surfant sur l'étoile qu'il a décrochée en 2002 au Japon, le natif de Passo Fundo (dans le sud du Brésil) dégage l'image d'un patriarche sympathique, capable de colères homériques, mais surtout bienveillant avec ses hommes. Il a pour l'instant le soutien des 200 millions de sélectionneurs potentiels. Le 22 janvier, l'homme à la moustache poivre et sel communique sa première liste au siège de la CBF. Il convoque des revenants comme Ronaldinho Gaucho (Atletico Mineiro) et Julio César (Queens Park Rangers), des débutants comme Dante (Bayern Munich) et des joueurs oubliés par Menezes comme Hernanes (Lazio Rome), Filipe Luis ou Miranda (Atletico Madrid). Neymar fait évidemment partie d'un groupe qui doit disputer la Coupe des Confédérations à la maison, avant de s'attaquer à la Coupe du monde l'année suivante. Pour faire face aux grandes puissances du foot européen, Scolari, 65 ans, veut une « équipe avec du cœur, de la technique et une bonne maîtrise tactique ». Son premier test a lieu dans le stade mythique de Wembley devant 87 000 spectateurs avec le onze majeur suivant : Julio César – Daniel Alves, David Luiz (cap.), Dante, Adriano – Ramires, Paulinho, Oscar – Ronaldinho, Neymar et Luis Fabiano. Dès la 17e minute, la Seleção obtient un penalty. Tireur officiel sous l'ère Menezes, Neymar se dirige vers le ballon pour exécuter la sentence. Mais, pour sa 100e sélection, Ronnie n'est pas prêt à faire de cadeau et refuse de céder le penalty à son cadet. Il place son ballon, se concentre mais sa frappe du droit est repoussée par Joe Hart, qui s'y reprend à deux fois pour écarter le danger. Dans la foulée, Julio César s'incline après une reprise de Wayne Rooney, et Fred, qui vient de remplacer Luis Fabiano, égalise juste après la mi-temps. Transparent, Neymar voit ensuite Arouca, son coéquipier et ami de Santos, rater une relance aux abords de sa surface. Frank Lampard le sanctionne d'une frappe magnifique de 20 mètres pour donner une victoire de prestige aux boys de Roy Hodgson (2-1).

Englué dans une défense intimidante où Cahill et Smalling jouent les déménageurs, Neymar a semblé bien inoffensif. Au Brésil, le journal *O Globo* aiguise sa plume. « Il y a une différence entre être performant contre Bragantino et l'être face à des joueurs qui évoluent en Premier League », peut-on lire le lendemain. La presse britannique aussi se montre critique. Elle l'égratigne d'autant plus volontiers qu'elle n'a pas apprécié ses déclarations d'avant-match. « L'Angleterre n'est pas aussi forte que l'Argentine ou l'Espagne. Seul Rooney est au-dessus du lot », avait osé l'attaquant de Santos aux cheveux désormais peroxydés. En plus de ces critiques, il doit faire face aux attaques de ses pairs. Notamment celles de Joey Barton qui a dégainé des tweets aussi rudes que certains de ses tacles. « Neymar est vraiment surcoté, il ne joue pas dans la même cour que Messi et Ronaldo... Il ne vaut jamais 40-50 M£ *(46-58 M€)*... En plus, il ressemble à un poney », balance le milieu de terrain, alors à l'OM.

Si les attaques d'un joueur au palmarès aussi insignifiant que Barton le font sourciller, qu'a-t-il alors pensé en découvrant celles de Pelé, l'idole de son père et meilleur joueur du siècle ? « Il n'est pas encore prêt à jouer à l'étranger, principalement en Italie, en Allemagne ou en Angleterre où le football est très physique. La France ou l'Espagne, c'est plus technique, et ça lui conviendrait déjà un peu mieux, a d'abord analysé le Roi dans l'émission *Esporte Espetacular,* avant de hausser le ton. J'ai l'impression qu'il s'est un peu enflammé. Il est davantage préoccupé par son apparence et sa coupe de cheveux que par le jeu de l'équipe (...). Avec la Seleção, chaque fois qu'il a joué contre une équipe européenne, il a été très moyen. Le football sud-américain est différent de celui pratiqué en Europe (...). On pense qu'il peut résoudre les problèmes tout seul mais il n'est pas encore prêt à surmonter ce type de pression. »

Ironie de l'histoire, c'est la semaine où il fait la une de *Time Magazine,* avec le titre « The next Pelé », que Neymar se fait secouer par le Roi. Dans son entourage, toutes ces critiques vont agacer au plus haut point. Son père d'abord, mais aussi son agent Wagner Ribeiro qui se sert de Twitter pour répliquer, d'abord en s'adressant à Joey Barton qu'il traite de « joueur médiocre, anonyme, alcoolique et repris de justice ». Envers Pelé, il se montre plus diplomatique mais l'objectif est le même : défendre son poulain. « Si Pelé jouait aujourd'hui, il serait moins fort que Neymar, affirme l'agent brésilien au site GloboEsporte. À son époque les défenseurs étaient lents, aujourd'hui ils volent, et même comme ça Neymar prend le dessus et il est l'un des meilleurs du monde. Pelé ferait mieux de s'occuper de ses petits-enfants *(Gabriel, 12 ans, et Octavio, 14 ans)* plutôt que de parler de Neymar. Ce sont les fils de Sandra, qui travaille avec moi, et il ne leur donne aucun amour. Pelé est un jaloux et il ferait mieux de s'occuper de sa famille... »

Au cœur de la tourmente, « le poney » ne galope plus. Il connaît la défaite deux fois de suite avec son club. Il est même expulsé, pour la cinquième fois de sa carrière, après un léger coup de genou dans le dos d'un défenseur de Ponte Preta qui voulait protéger un ballon. Agacé, parfois nerveux et moins à son aise dans un nouveau système en 4-5-1, Neymar emmène néanmoins son équipe vers une quatrième finale du championnat paulista consécutive. La manière n'est plus aussi spectaculaire qu'à l'époque des

« Quatre Santastiques », mais c'est suffisant pour éliminer Palmeiras (en quarts de finale) puis Mogi Mirim (en demi-finales), chaque fois à l'issue d'une séance de tirs au but. Mais Neymar est moins décisif et en finale, contre le Corinthians de Tite, son club s'incline 2-1 au Pacaembu, avant de concéder le nul à Vila Belmiro (1-1). Lors du match retour, il enregistre son sixième match d'affilée sans marquer. Peut-être l'un des plus mauvais de sa carrière. Il perd quatorze ballons sur les quarante touchés et termine la rencontre sans avoir frappé une seule fois au but. Un désastre. À sa décharge, le double tenant du titre ne peut pas lutter face à la puissance de l'équipe de Paulo André, Ralf, Paulinho ou Pablo Guerrero. Orphelin de Ganso, transféré à São Paulo et remplacé par un Montillo trop timide, Neymar ne peut pas tout faire. Il n'est plus aussi enthousiasmant à voir jouer. Et dans les journaux, sur les plateaux de télévision ou dans les *botecos,* on ne parle plus de son football mais de son avenir. Doit-il quitter Santos ? Doit-il rester jusqu'à la Coupe du monde ? Doit-il aller au Real Madrid, au Barça, à Manchester, au Bayern ? Doit-il enfin quitter son cocon brésilien et imiter Oscar (Chelsea) ou Lucas (PSG) ? Tous les spécialistes sont consultés et chacun évoque les avantages et les inconvénients d'un départ à un an de la Coupe du monde. Zico, Ronaldo, Romario, Pelé, Bebeto, parmi les plus légitimes, sont régulièrement appelés à donner leur avis. Tous les journalistes, consultants ou soi-disant spécialistes des choses du ballon rond, se prononcent aussi sur l'avenir du gamin de Mogi das Cruzes. Son avenir devient une cause nationale...

« Tout le monde ne parlait que de ça, c'était gonflant, reconnaît Neymar dans *Conversations avec mon père.* Si je ratais un but, c'est parce que je voulais quitter Santos. Si j'inscrivais deux buts, c'est parce que c'était trop facile au Brésil et que je devais aller jouer en Europe. Si j'étais victimes de fautes, je devais aller en Europe pour être davantage protégé. Si je simulais, je devais aller en Europe où l'arbitrage est plus sévère. Chaque geste était interprété pour que je reste ou je que je parte. C'était saoulant et ça m'a franchement gonflé... » À chaque apparition publique, ou après chaque match, en zone mixte, les mêmes questions reviennent : « Quand allez-vous quitter Santos et où allez-vous signer ? » Lui se borgne à réciter des réponses toutes faites : « Pour l'instant, je suis un joueur de Santos. Et je suis très heureux. » Même quand il est cuisiné par l'intervieweur vedette de TV Globo lors de l'émission *Programa do Jô,* il ne lâche rien. « Je suis heureux à Santos et j'ai bien l'intention d'aller au bout de mon contrat *(jusqu'en décembre 2014).* Comme tous les joueurs, je rêve un jour d'aller en Europe mais le moment n'est pas encore venu. Chaque chose en son temps. »

Fin mai, lors de la soirée de la Fédération paulista de football, Neymar est élu pour la quatrième fois d'affilée « meilleur joueur du championnat ». Il en profite pour rappeler ses ambitions : « Mon souhait est de rester à Santos. Un nouveau championnat débute *(le championnat brésilien)* et j'ai bien l'intention de le gagner. » Mais plus les jours passent et plus la fin de l'histoire se précise. Son départ pour l'Europe devient même une évidence. Reste à connaître sa destination. L'entourage de Neymar laisse planer le doute. Son père prétend avoir six propositions de clubs européens sous le coude. Le Real Madrid, le FC Barcelone mais aussi Chelsea ou Manchester City. « Seuls les deux clubs espagnols l'intéressent », précise alors le père, ménageant un suspense qui en réalité n'existe pas. On l'apprendra plus tard, mais le mariage avec le FC Barcelone était scellé depuis longtemps.

Dès le 15 novembre 2011, soit quelques jours avant la finale du championnat du monde des clubs contre le FC

Barcelone *(chapitre 20),* le clan Neymar avait trouvé un accord secret avec les dirigeants catalans. Bien aidé par l'agent brésilien Marcos Malaquias, qui avait déjà participé aux transferts de deux Brésiliens vers le Barça (Keirrison et Henrique), le clan Neymar a pu se rapprocher en toute discrétion de l'état-major du club espagnol. Personne n'est au courant. Ni les dirigeants du Santos Futebol Clube, ni la concurrence comme le Real Madrid, ni les actionnaires comme DIS, pourtant détenteur de 40 % des parts du joueur. Le deal est tellement secret que Marcos Malaquias n'avait aucun document écrit en sa possession pour justifier son rôle dans le deal. Il le regrettera longtemps. « J'ai fait confiance et je me suis fait avoir. Je n'ai rien touché sur le transfert. C'est comme ça, c'est le passé et je ne veux plus entendre parler de cette histoire », se contente de nous révéler l'ex-agent, qui s'est retiré du monde du foot et qui se bat contre une grave maladie.

L'accord entre Sandro Rosell, président du FC Barcelone, et Neymar Senior est le suivant : il prévoit le paiement de 10 M€ à Neymar Senior plus 30 M€ au moment du transfert de son fils. Tout cela est évidemment illégal. Trois jours après l'accord confidentiel, le père de Neymar fonde l'entreprise N&N Consultoria Esportiva e Empresarial pour recevoir le premier acompte sous la forme d'un virement de 10 M€ versé sur un compte en banque enregistré à São Paulo. À ce moment, en décembre 2011, avant d'affronter le Barça en finale du Mondial des clubs, Neymar sait qu'il portera prochainement le maillot catalan. C'est cette opération qui provoquera quelques mois plus tard le « Neymargate » et qui entraînera, en janvier 2014, la chute du président catalan, Sandro Rosell. L'ancien responsable de Nike en Amérique latine (de 1999 à 2002) est accusé d'avoir occulté la valeur réelle du transfert, estimé finalement à 85 M€, puis encore plus récemment à 100 M€

après la découverte de nouveaux documents transmis à la justice espagnole par Eduardo Musa, l'ancien bras droit du joueur. Dans une autre affaire, Rosell est aussi suspecté de blanchiment d'argent et de détournement de fonds sur les contrats de vingt-quatre matchs amicaux disputés par la Seleção lorsque Ricardo Teixeira était le président de la CBF. En attendant son jugement, l'ancien président du Barça (2010 à 2014) croupit, depuis mai 2016, derrière les barreaux de la prison Soto del Real. Il bénéficie d'une promenade quotidienne de deux heures et d'une visite hebdomadaire de quarante minutes...

Le clan Neymar s'en sort beaucoup mieux. Après avoir craint de devoir payer près de 50 M€ au Trésor public brésilien pour tentative d'évasion fiscale, la défense du joueur a réussi à baisser l'amende de 95 %. Cette réduction spectaculaire, définie par le Carf, organisme indépendant du Trésor public, a été officialisée le 8 août 2017. Si Neymar a payé seulement 2 M€ au fisc brésilien et a sans doute réglé le litige, son procès n'est en revanche pas encore terminé en Espagne, puisqu'il est accusé de corruption par le ministère public... Autre conséquence du Neymargate, le groupe DIS, détenteur de 40 % des droits du joueur au moment de son transfert, est bien décidé à obtenir réparation. Delcir Sonda, qui a créé la chaîne de supermarchés éponyme, puis le fonds d'investissement DIS, réclame auprès de la justice espagnole le paiement de 159 à 195 M€ d'indemnisation pour « fraude lors du transfert de Neymar Junior de Santos au FC Barcelone ». « Neymar ne peut pas être un exemple pour nos enfants, a déploré les larmes aux yeux le patron du groupe lors d'une conférence de presse en mars 2017. Nous avons investi sur lui avant qu'il ne dispute son premier match professionnel. Nous étions devenus des amis de sa famille et nous avons pris un coup de couteau dans le dos par

Neymar, par son père, par sa mère. C'est une véritable trahison ! »

Avant même que le scandale du Neymargate n'éclate et ne provoque des remous qui ne sont toujours pas dissipés, l'heure est encore à l'incertitude. C'est en tout cas ce que son clan veut faire croire. Le 24 mai 2013, deux jours après un match insipide face à Joinville (0-0), en Coupe du Brésil, Neymar se rend dans les bureaux du président de Santos, accompagné de son père et de Wagner Ribeiro, pour évaluer les deux propositions retenues par le club, celles du Real Madrid et du Barça. En quittant les lieux, face aux caméras et micros tendus, l'attaquant affirme qu'il doit se reposer pour prendre sa décision dans le calme. « Je suis fier d'intéresser deux clubs aussi énormes », dit-il. Le lendemain, au centre d'entraînement du Roi Pelé, il s'entraîne, une caméra GoPro sur la tête, et plaisante avec ses fidèles compagnons de route : Leo, Edu Dracena, Arouca ou Edinho, l'entraîneur adjoint de Muricy Ramalho. À l'issue de cette séance, suivie par la caméra du club, il embrasse chaque salarié côtoyé durant ces neuf années passées au club. Des cuisines à la salle de musculation, en passant par les bureaux administratifs, il n'oublie personne. Une accolade, un bisou, une photo. Il répète ces gestes une cinquantaine de fois, parfois rattrapé par l'émotion d'un dernier au revoir. Dans les vestiaires, près de son casier, il s'empare d'un marqueur et écrit sur le mur blanc : « Je m'en vais… mais je reviendrai ! #Toiss. »

Le soir même, fidèle à ses habitudes d'amoureux des réseaux sociaux, il annonce sa nouvelle destination à ses suiveurs (alors 7 millions sur Twitter, 9 millions sur Facebook et 1 million sur Instagram). Dans un court communiqué, il écrit ceci : « Les amis, je suis avec ma famille et des amis et ils m'ont aidé à écrire ça. Je ne vais pas pouvoir attendre jusqu'à lundi… Mes proches connaissent déjà ma décision. Lundi, je vais signer un contrat avec le Barça. Je veux remercier les supporters de Santos pour ces neuf années incroyables. (...) Les titres, les buts, les dribbles, les commémorations et les chansons inventées en mon honneur, tout ça va rester gravé dans mon cœur. J'ai demandé à disputer ce dernier match demain à Brasilia *(contre Flamengo)*, je veux avoir l'opportunité une dernière fois de revêtir ce maillot sacré et entendre les supporters crier mon nom. C'est un moment différent pour moi entre tristesse (pour le départ) et joie (pour ce nouveau défi). Que Dieu bénisse mes choix. Je serai à jamais Santos. »

Le lundi 27 mai, dans les bureaux de NR Sports, à Santos, c'est le moment d'officialiser l'union. Raul Sanllehi, le directeur sportif du Barça, est présent, tout comme André Cury, le représentant du Barça au Brésil, Wagner Ribeiro, Neymar Senior, mais aussi l'avocat de Santos, João Vicente Gazolla. Ami de Neymar Senior, ancien joueur du Barça (2004-2008) et désormais impliqué dans la gestion de carrière de plusieurs joueurs, Edmilson est également présent lorsque Neymar signe un protocole d'accord. « Le contrat définitif sera signé à Barcelone », précise Neymar Senior. « C'est fait, il est très heureux. Je suis certain qu'il va triompher là-bas », prédit l'ancien défenseur de l'OL en quittant les lieux. Quant à Neymar, face à la dizaine de micros tendus sous son nez, il se contente d'une phrase : « Je suis triste de quitter Santos, mais c'est un honneur de signer dans un club comme le Barça... »

TÉMOIGNAGE

Alex Sabino, journaliste au quotidien *Folha de São Paulo*, spécialiste du Santos FC

« *Son père a toujours été son bouclier* »

« Même si Neymar était considéré depuis tout gamin comme le joyau de la couronne de Santos, il n'a jamais vraiment échappé aux critiques. Il y avait une telle attente autour de lui que c'était inévitable. Je me souviens avoir assisté à des matchs des moins de 16 ou 17 ans, où il n'était pas si incroyable que ça. Les supporters de Santos le critiquaient, ils disaient qu'il n'arriverait pas à la cheville de Robinho. À cette époque, il était assez clivant. Certains le trouvaient génial, d'autres disaient que c'était une arnaque et ils l'avaient surnommé "Neyfraude". C'était sévère, mais son statut était tellement particulier – il avait déjà un gros salaire – que les critiques pouvaient pleuvoir s'il n'était pas performant.

Son père était toujours là pour le protéger. Il assistait à tous les matchs dans les tribunes et forcément il pouvait s'énerver quand il entendait que son fils était visé. Il était parfois accompagné par son ami le pasteur Lobato. Il l'a souvent calmé et lui a évité des embrouilles avec des supporters de Santos ou le plus souvent avec des supporters adverses qui aimaient bien chambrer et provoquer. Une fois, lors d'un match des moins de 17 ans contre Ponte Preta, Neymar avait été très discret pendant tout le match. Il se faisait charrier et son père se contenait pour ne pas exploser. Finalement, son fils a inscrit un but en fin de match sur penalty. Neymar Senior s'est retourné vers les supporters et les a tous traités de "fils de pute" !

Son père a toujours été son bouclier, encore aujourd'hui. C'était le cas aussi avec la presse. Au début, il répondait à sa place, puis quand Neymar Junior a fait du media training et a progressé, il s'est montré un peu plus bavard. Mais ça n'a pas duré très longtemps. Finalement, les relations entre la presse et Neymar ont été quasiment inexistantes au cours de ses années à Santos. Son père et le club avaient érigé un mur entre lui et les médias. Neymar n'avait pas d'amis journalistes. Il répondait à des questions relatives au match en zone mixte, mais c'était à peu près tout. »

Chapitre 23

Despedida, Maracanã et maillot blaugrana

Deux milliards de *reais,* soit 900 millions de dollars, c'est le prix astronomique de la reconstruction du stade Mané Garrincha à Brasilia. Réalisé dans la perspective de la Coupe du monde 2014, le lifting est démesuré et les détournements de fonds tellement abusifs que l'enceinte devient la plus chère de la planète. Il faudra plus de mille ans aux contribuables brésiliens pour payer la facture, dénoncera plus tard l'Office des comptes du district fédéral. C'est néanmoins dans cet immense écrin de béton, brut et encore partiellement en chantier, que la CBF a décidé de délocaliser le match Santos-Flamengo comptant pour la première journée du championnat brésilien. Ce dimanche 26 mai 2013 sera aussi la dernière du magicien Neymar avec le maillot du club qui l'a formé et lancé dans le grand bain, quatre ans plus tôt. Depuis la veille et l'annonce de son départ pour le Barça, on sait que ce 230e match avec le « Peixe » sera celui de la *despedida.* Même si elle a lieu à 1 000 kilomètres de la maison, elle s'annonce émouvante et chaleureuse. Les supporters de Santos sont présents dans tout le Brésil, et ceux du Flamengo sont les plus représentés avec 30 millions de *torcedores* déclarés et éparpillés sur tout le territoire. En ce dimanche après-midi, ils sont 65 000 à s'asseoir dans les travées du nouveau Mané Garrincha, impatients de voir la dernière partition du gamin en or.

Dans les vestiaires, Neymar enfile une dernière fois son maillot floqué du numéro 11. Il colle des straps au niveau de ses chevilles, lisse sa mèche avec du gel avant de se joindre au cercle commandé par Edu Dracena. Le capitaine santista prend la parole et, l'air grave, il s'adresse à son attaquant : « Pour nous, ce fut un plaisir immense de jouer avec toi. Tu es l'un des meilleurs et bientôt tu seras LE meilleur du monde. On te souhaite plein de réussite, au Barça comme avec la Seleção. Mais la vie va continuer sans toi et on doit commencer ce championnat du bon pied... » Encerclé par les gardiens de but Rafael et Vladimir, Neymar est submergé par l'émotion. Il retient ses larmes et s'exprime la voix tremblante : « Je veux vous remercier pour tous les bons moments, les entraînements, les victoires, les trophées... C'est dur de vous dire au revoir, mais je vais réaliser mon rêve. Pour ce match, je veux voir tout le monde courir, comme on l'a toujours fait (...). Merci pour tout ! Soyez certains que je serai toujours derrière vous, prêt à vous supporter ! » Après son speech, Neymar s'isole quelques instants. Il s'agenouille devant son casier, ouvre la Bible et s'y plonge pour y lire un verset. Il s'essuie les yeux avec une serviette, puis embrasse tous ses coéquipiers avant d'entrer dans l'arène.

Tradition oblige, l'hymne national brésilien est entonné avant le début du match. Moment propice pour toucher la sensibilité à fleur de peau du garçon. Neymar pleure en repensant sans doute à ces neuf années passées au Santos Futebol Clube, à ces cent trente-huit buts inscrits avec les professionnels et à ces six trophées venus garnir la collection du club. « C'est un moment marquant de l'histoire de Santos. L'héritier de Pelé fait ses adieux. C'est la fin d'une époque, mais le début d'une nouvelle ère », annonce le commentateur de TV Globo en préambule d'une rencontre qui réalisera un record d'audience pour un match de championnat en 2013. Rattrapé par l'émotion, Neymar, qui a laissé beaucoup d'énergie ces derniers jours, n'est pas aussi explosif que d'habitude. Le Flamengo domine les débats et s'offre les meilleures occasions. À chaque prise de balle ou tentative d'accélération de Neymar, le public retient son souffle. Mais aucune étincelle ne surgira ce jour-là des crampons de la star.

À seulement 16 ans, Gabriel Barbosa, alias Gabigol, remplace Henrique à la pointe de l'attaque (69e). Le gaucher est considéré comme la future pépite du club, celui que certains comparent déjà à Neymar. « C'était un jour triste pour Santos, mais pour moi, c'était incroyable. Je venais d'accomplir mon rêve », se souvient celui qui inscrira cinquante-six buts en cent cinquante-quatre matchs avant d'être transféré à l'Inter Milan. Aux premières loges, ce 26 mai 2013, Gabigol ne verra pas son illustre aîné marquer pour son dernier match. C'était le souhait de tout un club, mais Santos doit se contenter d'un match nul (0-0) et le héros du jour a la gorge serrée au moment de commenter sa sortie : « Je ne réalise pas encore totalement que c'est la fin... C'est une fierté d'avoir joué dans ce club merveilleux qu'est Santos. » Relancé par un reporter qui se projette sur sa nouvelle aventure barcelonaise, Neymar dit ceci : « Jouer avec Messi, Iniesta, Xavi, c'est une grande fierté. Je n'oublie pas non plus Daniel Alves, c'est lui qui m'a mis le plus de pression pour que je signe au Barça. Mais il a bien fait ! Ça va être grandiose... »

Une semaine plus tard, son rêve se concrétise.

Regroupé à Rio de Janeiro avec ses coéquipiers de la Seleção pour préparer la Coupe des Confédérations (du 15 au 30 juin 2013), Neymar obtient carte blanche pour se rendre en Espagne afin d'être présenté aux supporters catalans. Luiz Felipe Scolari n'est pas un adepte des traitements de faveur mais il accorde cette parenthèse à son nouveau numéro 10 entre deux matchs amicaux, contre l'Angleterre, à Rio, et contre la France, à Porto Alegre. Il pourra ensuite se concentrer sur son rôle de leader de l'équipe du Brésil, imagine l'ancien sélectionneur du Portugal. Avant son aller-retour express à Barcelone, Neymar est donc sur la pelouse du Maracanã pour ce qui constitue l'avant-dernier test avant la Coupe des Confédérations. Le onze de départ deviendra l'équipe type de Scolari pendant la compétition : Julio César – Daniel Alves, Thiago Silva, David Luiz, Filipe Luis – Luiz Gustavo, Paulinho, Oscar, Hulk – Neymar, Fred. La surprise du jour, c'est la titularisation d'Hulk, au détriment de Lucas. Un coup dur pour le joueur du PSG qui ne parviendra jamais à inverser la tendance... Dans un stade rénové mais qui a perdu de son charme pendant les travaux, le Brésil débute tambour battant. Après trente-cinq minutes, l'équipe auriverde a déjà frappé quinze fois au but, contre zéro pour les Anglais. Mais la réussite n'est pas au rendez-vous. Elle le sera au retour des vestiaires quand Fred ouvrira le score d'une belle reprise après une frappe délicieuse d'Hernanes renvoyée par la barre (1-0, 57e). Amorphe, l'Angleterre sort de sa torpeur et inscrit deux buts magnifiques par Chamberlain (66e) et Rooney (78e). Dans une ambiance formidable, le Brésil pousse et Lucas, entré en jeu, centre pour Paulinho dont la frappe en demi-volée crucifie Joe Hart (2-2, 81e). Si le match est spectaculaire, il ne convainc pas les observateurs. « La Seleção est moins prête que le stade qu'elle vient de retrouver », analyse froidement le site GloboEsporte, un peu sévère.

Dans les entrailles du Maracanã, Neymar dribble la zone mixte. Le néo-Barcelonais n'a pas le temps de livrer ses impressions à la presse. Il file directement à l'aéroport international du Galeão pour embarquer dans un jet, direction Barcelone. À bord du Gulfstream G550 figure la garde rapprochée du joueur : son père, Eduardo Musa, quelques amis d'enfance et sa petite amie, Bruna Marquezine, une jolie actrice estampillée TV Globo avec laquelle il a récemment officialisé sa liaison. Après douze heures de vol, cette joyeuse troupe atterrit à l'aéroport de Barcelone. Il est 13 h 03 et quelques reporters et photographes immortalisent l'arrivée du joueur en survêtement noir, chaîne en or et casquette vissée sur le crâne. À l'hôtel Princesa Sofia, ils rejoignent Nadine, sa maman, et Rafaela, sa sœur, qui arpentent la ville depuis une semaine à la recherche de la future villa familiale. Le temps de se rafraîchir et le marathon peut commencer pour la nouvelle recrue blaugrana. Visite rapide du siège du Barça, examens médicaux à l'hôpital de Barcelone puis au centre médical du centre d'entraînement de Sant Joan Despi pour une batterie de tests. Il débarque ensuite au Camp Nou et, à 18 h 05, Neymar, tee-shirt blanc de son équipementier et casquette noire sur la tête, signe son contrat de cinq ans avec à la clé un salaire de 7 M€ annuels. C'est le moment des sourires, des mains serrées et des flashs qui crépitent. Sandro Rosell, le président du Barça, est aux anges. Il ignore encore que ce transfert va lui coûter son poste, sa réputation, et beaucoup plus encore… Au même moment, le stade, dont les portes ont été ouvertes depuis 16 heures, est déjà largement garni. Ils sont quasiment 56 000 à avoir pris place pour voir quelques jongles du jeune prodige brésilien. À titre de comparaison, ils étaient 30 000 pour Thierry Henry ou Fabregas et 50 000 pour Zlatan Ibrahimovic. Les supporters, les socios et même les touristes qui sont entrés par curiosité patientent en regardant des clips défiler sur les écrans géants. La bande sonore crache du Gusttavo Lima et son morceau *Eu quero Tchu, eu quero Tcha.* La cérémonie est retransmise en direct à la télévision brésilienne. Les fans se ruent aussi sur le site Internet du club espagnol (180 000 visiteurs au moment du pic d'audience) pour assister aux premiers pas de Neymar avec le maillot catalan. Le trafic augmente de 155 %. Les connexions proviennent en majorité d'Amérique du Sud mais aussi d'Asie, et les dirigeants se disent alors qu'ils n'ont pas engagé un simple joueur. Ils ont recruté une star avec toute sa communauté de fans derrière lui...

Il est 18 h 36 (13 h 36 au Brésil) quand Neymar pénètre enfin sur la pelouse du Camp Nou. Chaussettes remontées jusqu'aux genoux, il arbore le maillot officiel avec son nom, Neymar Jr, mais sans numéro. Il récupérera finalement le 11 après le départ de Thiago Alcantara pour le Bayern Munich. L'hymne du Barça retentit pendant qu'il se dirige vers le rond central, tout sourire mais visiblement ému par cet accueil. Il enchaîne alors une série de jongles pendant une minute avant de saluer la foule. Au micro de Laura Aparicio, de Barça TV, il livre ses premiers mots en... catalan. « *Bona tarda a tothom, estic molt feliç de ser jugador del Barça* » (Bonjour à tous, je suis très heureux d'être désormais un joueur du Barça), prononce-t-il pour se mettre définitivement le public dans sa poche. En portugais, il explique ensuite qu'il réalise son rêve et qu'il veut aider Lionel Messi à continuer d'être le meilleur du monde avant de conclure par un « *Visca el Barça* » (Vive le Barça) qui fait son effet. Plus tard, assis dans l'auditorium 1899, il prend place aux côtés de Josep Maria Bartomeu, le vice-président, et d'Andoni Zubizaretta, l'ancien gardien de but devenu directeur sportif. Pendant presque cinquante minutes, il répond aux questions des reporters du monde entier. Le plus souvent en étant bref et concis. Il reconnaît l'influence de Daniel Alves dans sa venue, dément une quelconque intervention de Pelé, évoque encore Lionel Messi, mais aussi Ronaldo (« une idole »), Ronaldinho (« mon modèle »), parle de son poste préféré (« je n'en ai pas »), de racisme, du montant de son transfert et surtout de son « bonheur et sa joie d'être là, dans le meilleur club du monde ». Menée au pas de charge, sa présentation se termine par quelques entretiens exclusifs avec des télévisions espagnoles. Dès le lendemain matin, exténué, il s'affale dans le Gulfstream G550 pour retraverser l'Atlantique, direction cette fois la capitale : Brasilia. Il rejoint ses coéquipiers en hélicoptère, à Goiânia, pour achever la préparation avant le début de la Coupe des Confédérations. Son marathon est loin d'être terminé…

TÉMOIGNAGE
Edmilson, champion du monde 2002, ancien joueur du Barça (2004-2008) et proche de la famille Neymar

« Il était un peu chambreur, un peu arrogant »

« Le jour où Neymar a signé son contrat avec le Barça, j'étais là ! C'était presque par hasard. J'étais à Santos pour des rendez-vous et, comme je connais bien son papa et que j'ai longtemps évolué au Barça, j'ai été invité à me joindre à eux. J'étais vraiment content de participer à ce moment si spécial dans la vie d'un athlète. On en a profité pour discuter, échanger des idées, mais on ne m'a pas désigné pour m'occuper de l'adaptation de Neymar comme certains ont pu l'écrire. Je lui ai donné des conseils, évidemment. J'ai partagé mon expérience avec plaisir. Mais en fait il n'avait pas besoin de moi. Tout était déjà bien organisé, planifié. Je crois que Neymar est le seul étranger qui a débarqué au Barça sans avoir vécu à l'hôtel. Sa famille avait déjà choisi la maison où ils allaient habiter et ils ont déménagé en douceur. Neymar avait déjà une structure bien établie pour l'orienter dans ses premiers pas en Europe. Ses parents étaient là aussi pour amortir le choc. C'est sans doute grâce à cette préparation en amont que son adaptation a été rapide. Il n'a pas tardé à trouver ses marques. Quand il a quitté Santos, il n'était connu qu'au Brésil ou en Amérique du Sud. En arrivant au Barça il est devenu un joueur global. La visibilité de ce club est incroyable. Jouer au Barça a représenté un tremplin incroyable pour lui. Il a gagné deux Liga, la Ligue des champions, il a donné du plaisir aux

socios et au final il a laissé une belle empreinte au Barça. Il est resté quatre ans, et c'est déjà pas mal. Le Barça a souffert de son départ pour le PSG. Il a vraiment pris une grosse claque, mais la force des grands clubs, c'est de surmonter ce genre d'épisodes. Ils l'ont fait dans le calme, ils ont recruté Paulinho, puis Coutinho et tout est rentré dans l'ordre. Pour Neymar, je ne sais pas s'il s'agit d'un pas en arrière. Il semble un peu moins épanoui car le championnat de France, c'est plus dur, plus physique, plus agressif. Mais avec son talent, il va surmonter tout ça, j'en suis convaincu…

Neymar, je me souviens l'avoir affronté en demi-finales du championnat paulista (le 11 avril 2009, victoire de Santos 2-1). Il était en pleine ascension. C'était encore un gamin, mais il avait beaucoup de qualité, d'ambition. On ne prenait pas trop de risques en disant qu'il allait réussir une belle carrière. Mais il avait aussi des vices et des défauts qui collent souvent aux baskets des jeunes joueurs brésiliens talentueux. Il était un peu chambreur, un peu arrogant. René Simoes avait d'ailleurs donné une interview plutôt offensive à l'époque pour dénoncer son comportement (chapitre 16). *Mais bon, ce n'était pas si méchant et ce sont des choses que les gamins font. Ensuite, il a pris de l'expérience, il est devenu plus mature et il a changé. Quand je le vois évoluer aujourd'hui, je ne vois pas le même joueur qu'à l'époque. Il est beaucoup plus sage désormais, il répond moins aux provocations, et il chambre moins aussi. Chaque jour va le rendre un peu meilleur. C'est la vie, c'est comme ça. Seul le temps, les erreurs et l'expérience te permettent de grandir et de te forger un caractère.* »

Chapitre 24

Manifs, Flash-Ball et Coupe des Confédérations

La marée humaine s'est formée en quelques jours. D'abord timide, elle a pris une ampleur historique au point de rassembler dans les principales villes du pays des milliers de manifestants. Au mois de juin, quelques jours avant le début de la Coupe des Confédérations, c'est tout un pays qui s'est soulevé. Contre l'augmentation du prix des tickets de bus, à São Paulo et à Rio de Janeiro, puis contre tout le reste : la corruption généralisée de la classe politique, la mauvaise qualité des transports publics et le manque de moyens accordés à des secteurs vitaux comme la santé et l'éducation. À quelques heures du début de la Coupe des Confédérations, et à un an de la Coupe du monde, les dépenses pharaoniques liées à l'organisation de ces événements sportifs deviennent aussi la cible d'une population en colère. Ils sont d'abord des centaines, puis des milliers, et même un million de manifestants à battre le pavé dans plusieurs grandes villes, le jeudi 20 juin. Les réseaux sociaux permettent à la jeunesse de s'organiser et de se mobiliser comme jamais le Brésil n'y était parvenu. Les manifestations sont partout, de Porto Alegre à Belo Horizonte, en passant par Brasilia, Fortaleza, Salvador ou Rio de Janeiro. Partout, le même ras-le-bol, la même indignation. « On veut des hôpitaux aux standards de la FIFA » ; « Bienvenue au Brésil, le pays où les *novelas*, le foot et le carnaval sont plus importants que la santé et l'éducation », écrivent les manifestants sur des pancartes. L'opinion publique les soutient. Ils sont 84 % de la population à approuver les « manifestations des 20 centimes », en référence à l'augmentation des tickets de bus à l'origine de cette mobilisation sans précédent. Ce pourcentage va néanmoins faiblir au fil des actes de vandalisme perpétrés par les manifestants, souvent des anarchistes ou des membres des black blocs qui en profitent pour s'attaquer aux symboles du pouvoir et du capitalisme. La répression policière devient féroce. Les coups de matraque, les grenades lacrymogènes et les munitions de Flash-Ball pleuvent, et pas seulement sur les casseurs…

Si le gouvernement de la présidente Dilma Rousseff est en première ligne, la FIFA est aussi la cible des attaques d'une population en colère. Elle est accusée d'être complice d'un système qui favorise son enrichissement et celui des puissants. Le peuple, lui, n'est pas invité à la fête. Il est même exclu, et parfois exproprié de chez lui de façon violente. « Les Brésiliens se sont sentis floués, estime Mauricio Murad, sociologue et spécialiste de la violence dans le football. Il devait s'agir d'argent privé, mais c'est l'argent public qui est dépensé. Notre argent était censé être utilisé pour améliorer la santé, l'éducation, les transports, pas pour construire ou rénover des stades. C'est pour ça que les Brésiliens réclament, manifestent et dénoncent. » Ils ont bien compris que les retards liés aux travaux de rénovation ou de constructions des stades vont engendrer des détournements de fonds. La surfacturation des chantiers est aussi un moyen d'enrichir facilement des hommes politiques mais aussi des géants de l'industrie et de la construction comme Odebrecht. « Ce qu'ils font avec notre argent, c'est une énorme arnaque, dénonce alors Romario, dans une vidéo postée sur les réseaux sociaux, le 21 juin. C'est un manque de respect total, ils n'ont aucun scrupule. Vous n'imaginez même pas combien de gens s'enrichissent avec l'argent public ! Quant à la FIFA, elle débarque ici, va empocher près de 4 milliards de *reais* et ne va pas payer d'impôts. Elle installe son cirque, ne dépense rien, puis démonte tout et se casse sans rien laisser. C'est un scandale ! » La population, dans sa majorité, adhère à ce discours. Elle sait que l'héritage légué après les grands événements sera inexistant. Elle sait que la Coupe des Confédérations, puis la Coupe du monde et les jeux Olympiques n'amélioreront pas son quotidien. Au contraire. Les caisses de l'État sont siphonnées et la crise va bientôt arriver. Alors, même si elle a le sport et le foot dans le sang, elle ne peut plus défendre l'indéfendable. Lors des manifestations, elle exprime son rejet à travers des pancartes dirigées contre l'institution présidée par Sepp Blatter : « La Coupe, non ! La santé et l'éducation, oui ! » ; « Brésil, réveille-toi, un professeur vaut plus que Neymar » ; « On ne veut pas la Coupe, on veut des métros » ; « Si ton enfant est malade, emmène-le au stade » ; « La Coupe du monde n'éduquera pas vos enfants »... Face à ces attaques, la FIFA fait profil bas. Elle retire son drapeau qui flottait au-dessus de son quartier général installé au Copacabana Palace et enlève les autocollants de ses véhicules officiels pour éviter des représailles. Son président, lui, préfère se dégager de toute responsabilité. « Le Brésil a voulu organiser la Coupe du monde, nous n'avons forcé personne. Si le gouvernement a des soucis avec sa population, ce n'est pas notre problème », ose Sepp Blatter. Dans sa communication, Pelé n'est pas forcément plus habile. Le 19 juin, il déclare que les Brésiliens feraient mieux de soutenir la Seleção plutôt que de manifester. Quant à Ronaldo, membre du Comité d'organisation de la prochaine Coupe du monde, il affirme « qu'une Coupe du monde s'organise avec des stades, pas avec des hôpitaux ». De quoi largement égratigner la popularité des deux anciennes légendes…

C'est au milieu de ce chaos que la Seleção tente de se préparer pour sa mini-Coupe du monde. Arrivé seulement six mois plus tôt à la barre de cette équipe, Luiz Felipe Scolari compte sur la Coupe des Confédérations pour peaufiner ses réglages et surtout dégager le groupe des vingt-trois qui visera la sixième étoile en 2014. Après un premier match de préparation au Maracanã, contre l'Angleterre (2-2), Felipão dispute son dernier test dans son fief, à Porto Alegre, le 9 juin, là où il est certain de bénéficier du plus grand soutien populaire. Et puis il n'a pas oublié les bonnes énergies qu'il avait emmagasinées dans le Rio Grande do Sul, juste avant la Coupe du monde 2002. C'est dans sa ville porte-bonheur que Scolari reçoit la France, bête noire de la Seleção. Vainqueur pour la dernière fois des Bleus en 1992, le Brésil a surtout trois défaites en Coupe du monde en travers de la gorge (1986 et le tir au but victorieux de Luis Fernandez, 1998 et le fameux 3-0 en finale et 2006 avec le récital de Zinédine Zidane en quarts de finale). Il est temps de briser cette malédiction. Sans forcément très bien jouer mais en étant un peu plus volontaire que l'équipe de Didier Deschamps, la Seleção s'impose (3-0) grâce à des buts inscrits en seconde période par Oscar (53e), puis les jokers Hernanes (84e) et Lucas (92e). Les Français Rami, Cabaye, Lacazette ou Benzema sont amorphes, comme au bout du rouleau après une longue saison. Eux qui sont considérés en Amérique du Sud comme les Brésiliens d'Europe ne font rêver personne. « On n'avait plus de jus en seconde période », s'excuse Didier Deschamps. Quant à Neymar, un peu chahuté par le public gaucho, il souligne les progrès de son équipe :

« C'est bien, on monte en puissance. On ne pensait pas à cette histoire de tabou contre la France, on pensait surtout à gagner pour emmagasiner de la confiance avant le début de la Coupe des Confédérations. »

Six jours plus tard, le 15 juin, à Brasilia, la Coupe des Confédérations est officiellement lancée. Sous les sifflets du stade Mané Garrincha, Sepp Blatter a du mal à cacher sa colère. Il s'adresse au public et lui demande : « Où est donc le respect et le fair-play ? » avant de passer le micro à Dilma Rousseff. Conspuée elle aussi, la présidente de la République s'empresse de déclarer timidement « ouverte la Coupe des Confédérations 2013 » et de se rasseoir le plus vite possible... À l'extérieur du stade, les prémices des énormes manifestations des prochains jours se dessinent. Ils sont environ un millier à dénoncer pacifiquement les coûts de l'organisation de la Coupe des Confédérations et du Mondial. La police montée intervient et disperse les manifestants avec des grenades lacrymogènes. Vingt-trois personnes sont légèrement blessées, huit sont embarquées... Sur le terrain, la Seleção désamorce comme elle peut les tensions. Grâce à un départ canon, elle se met le public dans la poche. Contre une équipe du Japon bien tendre, Marcelo centre, Fred remise de la poitrine pour une reprise magistrale de Neymar qui trouve la lucarne de Kawashima (1-0, 3e) ! Ça ne pouvait pas mieux commencer pour la vedette de l'équipe qui n'avait plus marqué depuis neuf matchs avec la Seleção. Un but de Paulinho, après le repos (48e), et un de Jô dans les arrêts de jeu assurent une victoire confortable au pays hôte, soulagé de commencer du bon pied (3-0). « En jouant mieux et en marquant rapidement, la Seleção a trouvé l'antidote contre les sifflets », écrit Leandro Canônico sur GloboEsporte.

En conférence de presse, les jours suivants, on ne parle pas de 4-3-3, d'objectifs à atteindre ou des dangers que représente le Mexique, le prochain adversaire. Non, ce qui intéresse les reporters, c'est de savoir ce que pensent les joueurs des manifestations qui se développent dans tout le pays. Contrairement à Ronaldo ou Pelé qui ne veulent rien voir, les hommes de Scolari se positionnent en faveur des contestataires. David Luiz, Fred, Hulk ou Daniel Alves en font partie. Ils sont derrière le peuple. « Nous avons tous connu la galère, on sait ce que c'est. Je suis avec eux à 100 % », assure Daniel Alves. Et Neymar ? Qu'en pense-t-il ? Le numéro 10 se sait attendu sur ce sujet sensible. Le 19 juin, il prépare un texte avec son entourage qu'il publie sur sa page Facebook. « Je suis triste pour tout ce qui arrive à mon pays. J'ai toujours cru que ce ne serait pas nécessaire de descendre dans la rue pour exiger de meilleures conditions de transport, de santé, d'éducation et de sécurité. Tout cela est une OBLIGATION du gouvernement... Mes parents ont travaillé dur pour m'offrir à ma sœur et moi une qualité de vie décente. Aujourd'hui, avec le succès, ça pourrait paraître démagogique de ma part de porter le drapeau des manifestations qui se déroulent dans tout le pays. Mais je suis brésilien et j'aime mon pays. C'est pour ça que je veux un pays plus juste, plus HONNÊTE. Aujourd'hui, la seule façon que j'ai de représenter et défendre mon pays, c'est de jouer au football. À partir de ce match contre le Mexique, je vais entrer sur le terrain inspiré par cette mobilisation #noussommesensemble. »

Survolté par cette nouvelle responsabilité qu'il s'impose, Neymar répond présent quelques heures plus tard, face au Mexique. Pendant que des affrontements entre police et manifestants se déroulent aux abords du stade Castelão de Fortaleza, 50 000 spectateurs donnent de la voix lors de l'hymne brésilien. Ils cassent même le protocole en continuant de chanter a cappella après les cinquante secondes réglementaires imposées par la FIFA. Les joueurs sont à l'unisson, la main sur le cœur comme Neymar ou les larmes aux yeux comme Thiago Silva ou Julio César. L'émotion est palpable et c'est avec une énergie débordante qu'ils ouvrent les hostilités. Oscar se voit refuser un but dès la 3e minute avant que Neymar ne trouve la faille cinq minutes plus tard après un centre de Daniel Alves mal renvoyé par la défense mexicaine. D'une reprise du gauche, il fusille José Corona (1-0, 8e). Dominateurs, les coéquipiers de Luiz Gustavo et Paulinho se font quelques frayeurs avant que Neymar ne parachève le succès en offrant un caviar à Jô après un slalom magistral sur le côté gauche (2-0, 48e). Élu pour la deuxième fois d'affilée « homme du match » par la FIFA, le nouveau joueur du Barça mérite bien le 9/10 accordé par GloboEsporte. « Il est fantastique », s'enthousiasme Scolari en parlant de son numéro 10.

Déjà qualifiée pour les demi-finales, la Seleção doit toutefois confirmer ses progrès et sa montée en puissance. À Salvador, le 22 juin, c'est l'Italie de Gigi Buffon et Mario Balotelli qui se dresse face à elle. Comme d'habitude, l'avant-match est marqué par des échauffourées entre manifestants et police. « On ne se bat pas contre la Seleção mais contre la corruption », précisent certaines pancartes. Aux abords de Fonte Nova, un stade qui a coûté la bagatelle de 700 millions de *reais,* presque 100 millions de plus que prévu, la tension est palpable. Pendant que certains esquivent les grenades lacrymogènes, d'autres évitent les tacles de Bonucci et Chiellini. Et quand Candreva fait faute sur Neymar, celui-ci adresse un coup franc qui profite à Dante, auteur de l'ouverture du score juste avant la mi-temps (1-0, 45e). Sur une passe géniale de Balotelli, Giaccherini égalise (50e) avant que le Brésil ne prenne le large grâce à un coup franc de Neymar dans la lucarne de Buffon (55e), puis une frappe du gauche de Fred, à la suite d'une belle ouverture de Marcelo (3-1, 66e). Après la réduction du score de Chiellini (71e), la Squadra Azzurra est tout près d'égaliser à 3-3, mais la tête de Maggio trouve la barre transversale de Julio César. C'est finalement Fred qui est récompensé de ses efforts et qui s'offre un doublé de prestige (4-2, 88e). Après un début de compétition compliquée, voilà l'ancien Lyonnais enfin lancé. « Certains peuvent ne pas avoir d'empathie pour Fred, mais avec moi il a joué sept matchs et inscrit sept buts *(en réalité six buts en huit matchs)*, assure Scolari, toujours prêt à défendre ses troupes. Quel entraîneur voudrait plus que ça ? Moi, je sais que je peux compter sur lui. »

Ce sera encore le cas, quatre jours plus tard, à Belo Horizonte, face à l'Uruguay de Cavani, Suarez et Forlan. Dans sa ville natale, le buteur du Fluminense, formé à l'America Mineiro, débloque la situation après un début de match marqué par un penalty détourné par Julio César. À la suite d'une frappe de Neymar mal repoussée par Muslera, Fred surgit entre trois défenseurs pour glisser du tibia le ballon au fond des filets (1-0, 41e). Le régional de l'étape envoie des cœurs imaginaires au public et pointe ses index vers la pelouse comme pour dire : « Ici, c'est chez moi. » Consultant pour TV Globo, Ronaldo ne fait pas la fine bouche : « Marquer du tibia dans un match aussi important, c'est comme marquer d'une bicyclette. Ça compte pareil ! » Mais les hommes d'Oscar Tabarez n'abdiquent pas, à l'image du combattant Edinson Cavani. L'attaquant de la Celeste profite d'un mauvais renvoi de Thiago Silva pour subtiliser le ballon dans les pieds de Marcelo et l'expédier du pied gauche dans le petit filet de Julio César (1-1, 47e). Le duel est tendu, âpre, les deux équipes se rendent coup pour coup. Mais l'Uruguay est un peu moins réaliste. Et le Brésil en profite. Neymar enroule un corner hors de portée de Muslera. Paulinho décolle et place une tête salvatrice qui qualifie son pays pour la finale de la Coupe des Confédérations (2-1, 85e). « Je crois que depuis la finale de la Coupe du monde 2002 c'est le match qui m'a procuré le plus d'émotions, avoue Scolari, épuisé après un combat aussi indécis. Les supporters ont été formidables. Ce sont eux qui nous ont porté vers la victoire. »

La finale, au Maracanã, face à la grande Espagne invaincue depuis vingt-neuf matchs, sera finalement moins éprouvante. Avec son équipe type (Julio César – Daniel Alves, Thiago Silva, David Luiz, Marcelo – Paulinho, Luiz Gustavo, Oscar, Hulk – Neymar, Fred) et regonflé à bloc par une ambiance du tonnerre dans les tribunes, le Brésil démarre tambour battant. Comme face au Japon ou au Mexique, il est récompensé et ouvre le score très rapidement. Cette fois, c'est Fred qui, sur un centre d'Hulk, se retrouve au sol après un cafouillage entre Arbeloa et Piqué. Plus prompt que Casillas, il parvient à jeter sa jambe et surprendre tout le monde à bout portant (1-0, 2e). Le numéro 9 dribble les photographes, saute au-dessus des panneaux publicitaires et se jette dans les bras des supporters. Neymar a suivi sa course folle. Il embrasse son aîné, serre le poing, les yeux remplis de rage. Ce match face à la Roja est forcément spécial pour la star brésilienne. Dans quelques jours, il va retrouver Piqué, Jordi Alba, Busquets, Iniesta, Xavi ou Pedro sous le maillot du Barça. Pas question de débarquer en Catalogne la tête basse. Il veut marquer son territoire et montrer à toute l'Espagne, devant sa télévision, qu'il n'est pas seulement l'adjudant programmé de Messi. Il peut aussi commander son équipe. Et le voilà qui adresse une passe magnifique qui transperce la défense espagnole. Fred n'en profite pas et bute sur Casillas. Et quand il sollicite le une-deux avec Oscar à l'entrée de la surface, Neymar ne se cache pas. Il dégaine un missile du gauche qui vient se loger sous la barre de Casillas (2-0, 44e). C'est le but du break, celui de la confirmation aussi : Neymar est un grand joueur, de ceux qui font la différence quand leur équipe en a besoin.

Au retour des vestiaires, les supporters ont à peine le temps de se rasseoir qu'ils voient Fred, après quarante-sept secondes de jeu, inscrire le troisième but d'une frappe croisée (3-0, 46e). Le Maracanã s'embrase. Les spectateurs sont survoltés. Tout réussit à la Seleção de Scolari. Comme ce sauvetage miraculeux de David Luiz (40e) ou ce penalty frappé à côté par Sergio Ramos (54e). « Olé, Olé, Olé », commence à chambrer le public. « Neymar est en train de les rendre fous », souligne Galvão Bueno sur TV Globo. Justement, le numéro 10 échappe à Busquets, tente un dribble sur Piqué et se fait sécher par son futur coéquipier. Carton rouge ! Le match est définitivement plié. « Le champion est de retour », peut chanter un Maracanã euphorique. Dans les tribunes, Neymar Senior a du mal à contenir ses larmes. Après avoir conquis la Copa Libertadores, son fils vient de franchir une étape supplémentaire en remportant un trophée d'envergure avec son équipe nationale. Le tout dans le temple du football brésilien. « On savait tous les deux qu'il n'y avait que deux chemins avant cette finale. Ou il deviendrait un loser avec la Seleção ou il deviendrait un des héros de la conquête du titre. Grâce à Dieu, il a joué comme un vrai numéro 10 de l'équipe du Brésil et avec ses copains ils ont redonné de la fierté au peuple en gagnant avec la manière, avec force, intelligence, habileté et talent. » Auteur de quatre buts en cinq matchs, Neymar est élu meilleur joueur de la compétition devant Iniesta et Paulinho. Troisième meilleur buteur, derrière Fred et Fernando Torres (5 buts chacun), il complète sa collection de trophées en se disant que son équipe nationale a de l'allure et qu'elle peut prétendre retrouver le Maracanã, dans un an, lors de la finale de la Coupe du monde…

TÉMOIGNAGE
Fred, attaquant de Cruzeiro,
vainqueur de la Coupe des Confédérations
et coéquipier de Neymar au sein de la Seleção

« *Neymar me fait penser à Benzema* »

« J'ai pris beaucoup de plaisir à jouer avec Neymar au sein de la Seleção. Avec lui, c'est plus facile. Il est tellement intelligent et fort techniquement que c'est un régal pour un attaquant comme moi. Avec son style de jeu, les défenses adverses se concentrent sur lui et ça libère des espaces pour le numéro 9, qui bénéficie de son travail. Ç'a été mon cas lors de la Coupe des Confédérations. Je me suis régalé et j'ai fini meilleur buteur. Cette compétition est gravée dans ma mémoire. Il s'est passé tellement de choses. À commencer par la mobilisation nationale. Le peuple s'est soulevé pour réclamer ses droits et pour exiger une attitude plus honnête de la part de nos dirigeants. On était tous fiers d'être brésiliens à ce moment-là. J'avais envie d'être dans la rue avec eux et de me révolter pour l'amour de mon pays. J'ignore si c'est lié, mais sur le terrain nous avons joué avec une volonté et une rage décuplées. C'était vraiment spécial : les hymnes chantés a cappella par nos supporters qui ont cassé le protocole de la FIFA. Leur union nous a galvanisés et on a joué un super football. Personnellement, la finale au Maracanã face à l'Espagne (3-0) *restera comme le meilleur souvenir de ma carrière.*

Le rôle de Neymar a été déterminant durant ce tournoi. Il nous a donné confiance. Malgré son âge, il était le leader technique de l'équipe. D'autres joueurs exerçaient des fonctions importantes au sein du groupe et tout ne reposait pas sur les épaules de Neymar, heureusement. Je n'ai pas été surpris de le voir endosser le rôle de leader et de sauveur. Neymar a toujours été un bosseur, un gars positif et, avec ses qualités techniques, il est devenu une référence pour l'ensemble du groupe. Il avait notre respect absolu.

Par certains aspects, Neymar me fait penser à Karim Benzema que j'ai connu très jeune à Lyon. Ce sont deux phénomènes ! J'ai toujours dit que Dieu avait été très généreux de me faire jouer avec des garçons comme Benzema et Neymar. J'en ai connu beaucoup des partenaires dans ma carrière, mais ces deux-là sont les deux meilleurs, sans aucun doute. Ils possèdent les mêmes qualités : intelligence, vitesse, technique. Avec eux, c'est beaucoup plus facile pour l'attaquant qui évolue à leurs côtés. »

Chapitre 25

Barça, clasico et *saudade*

Du soleil, la fête, du repos et des potes ! Voilà à quoi ressemblent les vacances rêvées de Neymar. Après une saison éprouvante, la nouvelle recrue du Barça peut enfin s'accorder quelques jours de détente. Lui qui a disputé 5 910 minutes de jeu en 2012-13, avant de conclure l'exercice par une victoire en Coupe des Confédérations, mérite bien ces trois semaines et demie de repos. Avant de mettre le cap vers les plages du littoral paulista, il se soumet à une opération dans une clinique de Rio de Janeiro. Il se fait enlever les amygdales et corriger les cloisons nasales pour l'aider à mieux respirer. Après 48 heures de repos, il embarque, le visage encore enflé, direction Santos pour un break largement mérité avec ses amis d'enfance, les Toiss (dérivé de *nois,* « nous », en portugais), dont certains vont habiter avec lui en Catalogne et l'accompagner dans sa nouvelle vie.

Elle commence le 28 juillet, jour de reprise pour Neymar et la plupart des internationaux espagnols. Après sa première journée d'entraînement à la Cidade Desportiva, il publie ceci sur les réseaux sociaux : « Mon rêve devient réalité. Merci, Seigneur ! » Il dispute ses premières minutes en amical, en Pologne, face au Lechia Gdańsk (2-2), après avoir remplacé Alexis Sanchez à la 76e minute. Son premier match au

Camp Nou se déroule trois jours plus tard, lors du trophée Joan Gamper, contre une vieille connaissance : le Santos FC. Quand il remplace Pedro en début de seconde période, le Barça mène déjà 4-0. C'est une véritable promenade de santé pour les Catalans qui s'amusent devant 80 000 spectateurs. Neymar inaugure son numéro 11 et offre une passe décisive parfaite pour Fabregas qui inscrit le 6e but de la rencontre (67e). « C'est tout de même une sensation bizarre, car je suis content d'avoir gagné, mais en même temps je suis triste pour mes potes de Santos », regrette-t-il. Lors de la tournée asiatique de présaison, à Bangkok, la sélection de la Thaïlande subira le même sort (7-1). Aligné avec Lionel Messi, Neymar, légèrement hors jeu, ouvre le score dès la 11e minute après une passe de Fabregas. Pedro (3 buts), Messi (2 dont 1 penalty) et Alexis Sanchez complètent le tableau sans que le Brésilien soit décisif. Il le sera beaucoup plus le 21 août lors de la Supercoupe d'Espagne, face à l'Atletico Madrid, au stade Vicente-Calderon. Menés au score (but de David Villa) et avec un Messi sorti sur blessure (cuisse gauche), les Barcelonais s'en remettent à leur nouvelle recrue. Lancé à la 60e minute à la place de Pedro, Neymar sauve les siens d'une tête au ras du poteau de Courtois, après un centre de son ami Daniel Alves. Ouf ! Son premier but officiel sera même synonyme de titre puisqu'une semaine plus tard, au match retour, le Barça concède un 0-0 qui lui garantit la Supercoupe d'Espagne, son premier trophée européen...

Après avoir ouvert son compteur face aux Colchoneros, il va enchaîner sept matchs sans marquer. Il se réveille lors de la 6e journée de championnat face à la Real Sociedad (4-1). C'est lui qui dégaine le premier après une passe du Chilien Alexis Sanchez (5e). Il offre également une passe décisive à Lionel Messi (déjà sa cinquième de la saison) et le Barça, avec 67 % de possession de balle, enchante ses socios le jour du 56e anniversaire du Camp Nou. En face, un certain

Antoine Griezmann est un observateur impuissant devant la domination catalane. Il se dit que l'équipe de Tata Martino sera bien difficile à battre cette saison. Si Neymar a déjà montré un aperçu de son talent à l'Espagne, il doit encore se présenter à l'Europe. Le 18 septembre, ses débuts en Ligue des champions contre l'Ajax Amsterdam sont timides. Son équipe s'impose facilement (4-0) mais lui ne dispute que vingt-huit minutes de jeu. Son 300e match comme professionnel ne restera pas dans ses annales personnelles. Mais le 1er octobre, sur la pelouse mythique du Celtic Park, l'histoire est différente. Cette fois-ci titulaire en l'absence de Messi, encore blessé, il réalise son meilleur match sous le maillot blaugrana. Inspiré, avec des jambes de feu, il met au supplice une équipe écossaise qui n'a que son cœur et un bon gardien (Fraser Forster) pour retarder l'échéance. Le capitaine Scott Brown est expulsé pour un coup de pied dans le dos de Neymar (60e) et, un quart d'heure plus tard, la sanction tombe : Fabregas offre la victoire au Barça (1-0, 76e). Considéré comme l'homme du match pour les Espagnols, Neymar est aussi vu comme un comédien par les Écossais. L'entraîneur Neil Lennon sur ITV Sport : « Il *(Neymar)* a déjà une certaine réputation. C'est un joueur brillant mais il exagère des petits contacts. Il ne se rend pas service en faisant ça… Mon joueur n'a pas besoin de s'excuser, il n'a rien fait de mal. » La ritournelle du *cai-cai* (plongeur) est de retour. Neymar voulait s'en affranchir en débarquant en Europe, mais les impressions se répètent et les chiffres ne mentent pas. En dix matchs pour le Barça, il a déjà provoqué huit cartons jaunes et un rouge, certains un peu généreux. Le staff de Tata Martino le met en garde. Il doit éviter d'être considéré comme un simulateur. Sinon il sera dans la ligne de mire des arbitres et de ses adversaires. Le Brésilien se force à rester debout plus souvent, et en rajoute moins quand il est victime d'une charge. Pour progresser dans ce domaine, il s'inspire de Lionel Messi, presque toujours placide malgré les fautes qu'il subit. Outre cette mini-polémique, il poursuit son apprentissage européen sans réelle fausse note. Il inscrit son deuxième but en Liga face à Valladolid (4-1) puis visite sans encombre San Siro pour affronter le Milan AC de Robinho dans le cadre de la 3e journée de Ligue des champions (1-1). Simple apéritif avant le gros morceau du premier semestre : le clasico contre le Real Madrid.

Il débute par un tifo magistral en hommage à Tito Villanova, en train de perdre son combat contre le cancer. « *Força Tito* », écrivent les socios avant de chanter l'hymne catalan à pleins poumons. Le 26 octobre, pour leur premier clasico, Tata Martino et Neymar, mais aussi Carlo Ancelotti ou Gareth Bale côté madrilène, en prennent plein la vue. Le Brésilien n'est pas intimidé, au contraire, il raffole de ce genre d'ambiance. Il va même réussir là où Romario, Rivaldo, Ronaldo ou Ronaldinho Gaucho ont tous échoué : marquer un but lors de son premier derby ! Dès la 18e minute, il est servi par Iniesta sur le côté gauche. Il fixe Carvajal et glisse astucieusement un intérieur du pied droit dans le petit filet de Diego Lopes (1-0). En début de seconde période, il perd son duel face au remplaçant d'Iker Casillas (55e) mais, profitant des espaces laissés par les Merengue en fin de match, il lance Alexis Sanchez dans la profondeur. Le Chilien se présente à l'entrée de la surface, semble attendre du soutien puis tente un lob magnifique de 20 mètres qui termine sa course dans les filets de Diego Lopes (2-0, 78e). C'est une standing ovation qui célèbre quelques minutes plus tard la sortie du Brésilien, remplacé par Pedro. La réduction du score de Jesé dans les arrêts de jeu ne gâchera pas la fête (2-1, 91e). Neymar est considéré comme l'homme du match. « Il réussit des débuts mémorables », titre le quotidien *Mundo Deportivo*. « C'est une journée très spéciale pour moi, l'une des plus belles que j'aie vécues », résume le héros qui insiste sur le travail du collectif et qui se félicite des six points d'avance dont dispose dès lors le Barça sur son rival madrilène.

En seulement trois mois de présence, en respectant la hiérarchie du vestiaire tout en s'illustrant à bon escient, Neymar semble déjà adopté par les socios. « Ça m'a surpris car, en général, les Catalans sont plutôt froids et distants, se souvient le basketteur brésilien du Barça Marcelinho Huertas. Là, même s'ils ne connaissaient pas vraiment son niveau, ils ont accueilli Neymar avec énormément de bienveillance et ils n'ont pas été déçus. Ils l'ont vite considéré comme un des leurs. » Mais après une bonne entame de saison, la machine se grippe. D'abord à cause d'une défaite sur le terrain de l'Ajax Amsterdam en Ligue des champions (2-1), suivie d'un revers surprise, cinq jours plus tard, sur le terrain de l'Athletic Bilbao (1-0), le 1er décembre. Après la trêve hivernale, le Barça continue de tousser. Le secteur défensif subit une épidémie de pépins physiques (Valdes, Piqué, Puyol) et même Neymar se blesse, à la cheville, contre Getafe, en Coupe du Roi (2-0), le 16 janvier. En voulant déborder puis centrer, il se bloque le pied droit dans le gazon. « Je viens de revoir les images, ç'aurait pu être pire », constate Lionel Messi après avoir inscrit un doublé salvateur. C'est sur des béquilles que le Brésilien rentre à la maison. Il ne retrouvera les terrains qu'un mois plus tard, face au Rayo Vallecano. Ménagé, il rentre à la 60e minute mais a le temps de prouver qu'il n'a pas perdu la dextérité de son pied droit. De 30 mètres, il déclenche une frappe magistrale et inscrit le 6e et dernier but d'un succès qui replace le Barça dans la course au titre. La victoire obtenue sur la pelouse de Manchester City en huitièmes de finale de la Ligue des champions (2-0) laisse augurer une montée en puissance. Mais deux revers contre des « petits » viennent tout gâcher. C'est d'abord la Real Sociedad qui s'impose (3-1) avec un but de Griezmann, puis Valladolid, grâce à l'Italien Rossi, plonge les Blaugrana dans le doute (1-0). Début mars, à l'issue de la 27e journée, le Barça, leader de la première à la vingt-cinquième journée, est relégué à la troisième place derrière le Real Madrid et l'Atletico Madrid.

Après avoir éliminé Manchester City, l'équipe de l'Argentin Tata Martino hérite d'un os en quarts de finale de la Ligue des champions. L'Atletico Madrid de Diego Simeone est sans doute le pire adversaire pour des Catalans irréguliers. Au match aller, Piqué se blesse rapidement (12e) et le Brésilien Diego inscrit un but magnifique en trouvant la lucarne de Pinto à la 56e minute. Dans un très bon soir, Neymar retrouve ses réflexes de leader. Il harangue ses coéquipiers, provoque trois cartons jaunes et réussit seize dribbles. C'est lui qui, sur une passe d'Iniesta, parvient à égaliser (1-1, 71e) pour maintenir l'espoir d'une qualification. « Je suis en train de redevenir ce que j'étais », estime le Brésilien, qui donne l'impression de vouloir endosser le costume de leader. Mais au match retour, ni Neymar, ni Messi, ni Sanchez (entré en jeu à la 60e) ne trouvent la faille dans le mur madrilène. Personne ne parvient à répondre à l'ouverture du score précoce de Koke (1-0, 5e). Diego Simeone, branché sur 100 000 volts, se transforme en douzième homme. Le public de Vicente-Calderon en treizième. Et le Barça n'est pas assez costaud pour rivaliser. Après le cauchemar de l'année passée (7-0 infligé sur les deux matchs contre le Bayern Munich, en demi-finales), le Barça se prend les pieds dans le tapis contre un rival national. La pilule est d'autant plus difficile à avaler que la perte du titre national se confirme au détriment de… l'Atletico Madrid, impressionnant dans le sprint final. Même la finale de la Coupe du Roi, contre le Real Madrid, lui échappe. Battu (2-1), sur des buts d'Angel Di Maria et Gareth Bale après une course de 50 mètres, le Barça se fait massacrer par les journaux catalans. « Ce cycle est terminé, le Real a enterré un Barça trop triste », écrit le quotidien *Sport*. Le journal égratigne Messi – « porté disparu » – mais a tendance à épargner Neymar, qui achève sa saison sur une fracture du quatrième métatarse du pied gauche et qui s'inquiète à l'orée de disputer la Coupe du monde à domicile…

Malgré une réussite sportive encourageante, des bonnes statistiques (15 buts en 41 matchs toutes compétitions confondues) et un statut de chouchou au Camp Nou, Neymar espérait mieux de sa première saison barcelonaise. Surtout, il ne s'est pas encore totalement adapté à la vie européenne. Même s'il s'entend bien avec les poids lourds du vestiaire barcelonais (Messi, Iniesta, Xavi, Piqué), il n'est pas aussi à l'aise qu'avec ses potes de Santos. La barrière de la langue, les différences culturelles et son rôle de lieutenant de Messi sont autant d'obstacles qu'il n'a pas encore totalement franchis. Correspondant pour le portail brésilien UOL, João Henrique Marques se souvient du léger mal-être que son compatriote avait du mal à surmonter : « Cette première saison en Europe reste la plus difficile de sa carrière. Le Barça était dans une phase de transition avec un nouveau coach, une façon un peu différente de jouer. En l'absence de Messi, parfois blessé, il a dû jouer numéro 9. Neymar a dû aussi composer avec la concurrence de Pedro, l'enfant du club, et d'Alexis Sanchez, qui était là avant lui. Les suspicions autour de la régularité de son transfert ont commencé à sortir et à le perturber. Il avait la tête à la Coupe du monde, aussi. L'élimination en Ligue des champions a été dure à digérer. Au final, sur la première saison, il n'était pas aussi heureux que ça à Barcelone. Le Brésil lui manquait et l'adaptation a été vraiment compliquée. » Dans ces conditions, rien de tel qu'un long séjour au pays, avec une Coupe du monde en ligne de mire, pour recharger les batteries. C'est en tout cas ce qu'il croit…

TÉMOIGNAGE
Bruninho, champion olympique de volley avec le Brésil en 2016, ami intime de Neymar depuis 2010

« *Tout ce qu'il fait est sujet à polémique* »

« Quand Neymar s'est installé en Espagne, je suis allé lui rendre visite dès les premières semaines. C'était un peu compliqué au début. Il devait s'adapter à un environnement différent, à une nouvelle culture, à une nouvelle équipe. Heureusement, il était bien entouré. Sa famille l'a aidé et il pouvait compter aussi sur le soutien de Daniel Alves. Il lui a ouvert les portes de la ville, lui a montré les endroits sympas. Dani était sa béquille et c'était précieux de pouvoir compter sur lui au début. Comme Neymar est un garçon ouvert, il n'a finalement pas trop galéré avant de se sentir bien à Barcelone. J'avais assisté au match aller de la Supercoupe d'Espagne face à l'Atletico Madrid, à Vicente Calderon (1-1). *Il était entré en cours de jeu et avait marqué de la tête ! J'avais gueulé comme un fou dans la tribune et je me suis vite écrasé car tout le monde me regardait méchamment* (rires)...
Notre première rencontre remonte à 2010, c'était dans les coulisses du concert de mon pote Tiaguinho, après un match entre Santos et Corinthians. On a sympathisé. J'aimais déjà bien le joueur qui était l'incarnation du "futebol art" qu'on aime tant. J'ai fait la connaissance d'un garçon un peu timide mais qui s'est ouvert au fil du temps. Peu à peu, j'ai compris sa personnalité. On se voyait à Rio, à Santos, à Guaruja. On parlait de nos sports respectifs, de la pression, des exigences. Son père a été dur avec lui. Le mien aussi, en tant

qu'ancien volleyeur professionnel, il avait une exigence de tous les instants qui nous a poussés à donner le maximum. On a vécu le même schéma, je pense. Lui, il a vraiment un don que Dieu ne donne à presque personne. C'est comme s'il était l'Élu ! Mais ça ne suffit pas. Après il faut beaucoup de travail, de passion et de volonté pour l'exploiter. Son don n'est pas seulement pour le foot. Il est doué dans tout ce qu'il fait, il a une sorte d'habileté naturelle. Je le vois quand il joue au basket ou au volley. En plus de son talent, il a une soif de gagner incroyable. Gabriel Medina (surfeur brésilien champion du monde) *est pareil. Ils deviennent fous quand ils perdent. Ils ont le feu à l'intérieur ! Moi aussi, j'étais un peu comme ça mais je me suis assagi avec le temps.*
Je me souviens des jeux Olympiques de Londres en 2012. On a tous les deux échoué en finale. J'étais dévasté. Je me souviens de son message, il m'a dit : "Si Dieu le veut, on décrochera la médaille d'or dans quatre ans à la maison !" C'est ce qui s'est passé. Après avoir gagné la sienne, il était même dans les tribunes du Maracanãzinho pour nous encourager. C'était un moment vraiment magique !
Je pense qu'il a fait le bon choix de signer au PSG. Il avait besoin d'un nouveau défi. C'est parfois compliqué car il est soumis à certaines critiques, mais il va surmonter tout ça. Je sais qu'il souffre quand on dit qu'il est arrogant ou individualiste. Il est énervé de lire ça. Il est comme tout le monde, il n'aime pas subir les critiques, surtout quand elles ne sont pas justifiées. Mais il a l'habitude et la maturité pour passer outre. Tout ce qu'il fait est sujet à polémique. Ce n'est pas facile à vivre. Surtout que c'est un garçon sensible, généreux, et qui veut le bien du groupe. Donc, qu'on l'accuse de ne penser qu'à sa gueule, ça doit le blesser… »

Chapitre 26

Copa dramatica

À la une des quotidiens, à la télévision ou sur des affiches publicitaires pour vanter les mérites d'une marque de slip, de shampooing, de voiture ou de téléphone. On le retrouve aussi en couverture du magazine *Vogue* avec la sublime Gisele Bündchen comme partenaire ou sur des fresques murales dessinées dans des quartiers populaires. Au marché noir, et notamment dans le centre-ville de Rio de Janeiro, c'est sa vignette Panini qui est la plus demandée et qui a le plus de valeur. Selon une étude, il est aussi la personnalité brésilienne la plus visible à la télévision entre mai et juin 2014, devant le mannequin Gisele Bündchen, la chanteuse Ivete Sangalo et Ronaldo. À quelques jours du début de la Coupe du monde, Neymar est absolument partout. Le gamin de 22 ans, qui dispose de treize contrats de sponsors majeurs quand les vingt-deux autres joueurs de la liste cumulent douze partenariats, incarne à lui seul la Seleção de Luiz Felipe Scolari. Il y a donc Neymar et les autres. Omniprésent, le joueur du Barça est l'homme sur qui reposent les espoirs de deux cents millions de supporters certains de pouvoir décrocher une sixième étoile. Sans Ronaldinho ou Kaká, qui ont espéré s'incruster, aucun ex-champion du monde ne figure sur la liste des vingt-trois dévoilée le 7 mai par Scolari. Neymar est dont l'unique star de ce groupe et il doit faire face à une pression monumentale au moment de préparer la première Coupe du monde organisée en Amérique du Sud.

À quelques semaines du coup d'envoi de Brésil-Croatie, le 12 juin, à l'Arena Corinthians, le contexte est brûlant. Après les révoltes de 2013, la grogne sociale n'est toujours pas éteinte. Chaque contre-performance pourrait permettre aux mécontents de souffler sur les braises. Le Parisien Lucas, qui a vu le Brésil descendre dans la rue pendant la Coupe des Confédérations, est conscient du danger : « La Seleçao peut empêcher les protestations et les manifestations, elle peut apporter de la joie à notre peuple qui en a besoin et qui souffre. La Coupe du monde peut nous unir mais elle peut aussi nous diviser. Neymar aura évidemment un rôle très important à jouer, mais il a les épaules solides, ça ne lui fait pas peur. Il assumera. » S'il peut réussir sa Coupe du monde individuellement, peut-il porter son équipe jusqu'à la victoire finale ? Peut-il imiter Pelé en 1970, Maradona en 1986, Romario en 1994, Zidane en 1998 ou Ronaldo en 2002 ? Quand elles ont été sacrées, ces légendes dépassaient les 25 ans de moyenne d'âge. Neymar avec ses 22 printemps peut-il bousculer l'histoire ? Avant le grand rendez-vous, Cris, ex-défenseur de l'Olympique Lyonnais, surnommé « le Policier », veut y croire. « Il a déjà beaucoup d'expérience et la double culture de s'être imposé au Brésil et maintenant en Europe... À la maison, ce n'est pas facile, car il y a le fantôme de 1950 qui plane. Mais Neymar sait gérer la pression, il sera prêt. »

Il le prouve dès le premier match de préparation

de la Seleção, contre le Panama, le 3 juin, à Goiânia. Sifflée par une partie du public après un début de match insipide, l'équipe de Scolari s'en remet déjà à son numéro 10. C'est lui qui, après vingt minutes catastrophiques, prend le jeu à son compte et fait taire les critiques des 31 000 spectateurs. Son coup franc obtenu et converti par ses soins (1-0, 26ᵉ) décomplexe enfin ses coéquipiers. Daniel Alves tente sa chance à l'entrée de la surface et trompe McFarlane (2-0, 39ᵉ). Les « Olé » succèdent aux sifflets. Après le repos, Hulk, sur une passe de Neymar (46ᵉ), puis Willian, sur un centre en retrait de Maxwell (4-0, 72ᵉ), offrent une victoire finalement confortable à l'un des favoris de la Coupe du monde. « Neymar est bien le patron de l'équipe », résume le journal *O Globo* qui attribue un 8,5/10 à un joueur définitivement rassuré par l'état de son pied gauche, touché mi-avril en finale de la Coupe du Roi. Trois jours plus tard, pour ce qui constitue le dernier test avant le match d'ouverture du Mondial, le Brésil se frotte à la Serbie de Kolarov, Ivanovic, Matic... Pas un cadeau quand la principale préoccupation des Brésiliens est d'éviter un pépin physique avant le jour J. Cinq secondes après le coup d'envoi, Tadic sèche Neymar et donne le ton d'un match qui n'a finalement rien d'amical. Même les supporters du stade du Morumbi de São Paulo ne sont pas franchement cordiaux. Ils n'hésitent pas à siffler leur équipe, maladroite, et à scander le nom de Luis Fabiano, l'idole du club qui n'est même pas sur la liste de Scolari. Piqué dans son orgueil, Fred, le premier visé par ces attaques, réplique en ouvrant le score. Il reprend une longue ouverture de Thiago Silva, gagne son duel contre Ivanovic, et en tombant parvient à donner la victoire aux siens (1-0, 58ᵉ). C'est son 17ᵉ but avec le Brésil, le premier depuis son doublé inscrit en finale de la Coupe des Confédérations, face à l'Espagne. Sous le feu des critiques, à cause de sa longue période de disette, le numéro 9 se donne un peu d'air au meilleur moment. Même s'il redoute cette Coupe du monde, il se dit prêt à l'aborder avec enthousiasme tout en rappelant qu'il n'a pas le talent d'un Ronaldo ou d'un Romario. « Je ne me compare pas à ces joueurs-là. On ne peut pas comparer un génie à un joueur normal. Moi, je suis efficace devant le but, c'est tout. Je ne vais pas marquer trois buts par match, mais avec la confiance que m'accorde Felipão et le soutien des supporters brésiliens je vais réaliser de belles choses », promet l'attaquant brésilien.

Reste à le prouver dès le match d'ouverture, contre la Croatie, le 12 juin 2014. Ils sont 62 000 spectateurs et surtout 43 millions de Brésiliens devant leur poste de télévision à se demander comment Fred mais aussi Neymar, Thiago Silva, Hulk, Daniel Alves ou Paulinho vont réagir face au plus grand défi de leur carrière. Pendant l'hymne brésilien, certains s'interrogent déjà sur leur capacité à résister à une telle pression. Julio César, mais aussi Thiago Silva et même Neymar terminent de chanter en pleurs, déstabilisés par ce moment de communion entre une équipe et son public. Quand le coup d'envoi est sifflé par l'arbitre japonais Yuichi Nishimura, l'équipe de Scolari (Julio César – Daniel Alves, Thiago Silva, David Luiz, Marcelo – Luiz Gustavo, Paulinho, Hulk, Oscar – Neymar, Fred) paraît complètement fragilisée. Elle concède une première occasion sur un centre repris de la tête par Olic (6e) avant de sombrer quatre minutes plus tard. Ce même Olic profite d'un boulevard laissé par Daniel Alves pour s'infiltrer et centrer devant le but. Jelavic dévie le ballon et Marcelo le pousse dans ses propres filets (0-1, 10e). C'est la douche froide à l'Arena Corinthians. Mais le pays organisateur va réagir. D'abord par une belle frappe de Paulinho (20e) puis une autre d'Oscar à la suite d'un bon travail de Neymar (22e). C'est encore le numéro 10 qui endosse le costume de sauveur. Dans l'axe, et à 25 mètres, il déclenche une frappe millimétrée du pied gauche qui vient mourir entre le poteau et le gant de Pletikosa (1-1, 28e). Après le repos, Lovren retient légèrement Fred dans la surface et provoque un penalty « scandaleux », diront les Croates. Neymar ne se pose pas de questions et transforme l'offrande (2-1, 70e). Malgré quelques sueurs froides sur le but de Julio César, le Brésil résiste et va même creuser l'écart en fin de match sur un pointu d'Oscar à l'entrée de la surface (3-1, 90e). Même si le joueur de Chelsea aurait aussi mérité cette distinction, c'est bien Neymar qui est élu homme du match. « C'était bien mieux que ce que j'imaginais. Je rêvais d'une victoire, mais marquer deux buts lors du match d'ouverture, c'est un bonheur immense », explique le numéro 10, soulagé d'avoir remis son équipe à l'endroit.

Cinq jours plus tard, à Fortaleza, c'est le gardien mexicain, Ochoa, qui va lui voler la vedette. L'ancien portier d'Ajaccio repousse toutes les tentatives brésiliennes. Une tête de Neymar (25e), une reprise à bout portant de Paulinho (43e), une frappe de Neymar (58e) et une tête de Thiago Silva (85e) sont autant de tentatives qui auraient dû faire mouche sans les inspirations du gardien aztèque. C'est le premier match nul de Luiz Felipe Scolari en Coupe du monde (7 succès en 2002 et 1 en 2014), mais il n'est pas catastrophique. Un point face au Cameroun lors du dernier match de poules sera synonyme de qualification. À Brasilia, le 23 juin, tout commence favorablement pour la Seleção qui ouvre le score grâce à Neymar à la suite d'une belle ouverture de Luiz Gustavo (1-0, 17e). Le gamin en or remet ça peu après l'égalisation de Joël Matip (1-1, 26e). C'est lui qui transperce la défense des Lions Indomptables pour tromper tranquillement Charles Itandje (2-1, 35e). Après la mi-temps, Fred, en position de hors-jeu, inscrit son premier but du Mondial (3-1, 49e) et Fernandinho, qui a remplacé un Paulinho décevant depuis le début du tournoi, clôture sa belle prestation par un but (4-1, 85e). Après ce succès, c'est surtout la performance magique de Neymar que les médias internationaux relayent. « Neymar inarrêtable », titre le quotidien argentin *La Nacion*. Pour le journal *Olé,* « c'est Neymar qui commande ». Le *Mundo Deportivo* parle de « récital » et le *Daily Mail* évoque « le show Neymar » pour souligner le début de tournoi impeccable du joueur du Barça, auteur de quatre buts en trois matchs. Mais les prestations flamboyantes de l'attaquant de 22 ans ne doivent pas faire oublier les lacunes d'une Seleção qui alterne le bon et le moins bon. La défense a déjà encaissé deux buts, les latéraux (Daniel Alves et Marcelo) se font régulièrement surprendre, Paulinho a perdu de sa maîtrise affichée un an plus tôt et Fred est isolé à la pointe de l'attaque et moins mobile qu'à la Coupe des Confédérations. Luiz Felipe Scolari et son staff ont donc cinq jours pour rectifier le tir et préparer leur huitième de finale, contre le Chili.

La titularisation de Fernandinho à la place de Paulinho est finalement l'unique changement apporté pour affronter « le pire adversaire possible », dixit l'entraîneur brésilien. Les prédictions de Scolari se confirment. Le Chili, qui a déjà renvoyé l'Espagne à la maison, est coriace. S'il concède l'ouverture du score à la suite d'un corner de Neymar poussé dans le but par David Luiz (1-0, 18e), il réagit par Alexis Sanchez qui profite d'un ballon perdu par Marcelo dans son camp. Le joueur du Barça égalise en trouvant le petit filet de Julio César

(1-1, 32e). Le Brésil perd le fil, commet des erreurs grossières (Luiz Gustavo, 45e) et doit se contenter de 45 % de possession de balle. À l'issue du temps réglementaire, Ronaldo, consultant sur TV Globo, se désespère : « Rien n'a fonctionné. Neymar n'y est pas, le milieu de terrain a disparu et on ne fait qu'adresser de longs ballons devant... » La prolongation confirme les difficultés de la Seleção et la domination chilienne, à quelques centimètres d'arracher la qualification à la 120e minute de jeu. Dans le rôle du héros malheureux, Pinilla, qui tente sa chance de loin et trouve l'équerre du but de Julio César... Lors des tirs au but, l'attaquant de Cagliari est le premier de sa sélection à s'élancer. Revanchard, il veut répondre à David Luiz, mais échoue sur le gardien brésilien. Pendant que le capitaine Thiago Silva s'isole, en pleurs dans le rond central, Willian tire à côté et Alexis Sanchez bute encore sur Julio César, qui avait dit avant la séance à son capitaine : « T'inquiète pas, je m'en occupe. » La tension atteint son paroxysme au Mineirão. Marcelo puis Aranguiz trouvent la faille, et Hulk voit sa tentative stoppée par le pied de Bravo. Marcelo Diaz égalise à 2-2, Neymar donne l'avantage aux siens avant que Jara n'échoue sur le poteau, offrant la qualification à la Seleção (1-1, 3 t.a.b. à 2). Le soulagement est énorme. Tous les remplaçants se précipitent sur Julio César, le héros du match. Ils le célèbrent quelques minutes mais n'en rajoutent pas. Ils savent que cette qualification n'est pas glorieuse et qu'avec ce niveau de jeu ils ne peuvent pas prétendre aller au bout. Surtout qu'en quarts de finale la Colombie de James Rodriguez, vainqueur de l'Uruguay au tour précédent (2-0), se dresse en sérieux rival.

De retour à Fortaleza, le Brésil, soutenu par tout un stade coloré et vibrant, a laissé son stress aux vestiaires.

Luiz Gustavo, suspendu, est dans les tribunes. Il est remplacé par Fernandinho. Quant à Maicon, il est préféré à Daniel Alves, décevant depuis le début du tournoi. Après son psychodrame de la séance des tirs au but, Thiago Silva doit se faire pardonner. Le capitaine, surnommé « O Mostro », y parvient en reprenant victorieusement un corner de Neymar (1-0, 7e). Son compère de la défense centrale inscrira un coup franc formidable (2-0, 69e), avant que tout se désagrège. Thiago Silva écope d'un carton jaune stupide synonyme de suspension pour la demi-finale. Julio César provoque le penalty de l'angoisse (2-1, 80e) et, dans les derniers instants, Neymar reçoit dans le dos le genou de Juan Zuñiga lancé à 25 km/h, selon les mesures de TV Globo. Le numéro 10 se tord de douleur mais personne n'imagine alors la gravité de la blessure. Les secondes passent et Neymar continue de hurler, la main dans le dos, bientôt soutenu par Marcelo qui réclame l'assistance médicale. Le docteur José Luiz Runco pénètre sur la pelouse et lui applique un pochon de glace sur la colonne. Face aux hurlements du joueur, il se lève et opère un moulinet avec les bras en direction de Scolari et du staff. « Il faut changer », dit-il. Hormis Thiago Silva et Marcelo qui semblent préoccupés, aucun joueur ne prend la mesure de ce qui vient de se produire. « Sur le banc, on ne pensait pas que c'était si grave », confesse Carlos Alberto Parreira, le directeur de la Seleção. Transporté sur une civière, la main sur le visage, il est acclamé par le public de Fortaleza qui scande son nom. Direction l'hôpital São Carlos, dans la zone nord de Fortaleza, où son arrivée aux urgences est diffusée en direct à la télévision. Tout le pays veut savoir. Tout le pays espère que son crack sera rétabli pour disputer la demi-finale. Mais dans la soirée le couperet tombe : Neymar souffre d'une fracture de la troisième vertèbre de la colonne. Sa Coupe du monde est terminée !

Dans la villa familiale, à Guaruja, sur le littoral paulista, Nadine, sa maman, est sous le choc. Elle a assisté au « drame » devant sa télévision et appréhende l'état dans lequel elle va le retrouver. « Je ne voulais pas le voir arriver à la maison dans une ambulance, je ne voulais pas le voir sur une civière, je ne voulais pas voir ça, a confié plus tard Nadine à la chaîne de télévision SBT. J'avais peur qu'il ne finisse sur une chaise roulante… Ça a été le moment le plus difficile de ma vie. » Rapatrié dès le lendemain en hélicoptère, de Granja Comary à São Paulo, Neymar est conduit jusqu'à la résidence ultra-sécurisée où se trouve sa villa. Des centaines de fans l'attendent à l'entrée des grilles géantes. Certains ont passé la nuit dehors avec la simple intention de le saluer et de l'encourager dans cette épreuve. D'autres, les voisins, et les amis des voisins qui ont accès à cette résidence privée, accompagnent l'arrivée de l'ambulance en criant le nom de Neymar. Il en sortira sur un fauteuil roulant, une casquette vissée sur le crâne, le visage sombre. Ce n'est évidemment pas le retour à la maison qu'il avait imaginé… Obligé de porter une ceinture de maintien, il ne peut pas faire grand-chose à part se reposer et limiter ses mouvements. Son fils Davi Lucca, sa petite amie Bruna Marquezine et ses meilleurs potes, Paulo Henrique Ganso et Robinho, lui rendent visite. « Je suis venu lui donner un peu de force et lui souhaiter une bonne récupération. C'est terrible de quitter la Coupe du monde sur une blessure », explique Robinho après être resté quelques heures au chevet de son ami. Chouchouté par ses parents, Neymar bénéficie aussi du soutien du médecin de Santos, Mauricio Zenaide, d'un physiothérapeute, Rafael Martini, et d'un spécialiste de la colonne, Nicola Carneiro. Ils sont unanimes : même en cas de qualification pour la finale de la Coupe du monde, Neymar ne pourra pas y participer. Le Brésil tout entier est sous le choc. De la présidente Dilma Rousseff au gratin du sport et du showbiz, ils adressent tous des messages de soutien à leur « champion ». Le hashtag #ForcaNeymar fait un carton sur les réseaux sociaux. Face à une telle démonstration d'amour, il leur répond à travers un message diffusé par CBF TV où il dit notamment ceci : « Je voudrais vous remercier pour vos messages... Ils m'ont enlevé mon rêve de disputer une finale de Coupe du monde, mais mon rêve d'être champion du monde n'est pas terminé. Il reste deux matchs et je suis certain que mes camarades vont tout faire pour soulever cette coupe ! »

La Seleção doit donc préparer sa demi-finale face à l'Allemagne (vainqueur au tour précédent de la France, 1-0), sans son meilleur joueur, blessé, et son capitaine, suspendu. Un casse-tête sportif mais aussi psychologique. Si tous les supporters brésiliens ont été anéantis par la blessure de leur numéro 10, c'est encore plus vrai chez les joueurs qui misaient sur lui en toutes circonstances. Malgré ses 22 ans, Neymar était bel et bien le leader technique et moral de ce groupe. La psychologue Regina Brandão, appelée à la rescousse avant le début du tournoi par Felipão, a constaté l'étendue des dégâts. « Les joueurs *(avant le match contre l'Allemagne)* étaient dans un état de stress avancé. C'est comme s'ils étaient dans une cocotte-minute bouillante avec le couvercle fermé, sans air. C'était évident qu'elle allait exploser », dira-t-elle dans l'émission *Roda Viva.* Sans la boussole Neymar, le groupe semble perdre tous les pouvoirs que le numéro 10 pouvait distiller autour de lui : l'audace et la joie. Sans Neymar, les joueurs n'ont plus confiance en eux. Et ils n'ont que la foi à revendiquer pour espérer être à la hauteur de l'événement. « Continuons à croire en notre rêve, c'est comme ça qu'on verra la gloire de Dieu », publie Hernanes sur son compte Instagram. « Que Dieu te bénisse, on va courir encore plus en pensant à toi », écrit Hulk, imité bientôt par Luiz Gustavo : « Dieu et tout le Brésil sont à tes côtés. » Mais implorer le Seigneur ne sera évidemment pas suffisant. Et pendant que les joueurs paniquent, le staff technique ne semble pas beaucoup plus serein. « On n'avait pas d'autre Neymar en stock, regrette aujourd'hui Carlos Alberto Parreira. On a fait jouer Bernard, mais ce n'est pas pareil. C'est plus un joueur de côté, il n'a pas la même puissance, le même physique. Et les adversaires ne le craignent pas comme ils pouvaient craindre Neymar... »

Le mardi 8 juillet 2014, à Belo Horizonte, pendant l'hymne brésilien, repris en chœur par le Mineirão, Julio César et le nouveau capitaine, David Luiz, étirent le maillot numéro 10 de Neymar. Pour lui rendre hommage mais aussi pour s'imprégner un peu de son fluide. À 700 kilomètres de là, Neymar est dans son canapé, à Guaruja, entouré de ses parents, de ses amis. Il pleure. Le temps de sécher ses larmes et de retrouver ses esprits, il voit Marcelo tenter sa chance de loin. Le ballon passe tout près du poteau gauche de Neuer (2e). Ce sera la seule occasion qu'il aura de vibrer. La suite est un véritable calvaire. Pour lui, pour ses coéquipiers présents sur le terrain et pour les millions de Brésiliens devant leur télévision. De la 10e à la 28e minute, l'Allemagne inscrit cinq buts à une défense apathique et dramatique. Müller, Klose, Kroos (deux fois) et Khedira rentrent dans la défense comme dans du beurre. Chaque offensive se termine au fond des filets brésiliens. Sur son canapé, contraint de ne pas trop bouger, Neymar est d'abord scotché. Puis il s'énerve, s'indigne et insulte la terre entière. Sa mère craque et s'isole dans la cuisine pour pleurer. À la mi-temps, Ronaldo est dépité, il déplore le schéma tactique mis en place par Scolari. Le 4-2-3-1

(Julio César – Maicon, David Luiz, Dante, Marcelo - Luiz Gustavo, Fernandinho – Oscar, Hulk, Bernard – Fred) est « beaucoup trop ambitieux compte tenu de la qualité de l'adversaire », dixit le consultant star de TV Globo. À la mi-temps, Ramires remplace Hulk et Paulinho succède à Fernandinho. L'Allemagne donne l'impression de ne pas vouloir humilier davantage son hôte. Sans trop le chercher, l'équipe de Joachim Löw inscrit un 6e et 7e but par Schürrle, qui plante un doublé en dix minutes (68e et 78e). C'est à cet instant que Neymar éteint la télévision et jette la télécommande, révolté, blessé, humilié. « Je ne veux plus voir cette merde ! Allons jouer au poker », dit-il selon un témoin de la scène. Il ne verra pas la réduction du score inutile d'Oscar, ni les pleurs et les excuses de David Luiz au micro de TV Globo. Entouré de ses amis, il tentera d'atténuer son désespoir en cherchant des brelans, des suites ou des couleurs. Ce soir-là, même une quinte flush royale entre les mains ne pourra pas le consoler…

TÉMOIGNAGE

Carlos Alberto Parreira, champion du monde 1994 et directeur de la Seleção entre 2013 et 2014

« *On ne dirait pas, mais Neymar, c'est une force de la nature* »

« Le premier à m'avoir parlé de Neymar, c'est Zito, qui l'a découvert à Santos. Il me disait qu'il allait observer les matchs des jeunes seulement pour voir évoluer ce petit prodige. J'ai ensuite suivi son évolution : son premier match avec les pros, ses premiers buts, ses premiers titres. Il n'a fait que confirmer tout le bien qu'on pensait de lui. Depuis ses 17 ans, il ne fait que progresser. Il n'a jamais eu de bas. C'est prodigieux. Lors des colloques auxquels je participais pour la FIFA, beaucoup de coachs européens me demandaient : "Il est si fort que ça, Neymar ? Il peut s'imposer en Europe ?" Je leur répondais : "Il sera bientôt le meilleur du monde." Je le disais car j'y croyais vraiment. Pour cela, il ne fallait pas brûler les étapes. Grâce à son père, qui a parfaitement administré sa carrière, il est parti en Europe au bon moment, quand il avait déjà tout gagné au Brésil. Au Barça, il s'est imposé assez rapidement. Tout en douceur, sans froisser Messi. Il l'a fait intelligemment. Il aurait fallu être idiot pour être arrogant face au meilleur joueur du monde. Sur le terrain, ils parlent la même langue, donc ils se sont régalés à jouer ensemble. Et quand Messi n'était pas là, Neymar a démontré qu'il pouvait prendre le relais du boss.

Quand nous avons pris les commandes de la Seleção avec Scolari, Neymar était critiqué car il n'était pas aussi bon avec le Brésil qu'avec Santos. Mais c'était seulement une phase de transition. Il fallait qu'il s'adapte aux nations européennes, où ça va plus vite, où c'est plus physique, plus intense. Il a vite assimilé les différences. Et il l'a démontré lors de la Coupe des Confédérations face à des nations comme l'Italie ou l'Espagne. Le fait d'avoir gagné cette compétition et d'avoir infligé 3-0 à l'Espagne en finale a été finalement un problème. On a été gagnés par une certaine euphorie, on a pensé que nous étions prêts. Mais en un an, beaucoup de choses changent. Plusieurs joueurs comme Fred ou Paulinho étaient moins performants en 2014. Et puis, ne jouer que des matchs amicaux a été un souci, car tu ne vois pas tes joueurs dans les conditions de stress que peut générer un match de Coupe du monde. En revanche, quand tu disputes des éliminatoires du Mondial à Asunción, à Buenos Aires ou à Santiago, c'est la guerre, et tu vois qui peut assumer ce genre de pression. Mais Neymar, lui, on savait très bien qu'en toute situation il assumerait. Malheureusement, il s'est blessé et il nous a beaucoup manqué contre l'Allemagne… Avec lui, plus c'est difficile, plus il aime ça et plus il élève son niveau. Il est comme Pelé. Il aime les défis. Il aime quand c'est dur. C'est pour ça qu'il est parti au PSG. C'est une décision très courageuse de sa part. Il aurait pu rester dans sa zone de confort, mais non, il a préféré se mettre en danger… Neymar, il déteste la défaite aussi. C'est comme ça qu'on reconnaît les champions. Dunga ou Romario étaient comme lui. Physiquement aussi c'est un monstre. Lors des tests avant le Mondial, il avait les meilleurs indices. Il m'a rappelé Pelé lors du Mondial 70 (Parreira était le préparateur physique des futurs champions du monde). *On ne dirait pas, mais Neymar, c'est une force de la nature. Il pourrait résister à un tsunami.*

Dans le groupe, c'est un garçon aimé de tous. Il est généreux, doux, il plaisante avec tout le monde. Il était proche de Daniel

Alves mais il pouvait aussi bien rigoler avec tous les autres. C'est lui qui attirait les médias et les fans, mais personne ne le jalousait. On était habitués à ce phénomène et lui aussi, donc ça ne le perturbait pas. C'était un peu la même chose avec Ronaldo et Ronaldinho… C'est un garçon qui a du cœur. Un exemple ? Ma petite-fille m'a dit que son meilleur copain qui allait fêter ses 13 ans était super fan de Neymar. J'ai passé un coup de fil à son agent et, quatre heures plus tard, je recevais une vidéo de Neymar souhaitant un joyeux anniversaire à ce petit garçon. C'est ça, Neymar ! Un mec charmant tout simplement ! »

Chapitre 27

Instituto Neymar, MSN et Coupe aux grandes oreilles

Malgré le ciel gris et la pluie qui ne ce cesse de s'abattre sur la région depuis plusieurs heures, ce 23 décembre 2014 représente un vrai rayon de soleil pour les habitants de Praia Grande. À quelques mètres du 374 de la rue B, à Jardim Gloria, là où Neymar a passé une bonne partie de son enfance, les célébrités du moment se bousculent. L'entraîneur de volley Bernardinho (le père de Bruninho), le nageur César Cielo, l'ancien footeux Vampeta, la chanteuse Anitta ou le vice-président du Brésil Michel Temer, ils sont tous présents pour participer à l'inauguration de l'Institut Neymar. Construit sur un espace en friche de 8 400 m^2 et cédé par la préfecture pour trente ans, cet institut se compose d'un bâtiment principal, de plusieurs terrains de foot, d'une piscine couverte et d'un gymnase. Il a coûté environ 10 M€ et a bénéficié du soutien financier du FC Barcelone, des sponsors personnels de Neymar, du ministère des Sports brésilien et de nombreuses donations privées. L'idée de cet institut, qui a germé lors de la création du « projet Neymar » par le Santos FC, n'est pas de former de futurs champions. L'objectif de ce projet social est d'offrir des cours de soutien scolaire aux enfants de la région ou des cursus professionnels à leurs parents. En justifiant un taux de présence à l'école de 90 %, les gamins de 7 à 17 ans peuvent accéder gratuitement à l'Institut Neymar et bénéficier de salles de lecture, d'un cinéma, d'une salle informatique, d'un espace médical et dentaire, sans parler des terrains de sport... Les parents, eux, peuvent suivre une formation professionnelle pour devenir cuisinier, couturier, coiffeur... « Neymar nous offre ce que l'État est incapable de nous proposer », résume le papa d'un jeune garçon, fier de constater que le héros du quartier n'a pas oublié ses racines. « Cette réalité, Neymar s'en souvient très bien, confirme Benicio, l'oncle du joueur du Barça et directeur administratif de l'institut. Il a habité juste à côté, il sait ce que c'est de ne pas avoir d'opportunités. Il a voulu aider ces gens qu'il a connus de près... Aujourd'hui, beaucoup ont des difficultés, ils sont pères de famille mais n'ont pas de boulot, pas d'argent, pas de futur... Nous sommes là pour essayer de les aider, pour résoudre leurs problèmes. C'est une goutte d'eau dans l'océan mais elle peut faire la différence. »

Sur la scène éphémère montée pour l'occasion, la chanteuse Anitta se déhanche comme elle sait si bien le faire, les MC's montent le volume et Neymar, en bon organisateur, chante pour réchauffer des invités trempés mais heureux. Malgré la pluie violente qui s'abat en ce jour d'inauguration, les festivités ne sont pas gâchées. Le public répond présent et découvre l'outil magnifique que la famille Neymar met à leur disposition. « C'est un projet audacieux mais familial », précise Neymar Senior, le vice-président de l'institut. Sa femme Nadine étant la présidente, et son frère, Benicio, le directeur administratif. « Je crois que ce projet est un condensé des valeurs de notre famille, confirme Benicio de sa voix chaleureuse. Il y a du talent, un peu, mais aussi beaucoup de travail et de volonté de bien faire. C'est d'ailleurs le message qu'on veut faire passer aux gamins. » Ils sont plus de 2 300 enfants par an à bénéficier gratuitement de ces services. Ils échappent ainsi à l'absentéisme scolaire, bénéficient d'une meilleure santé et ont intégré « les valeurs de l'institut comme la discipline et le sens des responsabilités », se félicite le trentenaire Jael Morais, coordinateur pédagogique du centre. De quoi remplir de fierté Neymar, qui suit de loin l'évolution de son institut mais qui ne manque jamais une opportunité de franchir, au moins deux fois par an, les portes du centre pour observer le sourire sincère des gamins de Praia Grande.

En ce 23 décembre 2014, Neymar a plusieurs raisons de se réjouir. Son institut est bien né, il est entouré de toute sa famille et il peut profiter de quelques jours de vacances au pays avec le sentiment d'avoir parfaitement entamé sa deuxième saison barcelonaise. Après le drame de la Coupe du monde, il ne s'est accordé que trois semaines sans football où le port de sa ceinture dorsale ne l'a pas empêché de tourner des publicités au Japon, de s'éclater sur son yacht au large d'Ibiza et de multiplier les virées nocturnes. Un programme chargé, et largement relayé sur les réseaux sociaux, que n'a pas vraiment apprécié l'état-major catalan. Mais en analysant les tests médicaux des premiers jours, ils se rassurent, Neymar est en forme et « les résultats de la fracture de la vertèbre L3 gauche sont satisfaisants », affirme le club. De retour au centre d'entraînement le 5 août 2014, il est déjà sur la pelouse du Camp Nou le 18, pour y disputer ses premières minutes de jeu lors du Trophée Joan Gamper, contre les Mexicains de León.

La saison démarre avec un nouveau coach sur le

banc, Luis Henrique, et un nouveau partenaire d'attaque : l'Uruguayen Luis Suarez, recruté à Liverpool pour 70 M€. Le pistolero, sur le coup d'une suspension infligée par la FIFA pour avoir mordu l'Italien Chiellini lors de la Coupe du monde, est censé former la troisième lame d'un trident bientôt surnommé la MSN (Messi-Suarez-Neymar). Quand il rentre à la 77e minute, à la place de Rafinha, son équipe mène déjà 4-0 avec un but de Messi et un doublé de Neymar. Le Barça s'impose 6-0 et conservera ce rythme jusqu'à fin septembre en enchaînant six victoires et un nul (contre Malaga) en sept matchs. Le premier accroc de la saison intervient au Parc des Princes, sous les yeux de David Beckham, Jay-Z et Beyoncé qui ont embelli la « corbeille » ce soir-là. Malgré deux très jolis buts inscrits par Lionel Messi (11e) et Neymar (56e), c'est bien le PSG qui remporte cette affiche de la 2e journée de la Ligue des champions. Même sans Thiago Silva et Zlatan Ibrahimovic, blessés, David Luiz (10e), Verratti de la tête après un corner de Thiago Motta (26e) et Blaise Matuidi (54e) font plier le Barça. « Il y avait tous les éléments pour faire un grand match, encore fallait-il le réaliser », se félicite Laurent Blanc. Cette sortie de route européenne ne fait pas oublier le bon début de saison du Barça sur le plan domestique. Avant de se rendre à Santiago Bernabeu pour le premier clasico de la saison, le 25 octobre, la défense catalane reste sur huit *clean sheets* consécutifs. Tout va même pour le mieux quand Neymar ouvre le score dès les premières minutes en contournant Pepe et la défense madrilène pour fusiller Iker Casillas (1-0, 4e). Mais la série d'invincibilité de Claudio Bravo va prendre fin après 754 minutes. Piqué provoque un penalty en contrant un ballon de la main et Cristiano Ronaldo ne laisse pas passer l'occasion d'égaliser (1-1, 35e). Le vent tourne définitivement quand Pepe place une tête imparable sur corner (2-1, 50e), puis que Benzema, d'un tir croisé, trompe une troisième fois le gardien chilien du Barça (3-1, 61e). Après son ouverture du score, Neymar, lui, a disparu. Il a pourtant tenté et beaucoup couru mais il s'est souvent retrouvé le nez dans le gazon, et ça n'a pas plu à Fabio Capello, l'entraîneur italien, sélectionneur de la Russie à cette époque. « C'est un grand joueur mais je ne supporte pas qu'un attaquant de son niveau se jette au sol chaque fois qu'il est touché. C'est une attitude vraiment énervante », déplore l'expérimenté technicien à la télé italienne.

C'est seulement avec un point d'avance sur le Real Madrid que l'équipe de Luis Henrique reçoit une semaine plus tard le Celta Vigo. Pour les débuts officiels de Suarez au Camp Nou, le Barça domine largement, se crée une montagne d'occasions, frappe quatre fois les poteaux mais s'incline de façon improbable sur un but de l'Argentin Joaquin Larrivey (0-1, 55e). Après dix journées et avec ce surprenant revers, le Barça se retrouve troisième avec vingt-deux points, à deux longueurs du Real Madrid et à un point de l'Atletico Madrid. Mais au cœur de l'automne, la MSN va enfin s'exprimer. Après quelques matchs sans relief, Luis Suarez devient le complément idéal du duo Messi-Neymar. L'ancien joueur de l'Ajax Amsterdam et de Liverpool cavale, défend, s'arrache sur tous les ballons et ne s'offusque pas de laisser au duo brésilo-argentin le soin d'empiler les buts. Le Barça déroule : 5-1 contre Séville, 4-0 contre l'APOEL Nicosie, 5-1 contre l'Espanyol Barcelone, 8-1 contre Huesca en Coupe du Roi, 5-0 contre Cordoba... La machine est lancée. Avant la trêve hivernale, le Barça enregistre une série de dix victoires et un nul, avec en point d'orgue une belle revanche, le 10 décembre, face au PSG que le Barça domine malgré l'ouverture du score de Zlatan Ibrahimovic (3-1). Ce sont Messi (19e), Neymar (41e) et Suarez (77e) qui répondent au Suédois.

À la trêve, le Real Madrid de Carlo Ancelotti est toujours leader de la Liga, mais le Barça est le plus séduisant. La MSN se trouve les yeux fermés et tous les espoirs sont permis pour la seconde partie de la saison. Neymar, lui, a déjà inscrit quatorze buts en dix-huit matchs toutes compétitions confondues. Titulaire indiscutable, il s'impose comme le complément idéal de Lionel Messi. Si le Brésilien est physiquement en pleine forme, il le doit à son staff médical personnel qui l'accompagne désormais au quotidien. Après sa première saison compliquée (blessure à la cheville, fracture du quatrième métatarse du pied gauche et fracture de la troisième vertèbre de la colonne), son clan décide de lui adjoindre un préparateur physique, Ricardo Rosa, et un physiothérapeute, Rafael Martini, deux professionnels avec lesquels Neymar a déjà travaillé à Santos. « On avait cette organisation en tête depuis le début, mais un an a été nécessaire pour mettre ça en place, raconte Neymar Senior sur le site officiel de son fils. Il fallait d'abord comprendre comment fonctionnait le club, les structures médicales, etc. Il a fallu convaincre aussi le Barça car on ne voulait pas bouleverser sa façon de faire, mais on avait besoin de ce travail en plus. » Ricardo Rosa et Rafael Martini quittent Santos et déménagent en Espagne. Ils montent une salle de gym dans la villa de Neymar pour s'occuper exclusivement de leur poulain. Première étape : examiner son corps de A à Z pour détecter les déséquilibres et les corriger. « L'idée est d'optimiser son corps, de soigner les petits pépins et de prévenir les blessures, résume Rafael Martini. Neymar a compris l'importance du travail physique, que ce soit au club mais aussi à la maison. Il sait que ça va lui permettre de progresser. Son professionnalisme se ressent désormais sur ses performances. » Le rituel est souvent le même. Après l'entraînement du matin à la Cidade Desportiva, Neymar rentre dans ses pénates, se repose un peu, s'amuse avec son clan, puis, en fin d'après-midi, se livre à une séance d'entraînement, de musculation ou d'étirements, selon les besoins du moment. L'objectif est aussi de lui faire gagner un peu de masse musculaire. Pas trop, car « il ne faut pas lui enlever ses caractéristiques qui sont la rapidité et l'agilité », prévient Ricardo Rosa. Celui qui était surnommé « le papillon » par Vanderley Luxemburgo va s'épaissir de trois kilos. Parfait pour mieux résister à l'impact des défenseurs tout en conservant sa virtuosité de déplacement. Pour compléter son staff, une chef brésilienne est également recrutée. Marcela Lermy ne révolutionne pas ses menus. Elle retire simplement le sucre blanc de son alimentation et proscrit les sodas ou les jus de fruits industriels. Pour le reste, elle essaie de lui faire plaisir en maintenant l'alimentation qui a bercé son enfance : riz, *feijão* (haricots), viande, salade, *farofa* (farine de manioc), *brigadeiro* (gâteaux au chocolat) ou glaces…

Mieux préparé physiquement, entouré par sa famille et les Toiss qui passent beaucoup de temps chez lui, Neymar est désormais parfaitement adapté à la vie espagnole et surtout au jeu du Barça. « Il n'est pas forcément devenu meilleur techniquement, je pense surtout qu'il a progressé dans l'aspect tactique, dans la lecture du jeu », souligne son père. Le correspondant à Barcelone du portail UOL, João Henrique Marques, confirme : « À ce moment, Neymar se sentait le patron du côté gauche. Il savait ce qu'il avait à faire et il le faisait vraiment très bien. Il était décisif à chaque match et l'idolâtrie du public ne faisait que grandir. » Sur son site officiel, le numéro 11 résume à sa façon sa progression : « Après des débuts un peu difficiles, j'ai grandi en tant que joueur et aussi en tant qu'homme. »

Il le prouve au cours d'un premier semestre 2015 sensationnel. Le Barça de Luis Henrique devient une véritable machine de guerre, offensive, explosive, capable de dynamiter n'importe quelle défense. Du 4 janvier au 6 mai, le club catalan dispute trente-six matchs pour un bilan à couper le souffle : trente et une victoires, deux nuls et trois défaites. Le Brésilien est omniprésent, il inscrit vingt-cinq buts en trente-quatre matchs avec quelques chefs-d'œuvre comme cette demi-finale retour de Coupe du Roi contre Villarreal (3-1) ou ce doublé contre le PSG, en quarts de finale retour de la Ligue des champions (2-0). Avec cinq buts en quatre matchs, Neymar devient la bête noire du club parisien. Il devient surtout décisif lors de tous les matchs de cette fin de saison. Il marque au moins un but lors de sept rencontres consécutives, dont la double confrontation face au Bayern Munich de Pepe Guardiola. Faciles vainqueurs au Camp Nou (3-0), les partenaires d'Andrés Iniesta se laissent surprendre au retour (3-2) mais se qualifient néanmoins pour la grande finale de Ligue des champions face à la Juventus Turin. Après avoir repris son trône de leader du championnat lors de la 26e journée, le Barça va observer dans son rétroviseur le Real Madrid échouer à deux longueurs (94 points, contre 92). Quant à la finale de la Coupe du Roi, elle est acquise aux dépens de l'Athletic Bilbao (3-1), grâce à des buts de Neymar (37e) et Messi (20e et 74e). L'Argentin est dans une forme éblouissante. Avant la finale de la Ligue des champions, il a claqué cinquante-huit buts en cinquante-six matchs toutes compétitions confondues. Hallucinant !

Mais pour finir en beauté, son Barça, largement

favori, doit rafler la Coupe aux grandes oreilles au stade olympique de Berlin. La veille du grand rendez-vous, en conférence de presse, Neymar évoque son rêve de gosse de gagner la Ligue des champions. En cas de succès, il deviendrait le huitième joueur à remporter la Copa Libertadores et la Ligue des champions. Face à ce genre de défi, le Brésilien est du genre à prendre les choses en main. Dès la 4e minute, il profite d'une remise de Jordi Alba pour servir Rakitić, placé au cœur de la surface turinoise. Le Croate ouvre son pied et trompe Buffon sur la même pelouse qui l'a vu devenir champion du monde en 2006 (1-0, 4e). Malgré la domination catalane et les occasions franches gâchées ou défendues par Buffon, le Barça ne mène que 1-0 à la mi-temps. La douche froide intervient après le repos quand Alvaro Morata profite d'un ballon repoussé par Ter Stegen pour égaliser dans le but vide (1-1, 55e). Les tifosi se mettent à rêver d'un exploit pendant... dix minutes. Le temps pour le Barça de se ressaisir et de profiter là aussi d'un ballon mal renvoyé par le gardien. La frappe de Messi est seulement repoussée par Buffon. Luis Suarez, à l'affût, jaillit pour loger le ballon dans les filets (2-1, 68e). Après s'être vu refuser un but pour une faute de main, Neymar va profiter des espaces en fin de match pour crucifier le portier italien d'une frappe du gauche (3-1, 95e) et inscrire le but le plus savoureux de sa carrière européenne ! Torse nu, il se précipite vers le virage barcelonais et fête la victoire enseveli par ses coéquipiers. Après le coup de sifflet final, il parvient à récupérer son bandeau fétiche « 100 % Jésus » pour se l'appliquer autour du crâne. Comme lors des tournois de futsal avec Gremetal, comme lors des championnats paulistas ou de la finale de la Libertadores, il n'oublie pas de remercier Dieu et de revendiquer sa foi. Le gamin de Mogi das

Cruzes se dirige vers la surface de réparation, là où il a expédié sa dernière frappe salvatrice, pour s'agenouiller et pleurer les mains sur le visage. Avant de se diriger vers le podium, il reçoit sa médaille des mains de Michel Platini et exulte quand Xavi peut enfin soulever, sous une pluie de confettis, le trophée de la cinquième Ligue des champions de l'histoire du Barça. Si Iniesta est élu homme du match, Neymar termine meilleur buteur du tournoi avec dix réalisations (à égalité avec Messi et Cristiano Ronaldo). Avec trente-neuf buts au compteur, le Brésilien a formé avec Messi (58 buts) et Suarez (25) le meilleur trio offensif de la planète, atteignant le total vertigineux de cent vingt-deux buts à eux trois. À leur retour en Catalogne, ils sont fêtés en héros, par des millions de supporters et sympathisants fiers et chanceux d'avoir assisté au deuxième triplé (Ligue des champions, Liga, Coupe du Roi) de l'histoire d'un club pourtant fondé en 1899.

TÉMOIGNAGE
Filipe Luis, latéral gauche,
ancien rival à l'Atletico Madrid
et coéquipier de Neymar au sein de la Seleção

« *Pour bien jouer, Neymar a besoin d'être heureux* »

« Pour avoir joué à plusieurs reprises contre Neymar (13 fois)*, je peux dire que je suis bien placé pour juger de son passage en Espagne. Pour son premier match, en Supercoupe d'Espagne* (1-1 ; 0-0)*, j'étais sur la pelouse. C'est lui qui a marqué le but du titre, car inscrit à l'extérieur. Il a une telle personnalité, une telle audace que, dès les premiers matches, il donnait l'impression de n'avoir aucune retenue, aucune peur. En Espagne, ils étaient nombreux à douter de son adaptation car il venait directement du Brésil, il était encore très jeune, etc. Mais plus il a la pression, et mieux il joue. C'est ça, Neymar ! Dès ses premiers ballons, il allait vers l'avant et tentait des dribbles. Il s'est vite adapté au jeu du Barça. Il a fait oublier Alexis Sanchez et s'est bien entendu avec Messi, puis avec Suarez l'année suivante. Je me souviens qu'à chaque fois qu'on affrontait le Barça, Diego Simeone mettait en place un schéma spécial pour le contrer.*

Il jouait tout le temps à gauche, mais une fois, en Ligue des champions, il a joué à droite, dans mon couloir, pendant 45 minutes. Je ne l'ai pas lâché d'une semelle. Si je lui laissais un mètre, je savais qu'il allait me dribbler. Comme ce n'est pas son côté préféré, il était un peu moins à l'aise. Mais au cours de ce match, j'ai abandonné l'aspect tactique qui consiste à

protéger mon défenseur central pour me concentrer à chaque fois sur Neymar. Il fallait qu'il se retrouve dos au but, c'était ma seule chance de réduire son influence. En seconde période, il est repassé à gauche et il a égalisé.
Mon bilan contre Neymar est plutôt positif (2 victoires, 6 nuls et 5 défaites) *car on a été champions d'Espagne sur leur terrain* (1-1, le 17 mai 2014) *et on les a éliminés deux fois en quarts de finale de la Ligue des champions* (2013-14 et 2015-16) *! Mais je vais vous révéler un secret. Si on s'est qualifiés les deux fois, c'est grâce à notre pelouse de Calderon. On faisait tout pour qu'elle soit la plus sèche possible. Ça les gênait et ça nous donnait une seconde de plus pour défendre sur Messi et Neymar et éviter qu'ils ne nous échappent. Le Barça avait de meilleurs joueurs que nous, mais on avait un collectif plus solidaire. On savait qu'en arrivant vivants au match retour on avait une chance. C'est ce qui s'est produit. Je connais de nombreux supporters du Barça. Je peux vous dire qu'ils étaient tous prêts à payer une fortune pour aller au Camp Nou et voir Neymar en action. Moi, je ne suis pas fan du Barça mais je regardais ses matchs pour Neymar ! Messi, on le connaît, c'est un joueur fabuleux mais très vertical. Neymar est différent, il est imprévisible, il invente des trucs incroyables. Au fil des saisons, et au-delà du show qu'il réalisait, il assumait les responsabilités et pesait encore plus sur l'équipe. Sans Neymar, le Barça n'était plus le même. Il a marqué les supporters. Il est entré dans leur cœur, même si le divorce a été douloureux.*
Quand j'ai commencé à le fréquenter avec la Seleção, en 2013, j'ai compris une chose ! Pour bien jouer, Neymar a besoin d'être heureux. Il l'était lors de la Coupe des Confédérations et il marchait sur l'eau. Il rigolait, il dribblait, il était léger. Avec Dunga, c'était différent. Il était un peu plus renfermé,

moins à l'aise. Il n'était pas heureux et n'était pas aussi bon qu'il pouvait l'être. Neymar a besoin d'être heureux. Si j'étais entraîneur, je n'aurais qu'une seule préoccupation : tout faire pour que Neymar soit heureux. C'est le cas aujourd'hui avec Tite. Il est le crack de notre équipe, notre meilleur joueur, celui qui fait la différence. On dépend complètement de lui car tous les autres joueurs lui sont largement inférieurs. C'est facile de jouer avec lui, dans son couloir. Je sais que si je lui donne le ballon, il ne va pas le perdre. Il va soit dribbler, soit me redonner le ballon dans les meilleures conditions. Il parvient toujours à trouver des lignes de passes incroyables. Avec lui sur le terrain, je sais que je vais faire un bon match. On m'a dit un jour que notre duo ressemblait à celui de Lizarazu-Zidane en équipe de France. J'aime bien cette comparaison. En plus de l'aspect technique, il porte à lui seul les responsabilités de l'équipe. Et ça soulage les autres joueurs. Quand il a signé au PSG, j'ai compris que Neymar ne respectait pas les règles du jeu. Il les casse ! Il ne recule devant aucun défi. Le PSG n'est pas un club aussi grand que le Barça, mais peu importe, Neymar va grandir avec le club, il va même le porter si besoin. Il a l'ambition dans les yeux, il veut marquer l'histoire du football et devenir le meilleur joueur du monde. J'ai vu que sur certains matchs il est moins heureux que sur d'autres. Mais c'était aussi le cas avec le Barça. Quand Neymar n'est pas heureux, ça se voit. Sur son visage… mais aussi dans son jeu. Il devient moins aérien, moins inspiré, peut-être. Mais il reste un joueur absolument génial ! »

Chapitre 28

Le retour de Dunga et le capitanat

La coupe en brosse est un peu moins fournie mais le regard est toujours aussi perçant et les mâchoires souvent serrées. Quatre ans après avoir commandé le Brésil lors de la Coupe du monde 2010, Dunga est de retour à la tête de la Seleção. Ce 22 juillet 2014, quatorze jours après le 7-1 infligé par l'Allemagne et le limogeage de Scolari, le technicien se retrouve devant ses pires ennemis, les journalistes, à l'occasion de sa présentation officielle. Au siège de la CBF, dans la zone ouest de Rio de Janeiro, l'ancien capitaine champion du monde 1994 essaie d'enterrer la hache de guerre avec les médias. Il promet d'être plus ouvert mais achève son monologue par cette promesse : « En fait, je ne vais pas changer mon essence qui est faite de loyauté, d'engagement et de transparence. » Pendant que tous les journalistes s'interrogent sur la légitimité de rappeler un entraîneur aussi mal aimé, l'opinion publique se lamente. Selon une enquête réalisée sur le site de la chaîne SporTV, ils sont 71 % à regretter le retour d'un coach au bilan satisfaisant (42 victoires, 12 nuls et 6 défaites entre 2006 et 2010) mais au style de jeu trop ennuyeux. Pour essayer d'inverser la courbe des insatisfaits, Dunga se dit prêt à « valoriser les dribbleurs et à ressusciter le *jogo bonito* ». Avec Willian, Robinho, Coutinho et surtout Neymar, il a de quoi rendre la Seleção plus spectaculaire. « Mais c'est sur le terrain que je veux voir leur qualité, pas sur les réseaux sociaux », menace-t-il dans les colonnes de *France Football*.

Pour responsabiliser Neymar et se faire pardonner sa non-convocation en 2010, il lui confie le brassard de capitaine. « C'est pour le soumettre à un nouveau défi, pour le faire grandir encore un peu plus », annonce le revenant. Dès son premier match amical, face à la Colombie de Juan Zuñiga, à Miami, le Brésil retrouve le sourire. Capitaine Neymar inscrit le but de la gagne à huit minutes de la fin (1-0). Quatre jours plus tard, c'est Willian qui donne la victoire aux siens face à l'Équateur (1-0), à New York. Le 11 octobre 2014, à Pékin, le Brésil dispute son premier vrai test depuis le tremblement de terre de Belo Horizonte. Face à l'Argentine de Messi, c'est l'attaquant de l'Atletico Mineiro Diego Tardelli qui inscrit un doublé et Jefferson, le gardien de Botafogo, qui repousse un penalty du meilleur joueur du monde. Neymar, irrésistible avec le Barça depuis le début de saison, illumine le « Nid d'oiseau » mais ne trouve pas l'ouverture. Il se rattrape trois jours plus tard en inscrivant un quadruplé magistral face au Japon, à Singapour (4-0). La bonne série de Dunga va se poursuivre au mois de novembre, avec deux succès à l'extérieur, en Turquie (4-0, doublé de Neymar) et en Autriche (2-1). Pas de quoi faire oublier le 7-1 mais ces six victoires redonnent un peu de baume au cœur aux supporters brésiliens.

Pour la Seleção, l'année 2015 débute par un nouveau déplacement périlleux, au Stade de France. Le public tricolore a en mémoire l'exploit de ses anciennes stars, Zidane, Henry, Vieira, Desailly, tous vainqueurs du Brésil de Dunga dix-sept ans plus tôt. Lui aussi sur le banc,

Didier Deschamps aligne un trio offensif alléchant avec Valbuena, Griezmann et Benzema. Mais la magie ne prend pas. L'attaquant du Real Madrid, auteur d'une belle tête à bout portant, bute sur un Jefferson inspiré. Raphaël Varane, son coéquipier chez les Merengue, trouve la faille sur corner (1-0, 20e), mais le Brésil va accélérer. Oscar (39e), Neymar, d'une frappe superbe du pied gauche (56e), puis Luiz Gustavo (68e) offrent une septième victoire d'affilée à Dunga et son staff. En inscrivant à Saint-Denis son quarante-troisième but en soixante et une sélections avec le Brésil, Neymar dépasse Bebeto au classement des buteurs et rejoint Rivelino et Jairzinho, tous les deux champions du monde 1970.

Muet trois jours plus tard face au Chili, à Londres (1-0, but de Firmino), Neymar est encore en train de fêter sa victoire en Ligue des champions avec le Barça lorsque ses copains se présentent, pour la première fois depuis la Coupe du monde, face au public brésilien, le 7 juin 2015. En pleine préparation de la Copa America qui doit se dérouler au Chili, les hommes de Dunga affrontent le Mexique à l'Arena Palmeiras de São Paulo. Ils sont d'abord sifflés mais terminent sous les applaudissements après un succès tranquille obtenu grâce à Diego Tardelli et Coutinho (2-0). Soixante-douze heures plus tard, à Porto Alegre, et malgré le renfort de Neymar qui entre à la mi-temps à la place de Coutinho, la Seleção se contente d'une petite victoire contre le Honduras (1-0, but de Firmino). « On a levé le pied exprès après le repos. On ne voulait pas se blesser. Le plus important, c'est la Copa America », justifie Robinho après le plus mauvais match de l'ère Dunga. Même après dix victoires consécutives et seulement un but encaissé (contre l'Autriche), la Seleção ne se présente pas en position de force au Chili. Le 7-1 est encore dans toutes les têtes et même si Dunga a renforcé les fondations défensives, il n'a toujours pas trouvé la bonne formule dans la transition entre le milieu et l'attaque. Avant le début de la compétition, l'Uruguay de Cavani et Suarez, l'Argentine de Messi et Di Maria ou le Chili de Sanchez et Vidal semblent mieux armés que ce Brésil encore convalescent.

À Temuco, dans la province de Cautin, le 14 juin, la Seleção de Dunga entame la compétition avec son 4-2-3-1 plutôt prudent : Jefferson – Daniel Alves, David Luiz, Miranda, Filipe Luis – Fernandinho, Elias – Willian, Neymar (capitaine), Fred – Tardelli. Dès les premières secondes, David Luiz met Jefferson dans l'embarras. Sous pression, le gardien dégage directement dans les pieds de Cueva qui le fusille de près pour ouvrir le score (0-1, 2e). En bon capitaine, Neymar sonne la révolte, contourne le bloc péruvien, sert Fernandinho qui lance Daniel Alves dans le couloir droit. Le latéral du Barça, appelé en renfort après le forfait de Danilo, centre pour la tête victorieuse de Neymar (1-1, 4e). Sans convaincre, la Seleção arrache même la victoire à la suite d'une passe lumineuse de son numéro 10 qui trouve Douglas Costa au cœur de la surface. Le joueur du Bayern Munich n'a plus qu'à conclure au ras du poteau de Gallese (2-1, 92e). « Neymar a tout changé, écrit Richard Souza, envoyé spécial de GloboEsporte. Sans lui, le Brésil aurait été incapable de battre le Pérou. C'est une équipe mieux organisée et plus rapide qu'en 2014, mais elle dépend encore trop de Neymar. »

Confirmation trois jours plus tard, au Monumental de Santiago, contre la Colombie. Neymar, peut-être agacé par la présence de Zuniga, l'homme qui lui a gâché sa Coupe du monde, n'est plus le même joueur. Nerveux, maladroit, individualiste, il rate tout ce qu'il entreprend. Et son équipe sombre, encaisse un but de Jeison Murillo

(0-1, 35e) et se montre incapable de réagir. Pour couronner le tout, capitaine Neymar se fait expulser à l'issue du coup de sifflet final. Énervé, il shoote un ballon qui touche le dos d'Armero, puis essaie d'adresser un coup de tête à Murillo venu lui demander des explications. Bacca le repousse violemment par-derrière et une mêlée se forme avec Daniel Alves, Zuniga et Filipe Luis parmi les plus virulents... Neymar se fait exfiltrer prudemment par Diego Tardelli. Ils se dirigent vers le tunnel quand l'arbitre chilien, arrivé en courant, adresse un carton rouge que le numéro 10 brésilien fait semblant de ne pas voir. Dans l'étroit couloir, à l'abri des caméras, il perd ses nerfs, insulte les arbitres et bouscule physiquement le délégué uruguayen de la rencontre, Washington Rivero. « Il était fou furieux, presque incontrôlable », se souvient un témoin de la scène. De retour dans l'intimité du vestiaire, il prend conscience de son erreur et des conséquences qu'elle pourrait avoir sur la suite de son tournoi. En attendant la décision de la commission de discipline de la Conmebol, il subit les critiques. « Rien ne justifie une telle attitude, Neymar est devenu très agressif, il n'accepte rien de ce qui se passe sur le terrain », regrette Ronaldo. « Neymar est une imposture du football », tweete sévèrement Faustino Asprilla, la légende colombienne. « Il n'est pas dans son état normal ce soir, il a perdu la tête », déplore Galvão Bueno, le commentateur vedette de TV Globo, pourtant toujours conciliant avec son chouchou. « Ils ont changé de numéro 10. Ce n'est pas le même joueur que face au Pérou. On n'a jamais vu Neymar aussi énervé », écrit Allan Brito sur le site internet Terra.

Frustré de voir son équipe aussi empruntée, agacé de subir les charges musclées des Colombiens et sans doute épuisé après une saison qui l'a vu disputer soixante-deux matchs (51 avec le Barça, 11 avec la Seleção), Neymar n'a jamais semblé autant à fleur de peau. « Je m'énerve contre les arbitres qui ne sifflent pas correctement », justifie le capitaine brésilien. Deux jours après, la sanction tombe : Neymar écope de quatre matchs de suspension. Sa Copa America est théoriquement terminée, même si la CBF envisage de faire appel pour réduire la sanction et lui faire disputer une éventuelle finale... Encore faut-il se hisser jusque-là. Le troisième match de poules contre le Venezuela, remporté poussivement grâce à des buts de Thiago Silva et Firmino (2-1), n'augure rien de très prometteur. Et le 27 juin, à Concepcion, le Brésil n'en mène pas large avant d'affronter en quarts de finale le Paraguay de l'attaquant vétéran Roque Santa Cruz. Le 4-5-1 de l'entraîneur à la brosse est frileux mais il a le mérite de fonctionner. Robinho reprend un centre de Daniel Alves pour ouvrir le score (1-0, 14e). Le Brésil a le match en main quand « Thiago Silva craque et confond le foot avec le volley », écrit Richard Souza sur GloboEsporte. Sur un duel aérien, le défenseur du PSG touche le ballon de la main et provoque un penalty puis l'égalisation fatale (1-1, 71e). Aux tirs au but, comme deux ans plus tôt, c'est encore le Paraguay qui se qualifie après les échecs d'Everton Ribeiro et Douglas Costa. Le Brésil est éliminé sans gloire dès les quarts de finale. La presse brésilienne parle « de décadence, de honte » pour une équipe « sans cœur, ni courage. » Comme au Mondial 2014, Neymar est encore absent lors du naufrage. Mais cette fois sa responsabilité est engagée. C'est lui qui a quitté le navire et qui a laissé ses coéquipiers couler sous ses yeux.

Déjà discuté après la Coupe du monde, Thiago Silva est lui aussi sous le feu des critiques. « C'est une pleureuse, affirme Romario dans les colonnes de *L'Équipe*.

Pour lui, c'est fini, le train est passé. Il a démontré qu'il n'avait pas la personnalité pour porter le maillot de la Seleção. » Avec Dunga aux commandes, le capitaine du PSG ne sera plus jamais convoqué. C'est devant sa télévision, avec ses fils Iago et Isago, qu'il assiste à la fin de règne interminable d'un entraîneur toujours aussi mal aimé. « Mes enfants me demandaient pourquoi je n'étais pas sur le terrain avec Neymar et les autres. Je ne savais pas quoi leur répondre. Ça me faisait mal », se souvient « O Monstro ». Les qualifications pour la Coupe du monde 2018 débutent en octobre 2015 – sans Neymar suspendu – par une défaite au Chili (0-2), une victoire contre le Venezuela (3-1), puis se poursuivent en novembre avec un nul en Argentine (1-1) et un succès sur le Pérou (3-0). En 2016, malgré l'arrivée de nouvelles têtes comme Alisson, Carlos Gil, Ricardo Oliveira ou Lucas Lima, rien ne change. La Seleção est inoffensive. À Recife, le 25 mars 2016, elle concède le nul face à l'Uruguay de Cavani (2-2) et arrache, sans Neymar, encore suspendu, un point face au Paraguay (2-2), grâce à un but de Daniel Alves inscrit dans les dernières secondes. Durant cette période, Neymar, pourtant brillant avec le Barça, ne marque plus. Toujours capitaine, il souffle le show et le froid mais n'est plus décisif. Il reçoit plus de cartons jaunes (Pérou et Uruguay) qu'il n'adresse de passes décisives. Résultat, après six journées d'éliminatoires, le Brésil n'a que neuf points et n'est que sixième sur dix, soit virtuellement non qualifié pour la Coupe du monde en Russie. Le président de la CBF, Marco Paulo Del Nero, est évidemment inquiet mais il accorde une dernière chance à Dunga et son staff. La Copa America du centenaire disputée aux États-Unis servira donc de juge de paix. Ce sera sans Neymar qui, sous la pression de son club, doit choisir entre cette compétition et les jeux Olympiques, disputés en août. Pendant son absence, Daniel Alves devient capitaine. Marquinhos et Gil forment la charnière centrale, Casemiro occupe un poste de sentinelle et le trio Willian, Coutinho, Jonas est chargé de faire oublier le numéro 10. Dunga rappelle aussi Lucas Moura et donne sa chance à Gabriel Barbosa, celui qui avait remplacé Neymar lors de son dernier match avec Santos en 2013.

Après une mise en route laborieuse contre l'Équateur (0-0), à Los Angeles, la Seleção se fait enfin plaisir en atomisant le Petit Poucet haïtien (7-1), avec notamment un triplé de Coutinho. Le 12 juin, face au Pérou, à Foxborough, Dunga attend un coup de pouce du destin pour franchir le cap du premier tour. Mais c'est un coup de coude, celui de l'attaquant péruvien Ruidiaz, qui fait basculer l'histoire de l'entraîneur avec la Seleção. Le but du bras, synonyme de défaite et d'élimination piteuse dès le premier tour de la Copa America, lui coûte son poste. Depuis Las Vegas, où il est en vacances, Neymar utilise les réseaux sociaux pour défendre son équipe, mais il s'emporte : «... Et maintenant, un paquet de guignols vont apparaître et vont dire de la merde. Qu'ils aillent se faire f... » Les médias et l'opinion publique s'indignent. Neymar s'excuse, quelques jours plus tard, regrettant de s'être emporté. Le même jour, après une réunion rapide organisée dans les bureaux de la CBF, l'entité officialise « la dissolution » de Dunga et de son staff. Dans la foulée, un favori se dégage pour prendre la suite et qualifier le pays pour la Coupe du monde 2018. Le sauveur s'appelle Adenor Leonardo Bacchi, dit Tite.

TÉMOIGNAGE
Alexandre Lozetti,
reporter pour le site GloboEsporte,
spécialiste de la Seleção

« Neymar était agacé par Dunga et a raté sa Copa America 2015 »

« Neymar a toujours entretenu de bonnes relations avec les entraîneurs de la Seleção. Tous sauf un : Dunga. Avec lui, les choses avaient pourtant bien commencé. Il lui avait confié le brassard de capitaine, le droit de frapper les penalties, les coups francs. Il n'avait pas de privilèges, mais c'était tout comme. Avec d'autres confrères, je me demandais si ce n'était pas trop pour un joueur aussi jeune, mais Dunga répondait qu'il allait assumer et que ces responsabilités allaient le faire grandir. Tant que la Seleção se réunissait quelques jours pour disputer des matchs amicaux, tout se passait bien. L'équipe gagnait et Neymar était déterminant. Mais quand est arrivée la Copa America 2015, les choses se sont gâtées. Sur une longue période, Neymar et d'autres jeunes joueurs se sont rendu compte des différences et de l'incompatibilité qui existait avec Dunga. Ils le trouvaient trop rigide, trop fermé et ils n'avaient pas beaucoup de respect pour son CV d'entraîneur ni pour sa méthode de travail. De son côté, Dunga ne supportait pas de les voir en permanence dans leur bulle, scotchés à leur téléphone portable, ou indifférents aux résultats d'un match ou d'une opposition à l'entraînement.

À l'époque, Neymar sort d'une saison magnifique avec le Barça, il a inscrit un but en finale de la Ligue des champions

et il se sent un peu au-dessus de la mêlée quand il retrouve la Seleção. Plus il est irrésistible avec son club, plus il est indomptable avec la Seleção. Il avait l'habitude de jouer avec Messi, Iniesta, Suarez, donc il était un peu agacé par le niveau de jeu du Brésil et par ce que proposaient Dunga et son staff. Résultat, il n'était pas vraiment dans son assiette et il a raté sa Copa America 2015.
Avant Dunga, il a connu Mano Menezes. Lui, il a tout changé et tout essayé : le système de jeu, le gardien, la défense, le numéro 9. Le seul auquel il ne touchait pas, c'était Neymar. Les deux hommes se respectaient mais l'équipe n'a jamais vraiment atteint des sommets. Avec Scolari, la relation a été beaucoup plus fructueuse. Neymar le considérait comme le patriarche, il l'aimait bien. C'était presque une relation père-fils. Que ce soit à la Coupe des Confédérations ou à la Coupe du monde, Neymar a toujours été à la hauteur. Après la parenthèse Dunga, Neymar a fait la connaissance de Tite, un entraîneur qui insiste beaucoup sur l'aspect humain. Il a une très grande confiance en lui. Entre les deux, une relation sentimentale très forte s'est créée. Comme Tite insiste beaucoup sur l'aspect collectif de son travail, Neymar est un peu moins en première ligne. Dès la troisième conférence de presse, il n'y a pas eu une seule question spécifique sur Neymar. Je pense que ça lui a fait du bien de partager un peu les responsabilités avec Gabriel Jesus, Coutinho, Paulinho…
La première fois que j'ai croisé Neymar, c'était en 2005, lors d'un match de charité entre les amis de Robinho et ceux de Roberto Carlos. Avant le match, alors que les journalistes étaient déjà installés en tribune de presse, Wagner Ribeiro est venu nous rencontrer avec un petit garçon de 13 ans qui lui

tenait la main. C'était Neymar. Il nous l'a présenté, nous a dit qu'il était un crack, etc. La scène était un peu surréaliste. Neymar était timide, c'est normal, mais il nous a dit deux-trois mots. Il a disputé quelques minutes de ce match et on a tout de suite vu que ce gosse avait quelque chose de spécial…

Chapitre 29

La médaille d'or olympique

On est loin, très loin, du 374 de la rue B, à Jardim Gloria, là où il a grandi. C'est désormais dans le quartier chic et résidentiel de Pedralbes, à Barcelone, que Neymar réside. C'est à proximité du consulat russe et de l'école traditionnelle St Paul, dans une rue en pente, que le Brésilien a élu domicile. La villa sans charme de trois étages possède cinq suites, une piscine, une salle de gym, un joli jardin et une terrasse d'où l'on distingue la mer et le Camp Nou. Au sous-sol, il peut aussi se détendre en jouant au billard ou au ping-pong avec les membres des Toiss, comme Cebola qui gère ses photos et ses réseaux sociaux, ou Pitta, spécialiste des nuits barcelonaises et brésiliennes. C'est dans ce cocon jamais endormi de 1 000 m², qui lui coûte 18 000 € par mois, que Neymar reprend le fil de sa carrière européenne après le fiasco de la Copa America au Chili.

Absent de la tournée estivale aux États-Unis, le Brésilien retrouve le centre d'entraînement Joan Gamper, le 30 juillet 2015, en même temps que Daniel Alves, Luis Suarez, Javier Mascherano ou Lionel Messi, eux aussi concernés par une compétition remportée par le Chili de Claudio Bravo. Victime des oreillons et potentiellement contagieux,

Neymar doit s'isoler du reste du groupe pendant quelques jours. Il est forfait pour affronter lors de la Supercoupe d'Europe le FC Séville d'Unai Emery, Adil Rami, Kevin Gameiro ou Benoît Trémoulinas. Le 11 août, le Barça, avec Messi et Suarez titulaires, s'impose à l'arrache (5-4 a.p.) grâce à un but de Pedro inscrit à la 115e minute. Le premier trophée de l'année à peine digéré, les Catalans doivent défier l'Athletic Bilbao lors de la Supercoupe d'Espagne. À court de préparation, l'équipe de Luis Henrique boit la tasse dans la cathédrale de San Mamés et s'incline lourdement (4-0) à cause d'un triplé d'Aduriz. Le match retour sera anecdotique (1-1).

Remis de sa maladie, Neymar entame sa saison douze jours plus tard, le 29 août, contre Malaga, lors de la 2e journée de la Liga. Un peu rouillée, la MSN n'arrive pas à trouver la faille. C'est le pied gauche du défenseur central Vermaelen qui finit par tromper Kameni et donner la victoire aux siens (1-0). Le Brésilien va peu à peu monter en puissance et inscrire la bagatelle de seize buts lors des seize matchs suivants, dont un quadruplé contre le Rayo Vallecano (5-2) et trois doublés contre Bate Borisov en Ligue des champions (3-0), Villarreal (3-0) et la Real Sociedad (4-0). Au milieu de cette série, il est le héros de l'incroyable victoire obtenue à Santiago Bernabeu, le 21 novembre. Sans Messi, blessé, il commande le rouleau compresseur catalan en marquant un but (son 12e de la saison après 12 journées) et en délivrant une passe décisive géniale du talon pour Iniesta (4-0). Neymar ponctue son premier semestre avec un titre de champion du monde des clubs obtenu à Yokohama, au détriment du River Plate de Marcelo Gallardo (3-0). S'il ne marque pas, il offre deux passes décisives à Messi et Suarez. « Il a confirmé qu'il était presque devenu le patron de l'équipe, estime João

Henrique Marques, correspondant à Barcelone pour le portail UOL. Il a atteint son meilleur niveau et il a fait oublier Messi quand il était blessé *(du 26 septembre au 21 novembre).* »

Si la réussite n'est pas au rendez-vous avec la Seleção de Dunga lors des éliminatoires du Mondial 2018, Neymar se rattrape avec son club. Après la trêve, le Barça, leader de la Liga, poursuit sa marche en avant, élimine Arsenal en huitièmes de finale de la Ligue des champions (5-1 sur l'ensemble des deux matchs) et atteint la barre des trente-neuf matchs sans défaite avant de recevoir le Real Madrid entraîné, depuis le 6 janvier 2016, par Zinédine Zidane. Quelques jours après la disparition de Yohan Cruyff, victime d'un cancer à l'âge de 68 ans, le Camp Nou déploie un tifo géant *(« Gracies Johan »)* pour remercier la légende hollandaise d'avoir bouleversé l'ADN du club. Après une minute de silence déchirante et une première mi-temps sans but, c'est Gerard Piqué qui délivre les siens en propulsant une tête dans les filets de Keylor Navas (1-0, 55e). Mais Karim Benzema, le chouchou de Zizou, égalise d'une reprise acrobatique après un centre détourné par Jordi Alba (1-1, 62e). Le Real domine, se voit refuser un but pourtant valable, touche la barre par Cristiano Ronaldo et trouve finalement la faille grâce au 29e but de la saison du Portugais (1-2, 84e). Malgré cette défaite surprise, le Barça, au soir de la 31e journée, possède sept longueurs d'avance sur le Real Madrid.

Trois jours après le clasico, c'est une équipe un peu fragilisée qui reçoit l'Atletico Madrid, en quarts de finale de la Ligue des champions. Les partenaires de Javier Mascherano encaissent un but dès la 25e minute par Fernando Torres. Dix minutes plus tard, l'attaquant espagnol est expulsé et la domination catalane va se faire écrasante. Un doublé de Luis Suarez (63e et 74e) permet au Barça d'assurer une victoire aux allures de service minimum. À Vicente-Calderon, malgré plus de 70 % de possession de balle, le Barça est mené à la mi-temps. C'est Antoine Griezmann qui a ouvert le score d'une jolie tête (0-1, 36e). Contaminés par la rage de vaincre de leur entraîneur argentin, Diego Simeone, les Colchoneros se battent sur tous les ballons, défendent à onze dans la surface et rendent la MSN impuissante. Pour une main dans sa surface, Iniesta provoque un penalty transformé par Griezmann (0-2, 88e) avant que Gabi ne l'imite dans les arrêts de jeu. Un but permettrait aux Catalans d'arracher la prolongation, mais l'arbitre n'accorde qu'un coup franc à l'entrée de la surface. Messi, bloqué depuis cinq matchs à 499 réalisations, ne marquera pas son 500e but ce soir-là. L'Argentin frappe au-dessus de la cage et le Barça, tenant du titre, est éliminé de la Ligue des champions par l'Atletico Madrid, comme en 2014.

Après une telle déception, les joueurs de Luis Henrique ont du mal à se remobiliser. Ils s'inclinent à la maison face à Valence (1-2) mais achèvent le sprint final sur un sans-faute : quinze points sur quinze, vingt-quatre buts inscrits, zéro encaissé. Suffisant pour remporter le titre avec une longueur d'avance sur le Real Madrid et trois sur l'Atletico Madrid. Artisan de cette dernière ligne droite bien négociée : Luis Suarez, auteur de quatorze buts lors des cinq derniers matchs, est élu pichichi du championnat avec quarante réalisations, devant Cristiano Ronaldo (35), Messi (26), Neymar et Benzema (24). Le Brésilien s'offrira un ultime plaisir en inscrivant le dernier but de la saison lors de la victoire en finale de la Coupe du Roi contre le FC Séville (2-0, a.p.). Atténué par une élimination précoce en Ligue des champions, le bilan du Barça reste satisfaisant avec trois trophées (Supercoupe d'Europe, Liga, Coupe du Roi) et une MSN haut débit capable d'inscrire quatre-vingt-dix buts en trente-huit journées de championnat. Toutes compétitions confondues, le trio établit un record en inscrivant cent trente et un buts, soit neuf de plus que lors de la saison 2014-15.

Avec déjà cinquante-quatre matchs au compteur (pour 33 buts), de fin août 2015 au 22 mai 2016, Neymar a besoin de souffler avant d'attaquer le dernier grand défi de sa saison marathon. Ce ne sera pas la Copa America du centenaire disputée aux États-Unis, mais bien les jeux Olympiques organisés à la maison, à Rio de Janeiro. Malgré sa volonté de disputer les deux tournois, le crack, sous la pression du Barça, doit faire un choix. Il privilégie la chasse à la médaille d'or, unique trophée qui manque encore au palmarès de la Seleção. En vacances aux États-Unis, il observe de près le fiasco de la Copa America, rencontre des icônes du sport US comme Michael Jordan, Stephen Curry ou Serena Williams, et s'amuse avec ses potes dans les casinos de Las Vegas. Il termine son périple au sud du Brésil, à Florianopolis, puis reprend le travail, début juillet, sous les ordres de Ricardo Rosa. Avec son préparateur physique personnel, Neymar entame un travail de ré-athlétisation avant la présentation officielle programmée le 18 juillet à Granja Comary. Le sélectionneur, Rogério Micale, spécialiste des équipes de jeunes, a déjà annoncé la liste des dix-huit joueurs convoqués pour représenter le Brésil lors du tournoi olympique. Marquinhos (PSG), Thiago Maia (Santos), Rafinha (FC Barcelone), Gabriel Barbosa (Santos) ou Gabriel Jesus (Palmeiras) en font partie. Autorisé à sélectionner trois joueurs de plus de 23 ans, Rogério Micale choisit le gardien vétéran de Palmeiras

Fernando Prass (finalement forfait), Renato Augusto et Neymar, son numéro 10 et capitaine. Unique star internationale parmi les seize équipes qualifiées, le crack du Barça a la pression. Il doit porter son équipe vers une médaille d'or inédite et sauver un football brésilien en déliquescence où se mélangent crise de résultats, violence et corruption, puisque tous les dirigeants de la CBF sont suspectés de malversations par la justice américaine et brésilienne. Le cocktail est explosif et Neymar a conscience qu'il doit jouer les pompiers de service pour éteindre l'incendie.

À Brasilia, le 4 août, veille de l'ouverture officielle des jeux Olympiques, la Seleção rate son entrée en lice. Elle est incapable de battre l'Afrique du Sud et concède « un 0-0 aux allures de défaite », reconnaît Neymar. Le capitaine a beaucoup tenté, souvent de façon trop individuelle, et a buté à plusieurs reprises sur Khune, le gardien des Bafana Bafana. « C'est toujours difficile d'entrer dans un tournoi car il y a toujours de l'appréhension, se défend Neymar. Il faut rester calme car il n'y a rien de compromis. Les gens disent que nous sommes obligés de gagner la médaille d'or, mais ce n'est pas si facile. Et si ça l'était, le Brésil aurait déjà gagné les jeux Olympiques... » Trois jours plus tard, les choses vont néanmoins se compliquer. Contre l'Irak, le Petit Poucet de la poule, le Brésil est toujours incapable de faire trembler les filets. Le trident Gabriel Jesus-Gabriel Barbosa-Neymar se procure une douzaine d'occasions, mais ça ne suffit pas. Le gardien irakien repousse toutes les tentatives et se consacre « homme du match ». Neymar, lui, devient la cible des *torcedores*. Il se fait même chambrer par le public du stade Mané Garrincha qui scande des « Marta, Marta », pour souligner que l'attaquante de la sélection féminine est bien LA star du football brésilien et que lui n'est qu'une pâle copie, plus habile sur les réseaux sociaux que sur la pelouse qu'il a quittée la tête basse, sans répondre aux questions du diffuseur. Sur la toile, une photo fait fureur. On y voit un petit garçon, de dos, avec la tunique brésilienne floquée du nom de Neymar mais barré au stylo et remplacé par celui de Marta. Cette image illustre le désamour qui commence à naître entre l'ancien joueur de Santos et le public brésilien. « La sélection féminine de Marta offre tout ce que les supporters veulent voir, analyse à l'antenne Galvão Bueno, le pourtant bienveillant commentateur de TV Globo. Les filles se battent, elles mettent leur cœur et leur courage dans la bataille. Ce n'est pas le cas des garçons. Et Neymar qui quitte la pelouse sans s'exprimer, c'est moche, très moche. Ce n'est pas professionnel, ce n'est pas éthique, ce n'est pas correct… »

Le public brésilien, séduit par l'esprit et les valeurs qu'il découvre pour la première fois dans des sports olympiques traditionnels, semble, par ricochet, se détourner d'un football toujours plus arrogant et malsain. La rupture n'est pas encore consommée mais elle se précise. Neymar et son clan en sont conscients. Ils savent qu'une élimination au premier tour serait vécue comme un désastre, aussi terrible que le 7-1 du Mondial 2014. Ils savent surtout que leur tête d'affiche serait considérée comme le principal responsable du fiasco et que son image, si précieuse et lucrative, serait forcément ternie. Pour s'éloigner du précipice, il n'existe qu'une solution : vaincre le Danemark, se qualifier pour les quarts de finale et continuer de rêver à l'or olympique. C'est à Salvador de Bahia, le 10 août, que Marquinhos et ses coéquipiers jouent leur survie. Rogério Micale tente son va-tout. Il aligne un 4-2-3-1 inédit avec Neymar comme faux numéro 9. Le onze de départ est donc le suivant :

Weverton – Zeca, Marquinhos, Rodrigo Caio, Douglas Santos – Walace, Renato Augusto – Gabriel Barbosa, Luan, Gabriel Jesus – Neymar. Le public de Fonte Nova est moins frileux que celui de Brasilia. Il pousse son équipe et pardonne les nouveaux ratés de Gabriel Jesus. Mais il s'enflamme enfin quand, sur un centre de Douglas Santos, Gabriel Barbosa, alias « Gabigol », marque le premier but du tournoi après 206 minutes de frustration et quarante-six tentatives infructueuses (1-0, 26e). Rogério Micale et son staff peuvent enfin respirer. La Seleção se décrispe et Gabriel Jesus en profite pour marquer à son tour à la réception d'un centre de Luan (2-0, 40e). Au retour des vestiaires, l'attaquant du Gremio se transforme en buteur après une passe de Douglas Santos (3-0, 49e) et Gabigol clôt la marque après un rush de Gabriel Jesus (4-0, 80e). Même si Neymar n'a pas marqué, son nom est scandé par le public bahianais. C'est déjà l'heure de la réconciliation. Et après la qualification pour les quarts de finale, Neymar, touché à la cheville, s'arrête devant les micros pour exprimer son soulagement et enterrer la hache de guerre avec ceux qui l'ont égratigné. « J'ai déjà été beaucoup critiqué et je n'y fais plus attention. Je suis habitué à passer de l'enfer au paradis... Concernant Marta, je suis heureux et fier qu'on me compare à elle, c'est la meilleure joueuse du monde ! »

La formule fait mouche. Non seulement Neymar la joue profil bas, mais il en profite pour valoriser Marta et faire ainsi la paix avec les supporters. Confirmation le 14 août où le capitaine brésilien est ovationné par le public de l'Arena Corinthians de São Paulo. C'est sur la même pelouse que lors du match d'ouverture de la Coupe du monde que la Seleção olympique reçoit la Colombie. Les fantômes du passé resurgissent pour

Neymar : la fracture de la vertèbre provoquée par Zuniga en 2014, l'expulsion à la Copa America en 2015… Pour ne rien arranger, c'est avec une entorse de la cheville droite que le capitaine doit exorciser ses vieux démons. Mais il ne se laisse pas envahir, ni par ses souvenirs, ni par la violence des premières charges de Preciado, Barrios ou Palacios. C'est justement sur une grosse faute colombienne et sur un coup franc à 30 mètres que Neymar marque enfin son premier but du tournoi. Sa frappe transperce le mur et vient se loger au ras du poteau de Bonilla (1-0, 12e). Soulagé, il parvient à rester zen face aux fautes à chaque fois plus violentes des Cafeteros. « Il a été provoqué tout le match mais il a parfaitement réagi », se félicite Rogério Micale après la victoire validée par un deuxième but inscrit par Luan à la 85e minute. Qualifiée pour les demi-finales, la Seleção peut rentrer à Rio de Janeiro où le Honduras l'attend en demi-finales.

Devant 55 000 spectateurs réunis dans un Maracanã surchauffé, la sélection olympique ne fait qu'une bouchée de son adversaire, trop vite dépassé. Dès la 14e seconde, Neymar contre une relance et devance la sortie du gardien hondurien pour inscrire le but le plus rapide de l'histoire des JO. Après une telle entame, la suite n'est qu'une promenade de santé qui permet à Gabriel Jesus d'inscrire un doublé, à Luan d'étirer sa série à trois buts en trois matchs et à Marquinhos de justifier son bras de fer avec le PSG qui ne voulait pas le libérer. Pour conclure ce festival, Neymar inscrit le dernier but, sur penalty, pour offrir un large succès à son équipe (6-0) et se qualifier pour la grande finale olympique, contre… l'Allemagne.

Nous sommes le 20 août 2016, veille de la cérémonie de clôture des jeux Olympiques. Le Maracanã est plein à craquer quand le coup d'envoi est donné à 17 h 30. Rogério Micale aligne son 4-2-3-1 qui a tout changé depuis le match face au Danemark. En face, Horst Hrubesch, l'ancien canonnier devenu sélectionneur des Espoirs allemands, propose un 4-3-3 avec les jumeaux Bender et l'une des révélations de la Bundesliga, l'attaquant Julian Brandt (Bayer Leverkusen). C'est lui qui va provoquer la première frayeur en expédiant une frappe magnifique sur la barre de Weverton (10e). Le duel est serré, âpre, et Ginter tacle Neymar à 25 mètres de la surface. La distance est idéale pour le capitaine brésilien. Sa frappe enroulée du pied droit vient se loger dans la lucarne droite de Timo Horn (1-0, 26e). Le Maracanã explose de joie. Neymar embrasse ses coéquipiers, les remplaçants, saute dans les bras de son entraîneur puis se frappe le cœur avant d'imiter la célébration du Jamaïcain Usain Bolt, présent dans les tribunes. Mais la Mannschaft ne se laisse pas abattre. Elle touche encore la transversale sur une tête de Bender (34e) puis finit par égaliser sur une reprise de Meyer, oublié par la défense brésilienne (1-1, 58e). Malgré quelques tentatives timides, la Seleção se laisse embarquer dans une prolongation dangereuse puis dans une séance de tirs au but encore plus angoissante. « Quand arrivent les penalties, j'ai peur car les Allemands sont réputés pour être solides dans cet exercice », reconnaît Rogério Micale. Mais ses joueurs sont efficaces et Renato Augusto, Marquinhos, Rafinha puis Luan répondent aux quatre premiers tireurs allemands. C'est au tour de Petersen, l'attaquant de Fribourg, de s'élancer. « On avait étudié son historique, en l'occurrence ses huit derniers penalties, révèle l'entraîneur brésilien. On avait remarqué que lorsque le score était à son avantage, il en avait frappé quatre sur le côté droit du gardien. Quand il était dans une situation plus tendue, il frappait sur la gauche du gardien. Weverton a choisi, il est parti sur sa gauche et a détourné sa frappe. » Le reste appartient à l'histoire. Cinquième et dernier tireur, Neymar ne pouvait pas rêver meilleur scénario. Il s'avance vers son destin, pose le ballon délicatement, prend plusieurs mètres d'élan, s'élance, ralentit sa course et expédie sa frappe sous la barre ! On entend le Maracanã gronder jusqu'à Niteroi. Le Brésil est champion olympique pour la première fois de son histoire. Neymar est englouti par ses coéquipiers, il s'effondre et reste de longues secondes le visage enfoui dans la pelouse à pleurer d'émotion, de stress, de soulagement, de joie… Au micro d'Eric Faria pour TV Globo, il avoue ne pas trouver les mots pour exprimer ses sentiments, mais après avoir séché ses larmes il reconnaît : « On a été beaucoup critiqués, beaucoup trop, mais on a répondu sur le terrain… C'est l'un des plus beaux moments de ma vie… Et maintenant ? Ils *(ceux qui critiquent)* vont être obligés de me supporter », conclut-il dans un clin d'œil à Mario Zagallo qui avait lâché la même phrase pleine de rancœur après avoir remporté, malgré les critiques, la Copa America 1997…

TÉMOIGNAGE
Rogério Micale, entraîneur,
champion olympique 2016 avec le Brésil

« *On était tous obligés de gagner* »

« *J'ai rencontré Neymar pour la première fois lors du rassemblement à Granja Comary quinze jours avant les jeux Olympiques. J'avais déjà travaillé avec tous les autres joueurs, sauf lui. J'avais donc besoin qu'on se parle, qu'on fasse connaissance, que je sache qui il était. Nous avons discuté tous les deux, je lui ai dit que j'admirais son football et je lui ai présenté ma philosophie de travail en insistant bien sur la responsabilité qui était la nôtre. Je lui ai demandé aussi d'être mon capitaine. Il a accepté tout de suite. Le contexte était difficile pour lui car il était critiqué et, même s'il n'avait pas participé au fiasco de la Copa America 2016, il était considéré comme l'un des responsables. Avant les JO, la pression sur ses épaules était terrible. J'ai essayé de le rassurer, de lui dire qu'il n'était pas tout seul et que tous ensemble nous allions faire le maximum pour remporter la médaille d'or. Lui, il était agacé d'être pointé du doigt. Il trouvait ça injuste mais il a vu cette situation comme un défi de plus à surmonter. Il n'avait pas peur et il s'est comporté en leader. Beaucoup se serait ch... dessus face à une telle responsabilité, pas lui ! Après les deux premiers matchs sans but* (contre l'Afrique du Sud et l'Irak), *on a subi une vague de critiques très sévères. On est devenus des moins-que-rien, et Neymar était en première ligne. On s'est refermés sur nous-mêmes. On a analysé la situation et constaté que les chiffres étaient favorables. On avait dominé nos adversaires, on s'était créé plein d'occasions et il n'avait manqué finalement que la réussite. Comme Thiago Maia était suspendu avant le troisième match et que Felipe Anderson n'était pas dans le coup, j'ai changé mon équipe et le système en passant en 4-2-3-1. J'ai lancé Walace au milieu et j'ai demandé à Neymar d'évoluer comme un faux numéro 9, comme Messi à Barcelone, pour qu'il soit encore plus imprévisible. On a discuté, il a accepté le défi et ça a fonctionné. On a dominé le Danemark, la Colombie et le Honduras pour se qualifier pour la finale face à l'Allemagne. C'était la finale idéale pour laver l'affront du Mondial 2014. Le 7-1 avait plongé le football brésilien dans une profonde dépression et c'était l'occasion d'en sortir. Mais en cas de défaite, on aurait vécu un enfer et on aurait été considérés comme de vulgaires losers. Quant à Neymar, il serait passé du côté obscur. Après avoir échoué en 2014, il était obligé de gagner. On était tous obligés de gagner. C'est pour ça qu'il y avait un mélange de joie mais aussi d'extrême tension avant le match. Le match est très serré et se termine aux penalties. Comme si c'était écrit, c'est Neymar qui a la balle de match. Il n'avait plus qu'à nous envoyer au paradis. J'étais hyper confiant, je savais qu'il allait marquer. Quand il nous a donné la victoire, j'ai ressenti d'abord un énorme soulagement, et après une joie immense. On est restés tous ensemble et on a fait la fête à l'hôtel jusqu'à 4 heures du matin pour prolonger le plaisir. Chacun a repris ensuite sa route. J'ai n'ai plus jamais croisé la route de Neymar mais je suis fier d'avoir été son entraîneur et de l'avoir aidé à remporter cette médaille d'or historique. »*

Chapitre 30

Mariage à Trancoso et négociations à Ibiza

Le cadre est paradisiaque. La plage, quasiment déserte, s'étend à perte de vue. Quelques cocotiers plantés çà et là offrent une ombre naturelle opportune quand le soleil devient trop agressif. C'est dans ce décor de rêve que Marquinhos a décidé de célébrer son union avec la jeune et jolie chanteuse Carol Cabrino. Nous sommes le 2 juillet 2016, à Trancoso, dans l'État de Bahia, et le défenseur du PSG traverse l'été le plus mouvementé de son existence. Après avoir disputé comme titulaire une Copa America catastrophique, il doit gérer les derniers préparatifs de son mariage tout en négociant avec son club sa participation à des jeux Olympiques qu'il ne veut surtout pas rater. « Voilà douze ans que je travaille pour vivre un tel défi, je veux participer à l'aventure, être avec mes coéquipiers et tenter de gagner la médaille d'or », nous confie-t-il en espérant que son entourage réussira à convaincre l'état-major parisien. En attendant une issue favorable, le joueur formé au Corinthians essaie de savourer cette journée si spéciale.

En cette fin d'après-midi, les pieds dans le sable, dans un espace de réception magnifiquement décoré, « Mocote », comme il est surnommé par ses proches, apparaît dans un élégant costume beige au bras de sa maman. Quand sa future épouse, éblouissante dans sa robe de mariée, se dirige vers l'autel improvisé, il fond en larmes. « Cette union, c'est le plus beau but de votre vie », souligne le prêtre avant que le couple n'échange alliances et bisous enflammés sous les applaudissements d'une centaine d'invités. Son ami et coéquipier au PSG, Lucas, fait partie des témoins. Il hurle de joie et porte son ami en triomphe sur la plage pendant que le soleil délivre ses derniers rayons pour enrober l'horizon d'un voile rougeâtre absolument unique.

Peu après un rapide shooting photo, ses amis d'enfance et ses copains du centre de formation du Corinthians sont déjà sur le dance floor, une caïpirinha ou une flûte de champagne à la main. La fête est parfaite mais il manque encore un invité de marque : Neymar. La star du Barça avait pourtant confirmé sa présence mais un empêchement de dernière minute la prive du mariage de son pote. Même absent, son nom est sur les lèvres de nombreux invités ce soir-là. À commencer par celles de Giuliano Bertolucci, l'agent de Marquinhos, de plus en plus puissant dans le business, et qui est au courant qu'une offensive de la part du PSG a été lancée pour recruter un remplaçant d'envergure à Zlatan Ibrahimovic. Si l'information est encore confidentielle, « les proches du dossier » savent que le flirt entre le club parisien et l'attaquant brésilien pourrait aboutir. Marquinhos et Lucas en rêvent. Ils savent que le recrutement du meilleur joueur brésilien pourrait permettre au PSG de franchir un cap. En face à face ou via WhatsApp, ils ne manquent pas une occasion de lui rappeler qu'il serait mieux à Paris qu'à Barcelone. Le pressing est amical mais il est surtout un préambule nécessaire avant l'offensive des dirigeants parisiens…

La première approche entre le PSG et le clan Neymar s'est déroulée quelques mois plus tôt, en novembre 2015, à Paris. Wagner Ribeiro, qui est aussi l'agent de Lucas, se rend dans la capitale française pour évoquer la situation de son poulain avec Olivier Létang, le directeur sportif adjoint. Les deux hommes prolongent la discussion et l'agent brésilien se laisse aller à quelques confidences : « Neymar n'est pas totalement heureux à Barcelone », lui glisse l'ancien employé de banque. Olivier Létang saisit la balle au bond et lui confirme que le PSG a besoin d'une super star pour poursuivre la progression d'un club détenu par QSI, le fonds d'investissement souverain de l'émirat du Qatar. Les deux hommes se serrent la main et se promettent d'en reparler bientôt. Ça sera à Zurich, le 11 janvier 2016, lors de la cérémonie de remise du Ballon d'Or qui voit Neymar terminer troisième, derrière Cristiano Ronaldo et Lionel Messi. Le directeur sportif du PSG, qui accompagne Thiago Silva, consacré dans le onze majeur européen, recroise Wagner Ribeiro. Il ne manque pas de lui rappeler que son poulain augmenterait ses chances de succès en devenant la tête de gondole du PSG...

Après avoir maintenu le contact via SMS pendant quelques mois, un rendez-vous est fixé au Brésil, début avril. Olivier Létang se rend à São Paulo et retrouve Wagner Ribeiro mais aussi le père de la star brésilienne, Neymar Senior. C'est en hélicoptère que les trois hommes survolent les embouteillages de la mégalopole pour se poser à Santos, où ils vont déjeuner au domicile familial, en présence de Nadine, la maman de Neymar. Direction ensuite les bureaux de la NN Consultoria, au 56 de l'Avenida Ana Costa, dans le quartier de Vila Mathias. Ce petit bâtiment de trois étages abrite depuis 2011 l'agence familiale chargée de développer l'image du fiston mais aussi de personnalités en vogue, comme la chanteuse Karen K, le perchiste champion olympique Thiago Braz, ou le surfeur de grosses vagues Pedro Scooby. Après avoir fait le tour du propriétaire, Olivier Létang, Wagner Ribeiro et Neymar Senior s'enferment dans un bureau. Avant de parler chiffres et millions d'euros, il s'agit d'abord de convaincre le clan brésilien du bien-fondé d'un transfert à Paris. Le directeur sportif s'y attelle, évoque la qualité de l'effectif, des installations, du Parc des Princes, de la Ville Lumière... Mais Neymar Senior et Wagner Ribeiro veulent surtout savoir combien le PSG est prêt à débourser pour s'attacher les services de son joyau. Olivier Létang dégaine : 193 M€, correspondant à la clause de départ du joueur, un salaire annuel autour de 25-30 M€ net par an et le règlement d'une partie de la dette fiscale s'élevant à 45 M€ que le clan Neymar doit au fisc espagnol. Voilà ce que le PSG propose. En position de force, Wagner Ribeiro apprécie la générosité de son visiteur mais il en veut plus. Il demande une participation au fonctionnement de l'Institut Neymar, qu'ils visitent après la réunion, et surtout un effort pour le salaire. « J'ai demandé un montant démentiel ! Je lui ai réclamé 40 M€ de salaire net par an, confiera l'agent plus tard à la chaîne ESPN Brésil. Olivier *(Létang)* m'a répondu qu'il allait voir avec son boss *(le président Nasser al-Khelaïfi).* »

Joint au téléphone pour le journal *L'Équipe,* le 21 mai, Wagner Ribeiro laisse alors la porte ouverte et ménage le suspense quant à l'avenir de son poulain : « Il y a beaucoup de clubs qui veulent Neymar. Le PSG n'est pas seul (*Manchester United et le Real Madrid sont aussi sur les rangs).* Le mercato ne ferme qu'en août. Tout peut arriver d'ici là. Soit il renouvelle avec le Barça, soit il va voir ailleurs. » Le 27 mai, cinq jours après la fin de saison barcelonaise et six jours après la finale de la Coupe de France remportée par le PSG face à l'OM (4-2), le président Nasser al-Khelaïfi et Olivier Létang retrouvent le clan Neymar, à Ibiza. Le joueur est également présent aux Baléares et il participe à la réunion en se montrant curieux et en posant des questions. Il veut notamment savoir si son staff médical composé de Ricardo Rosa et Rafael Martini pourra le suivre. La réponse est évidemment positive. Selon les dires de Wagner Ribeiro, le président du PSG valide les valeurs salariales réclamées en amont (40 M€ par an) et poursuit son travail de séduction. Wagner Ribeiro, toujours sur ESPN Brésil, détaille : « Il *(Nasser al-Khelaïfi)* s'est tourné vers Neymar et lui a demandé : “On te veut ! Et toi, que veux-tu pour jouer au PSG ?” Neymar a souri. Je me suis tourné vers Nasser et je lui ai demandé : “Qu'est-ce que vous nous offrez ?” Il a répondu : “Je peux construire une chaîne d'hôtels à son nom dans le monde entier et lui donner un pourcentage ! Je peux lui assurer qu'il n'aura aucun souci avec les impôts et lui arranger un jet pour qu'il fasse ses voyages entre l'Europe et le Brésil... Et en plus, ici, à Paris, Neymar sera le numéro 1.” »

Après cette visite à Ibiza, Olivier Létang, désormais accompagné par Nasser al-Khelaïfi, se rend à São Paulo, pour essayer cette fois de boucler le transfert. Les deux parties sont d'accord sur presque tout. Reste à régler définitivement la question du salaire. Mais, en tenant compte des exigences du fair-play financier, le PSG ne peut pas suivre. Les prétentions salariales du clan Neymar sont finalement trop élevées. « Les planètes étaient pratiquement alignées. Tout le monde était OK pour y aller, mais le salaire était encore trop bas pour eux. On a dû renoncer à l'opération car on serait sortis des clous du fair-play financier. L'élastique était tendu au maximum, on ne pouvait pas aller plus loin », regrette un membre de l'état-major parisien. C'est donc d'un commun accord que les négociations sont rompues. L'agent israélien, Pini Zahavi, qui menait les opérations pour le compte de Manchester United, doit lui aussi renoncer. Le club anglais se consolera en faisant signer Paul Pogba quelques semaines plus tard pour 100 M€. Neymar, lui, finit par trouver un accord pour renouveler son contrat avec le FC Barcelone, jusqu'en 2021. Le papa, en première ligne avec les dirigeants catalans, s'est servi de la proposition parisienne pour mieux négocier la prolongation de trois ans et l'augmentation salariale de son fils, qui passe de 8,8 à 15 M€ net par an. L'annonce est faite début juillet, mais Neymar signera officiellement son nouveau bail le 21 octobre dans les bureaux du président Bartomeu. Le PSG, lui, a l'impression d'être le dindon de la farce. Il a tenté de s'inviter à la table des géants européens mais il est resté sur le pas de la porte et a surtout servi les intérêts personnels du clan Neymar. « Plus jamais ça », se dit alors Nasser al-Khelaïfi, qui en tant qu'ancien tennisman a l'habitude de réagir après la perte du premier set...

Toutes ces tractations et ces négociations ne sont pas sans effet sur le début de saison du récent champion olympique. Après avoir conquis dans la douleur la première médaille d'or du football brésilien le 20 août 2016, Neymar dispute son premier match officiel de la saison avec le Barça, le 10 septembre, un mois après ses camarades. Avec Suarez et Messi sur le banc et un Neymar pas encore dans le rythme, le club catalan s'incline pour la première fois de son histoire face à Alavés (1-2). Dans le vestiaire, le Brésilien n'y est plus aussi à son aise. Son « grand frère » Daniel Alves a rejoint la Juventus et ses compatriotes Adriano (Besiktas) et Douglas (Sporting Gijon) sont invités à aller jouer ailleurs. Davantage isolé, il n'a plus son rayonnement des années précédentes. Il traverse une longue période de disette, du 22 octobre au 11 janvier, soit onze matchs où il est incapable de faire trembler les filets. Astreint à davantage de tâches défensives par Luis Henrique, il n'aime pas la façon dont évolue son équipe. À la trêve, son bilan est insuffisant (6 buts en 18 matchs) et d'autant plus frustrant que Lionel Messi (23 buts en 20 matchs) et Luis Suarez (15 buts en 23 matchs) s'en donnent à cœur joie. Mais ça ne suffit pas pour détrôner un Real Madrid cornaqué avec sérénité par Zinédine Zidane, leader vingt-huit journées sur trente-huit.

En Ligue des champions, le Barça domine son sujet et écrase la concurrence dans un groupe avec le Celtic Glasgow (9-0 sur l'ensemble des deux matchs) et le Borussia M'gladbach (6-1, score cumulé). Seul le Manchester City de Pepe Guardiola parvient à glaner un succès de prestige. Après une lourde défaite au Camp Nou (4-0), les Citizens prennent leur revanche sur leur pelouse et s'imposent (3-1) malgré l'ouverture du score de Lionel Messi. Premiers du groupe, les coéquipiers de Samuel Umtiti et Lucas Digne espèrent un tirage au sort clément pour les huitièmes de finale de la Ligue des champions. Ils évitent le Bayern Munich mais tombent sur un os, le PSG d'Unai Emery. Le 14 février, c'est la fête des amoureux. Au Parc des Princes, elle devient celle des supporters parisiens. Jamais ils n'avaient vu leur équipe terrasser un géant du football mondial avec une telle force, une telle rage, une telle maîtrise. Le jour de la Saint-Valentin, c'est aussi l'anniversaire d'Angel Di Maria et d'Edinson Cavani. Les deux Sud-Américains sont les grands artisans de cette incroyable victoire obtenue grâce à un doublé de l'Argentin et ponctué par un but de l'Uruguayen. L'Allemand Julian Draxler participe aussi au festival en inscrivant le deuxième but à la suite d'une passe lumineuse de Marco Verratti. Quant au débutant Presnel Kimpembe, remplaçant au pied levé de Thiago Silva, il prouve que le centre de formation du PSG n'a rien à envier à celui de la Masia. Après un tel score (4-0) et une telle « leçon de football », dixit Zico sur Esporte Interativo, tout le monde voit déjà le club parisien en quarts de finale. Même les Catalans n'y croient plus. En cent quatre-vingt-cinq précédents enregistrés par l'UEFA, aucune équipe n'a réussi à surmonter un score aussi défavorable…

Mais les trois semaines de délai avant le match retour vont participer à modifier les perspectives. Et si le PSG s'écroulait ? Et si le Barça réalisait une *remontada* historique ? Publiée sur les réseaux sociaux, la photo avec des smileys moqueurs de Rabiot faisant le chiffre 4 avec ses doigts met le vestiaire barcelonais en rage. Petit à petit, Luis Henrique inocule le sérum de la vengeance à ses joueurs. « On peut le faire ! On va le faire », leur répète-t-il. Après deux succès laborieux contre Leganes et l'Atletico Madrid (2-1 à chaque fois), le Barça atomise le Sporting Gijon (6-1) puis le Celta Vigo (5-0). Le message est clair et le PSG commence à douter à quelques jours de son rendez-vous le plus important de la saison. Même le journal *L'Équipe,* qui titre « Gonflés à bloc » avec une photo de Messi en une, semble s'inquiéter du redressement du club espagnol. Le lendemain, le 8 mars, quand les Parisiens entrent dans l'arène, ils se dégonflent plus vite que leur ombre. C'est d'abord Marquinhos et Trapp qui précipitent l'ouverture du score de Suarez (3e). C'est ensuite Kurzawa qui trompe son gardien en voulant dégager un ballon talonné par Iniesta (2-0, 40e).

C'est enfin Meunier qui glisse, fait chuter Neymar et provoque un penalty transformé par Messi (3-0, 50e). Le PSG est au bord du KO mais pense marquer le but de la qualification grâce à une reprise de Cavani (3-1, 62e). Tout est à refaire pour le Barça qui doit alors inscrire trois buts !

Pour que l'exploit soit encore plus jouissif, les Catalans attendant la 88e pour marquer le premier de la série sur un beau coup franc de Neymar (4-1, 88e). Le Brésilien récidive en convertissant un penalty (5-1, 90e), avant que Sergio Roberto ne conclue l'incroyable *remontada* à la dernière seconde après un ballon centré dans la surface par… Neymar (6-1, 95e). Le PSG pleure de honte pendant que le Barça enchaîne les tours d'honneur pour remercier son public. Neymar, auteur de deux buts, d'un penalty provoqué et de la passe décisive salvatrice, est l'homme de la *remontada*. Celui qui y a toujours cru et qui s'est comporté comme un leader. Pourtant, le lendemain, quand il consulte la presse espagnole, il tombe des nues. *El Mundo Deportivo, Sport* ou *Marca* parlent de « héros », d' « apothéose » et de « légendes » pour illustrer cette formidable *remontada*. Mais chaque fois c'est une photo de Messi porté en triomphe et entouré de ses apôtres qui fait la une. Le Brésilien comprend alors qu'il ne pourra jamais rivaliser. Il restera toujours dans l'ombre du génie argentin. « C'est à cet instant qu'il a compris qu'il fallait qu'il quitte pour de bon le FC Barcelone », certifie un proche du joueur…

TÉMOIGNAGE

Marquinhos, ami et coéquipier de Neymar au PSG et avec la Seleção

« *C'est moi qui l'ai accueilli au PSG* »

« Quand Neymar était déjà en train d'écrire l'histoire, moi, je n'étais qu'un jeune joueur qui essayait de se faire sa place. La première fois que je l'ai croisé, c'était lors d'un Santos-Corinthians, comptant pour le championnat paulista (le 4 mars 2012). *Ça devait être un de mes premiers matchs comme titulaire* (son 6e en réalité) *et je ne pouvais pas me planter. Pour faire souffler son équipe type, le coach, Tite, avait décidé d'aligner les remplaçants. J'étais content de cette opportunité, mais je n'avais pas le droit à l'erreur. Les jours précédents, j'avais travaillé ma vitesse et j'avais analysé le jeu de Neymar. Heureusement, ça s'est plutôt bien passé pour moi. Même si on avait perdu* (1-0, but d'Ibson), *on a réalisé un match solide, et Neymar ne m'a pas dribblé* (sourires).

Je l'ai vraiment rencontré quatre ans plus tard, lors de ma première sélection avec le Brésil (en amical, le 16 novembre, contre le Honduras, 5-0). *Je ne sais pas trop pourquoi, mais on a eu très vite un super feeling tous les deux. J'étais super intimidé d'arriver dans un groupe comme celui-là, et Neymar m'a mis à l'aise, m'a souhaité la bienvenue. Il a été gentil, il m'a filmé lors de mon bizutage et on a bien rigolé. Franchement, quand vous avez zéro sélection et que vous avez le patron du groupe qui vous accueille à bras ouverts, ça fait plaisir ! Je ne connaissais que Thiago Silva, Maxwell et David Luiz et le fait de voir Neymar s'occuper de moi, ça m'a donné confiance, dans le vestiaire mais aussi sur le terrain…*

J'avais déjà de l'admiration pour le joueur, et j'ai fait la connaissance d'un homme super généreux, bienveillant et surtout qui aime s'amuser. En fait, il est 100 % brésilien dans l'âme. Tout ce qu'il entreprend, il le fait avec le sourire et avec la volonté de s'amuser. Dans l'intimité, il ne se prend pas la tête, il est toujours cool, relax et très agréable à vivre. Plus tard, je suis devenu son voisin. J'ai acheté une maison dans le même condominio (résidence fermée), *à Guaruja, près de Santos. Pendant les vacances, il vient souvent nous rendre visite, à Noël notamment. À la maison, on organise des* churrascos, *on joue au poker ou même au foot, sur mon petit terrain synthétique. Le seul problème, c'est qu'il n'aime pas perdre. Que ce soit au poker, à Mario Kart ou même à l'entraînement. Il fait tout un cinéma, mais en vérité il fait surtout ça pour faire marrer les autres…*

Quatre ans après mon premier match avec la Seleção, c'est moi qui l'ai accueilli dans mon club ! J'étais trop content quand il a signé au PSG. Ça faisait un moment qu'on en parlait ensemble mais je n'y ai cru seulement quand c'est devenu officiel. Il peut se passer tellement de choses dans ce milieu que j'ai toujours voulu rester prudent. Je l'ai encouragé à venir, évidemment, mais je ne lui ai jamais mis la pression, je lui disais de suivre son cœur et d'écouter ses proches et sa famille. C'est fabuleux de l'avoir à nos côtés. Le PSG avait besoin d'un renfort de ce calibre. Il fallait changer de dimension.

Est-il heureux au PSG ? Oui, il l'est. Parfois, il donne l'impression d'être un peu plus fermé, mais c'est normal. Il a le droit d'être de mauvaise humeur de temps en temps. Quand c'est moi qui fais la tronche, personne n'en parle. Quand c'est Neymar, ça fait la une des journaux. Il est devenu une cible permanente, c'est chiant ! Parfois, il est un peu énervé car il prend des coups pendant les matchs. Mais il a l'habitude et le lendemain ça va mieux. Nous, on fait le maximum pour qu'il soit heureux. On l'aide à surmonter les petits moments de spleen. On habite à dix minutes l'un de l'autre. Je vais chez lui, il vient chez moi, nos amis et nos familles se connaissent très bien et s'adorent. On se voit tout le temps, en fait. On se fait des churrascos, *on joue aux cartes, on discute, on rigole… Neymar, je le considère comme un frère désormais. On a vécu tellement de choses incroyables ensemble…* »

Chapitre 31

Passe de Nenê, obstruction de Piqué et but du PSG

S'il n'est plus à son aise avec Luis Henrique, Neymar peut se consoler avec son nouveau coach en équipe nationale : Adenor Leonardo Bacchi, alias Tite. Nommé le 20 juin 2016, peu après le fiasco de Dunga à la Copa America du centenaire, le Gaucho âgé de 55 ans fait l'unanimité auprès des observateurs et du grand public. Vainqueur de la Libertadores avec le Corinthians, champion du monde des clubs en dominant Chelsea en finale (2012), réputé loyal et proche de ses joueurs, il est l'opposé de son prédécesseur. « Il n'existe pas un homme aussi intègre que lui dans le milieu du foot », estime même Paulo André, son ancien capitaine au Corinthians. Coach plutôt frileux, il a profité d'une année sabbatique et d'une tournée en Europe pour adhérer à un style de jeu plus entreprenant. De quoi convaincre les derniers sceptiques... Parmi ses premières décisions avec le costume de sélectionneur national, Tite rappelle Thiago Silva, tricard depuis la Copa America 2015 au Chili. Il retire aussi le brassard de capitaine à Neymar. « Je ne le lui ai pas enlevé, corrige-t-il. C'est lui qui a pris la décision. Quand je l'ai félicité dans les couloirs du Maracanã après la médaille d'or olympique, il m'a dit : “Professeur, je ne veux plus être capitaine." Je lui ai dit : "Va d'abord faire la fête et on en reparle." Il a rigolé mais sa décision était prise. »

Soulagé de ne plus avoir toutes ces responsabilités, Neymar entame parfaitement son aventure avec son nouveau boss. Dans un 4-1-4-1 emprunté au Real Madrid, la Seleção de Tite trouve rapidement ses marques. Pour son premier match post-Dunga, lors de la 7e journée des éliminatoires du Mondial 2018, le Brésil aligne le onze de départ suivant : Alisson – Daniel Alves, Miranda, Marquinhos, Marcelo – Casemiro – Paulinho, Renato Augusto, Willian, Neymar – Gabriel Jesus. Il s'impose 3-0 en Équateur grâce à un but de Neymar et un doublé de Gabriel Jesus. Le numéro 10 récidive et marque un but lors des trois rencontres suivantes, face à la Colombie (2-1), la Bolivie (5-0) et l'Argentine (2-1). Il est absent au Venezuela (2-0) et muet contre le Pérou, à Lima (2-0). Avec Tite, la Seleção séduit, remporte ses six premiers matchs (17 buts inscrits, 1 seul encaissé) et se replace dans la course à la qualification pour la Russie.

Le 20 mars 2017, quand Neymar retrouve ses coéquipiers pour un double rendez-vous, en Uruguay puis contre le Paraguay, la déroute infligée au PSG est encore dans tous les esprits. Vis-à-vis de Marquinhos et Thiago Silva, il est un peu gêné aux entournures mais, dans l'intimité du vestiaire, la veille du match contre le Paraguay (le 29 mars), il va leur livrer une information capitale : « C'est bon, vous pouvez dire au cheik de payer ma clause ! » Nous sommes quinze jours après l'incroyable *remontada* du Barça, et Neymar n'a toujours pas digéré d'avoir été considéré comme un second couteau dans cette aventure. Il donne le feu vert de façon informelle à ses amis du PSG pour faire passer le message auprès de leur direction. Après deux très beaux succès en Uruguay

(4-1) et face au Paraguay (3-0), qui leur assurent une qualification à la prochaine Coupe du monde, les Brésiliens retournent dans leurs clubs respectifs. Quand il se rend au Camp des Loges, Thiago Silva s'empresse de trouver Maxwell, l'arrière gauche brésilien qui va bientôt endosser le costume de coordinateur sportif. Le meilleur pote de Zlatan Ibrahimovic, qui connaît bien Neymar pour avoir disputé la Coupe du monde 2014 avec lui, va faire passer le message auprès de Patrick Kluivert, éphémère directeur du football, et surtout Nasser al-Khelaïfi, qui se dit alors que l'heure de la revanche va peut-être bientôt sonner...

Après avoir raté le transfert un an plus tôt, le président du PSG ne peut pas se permettre un nouvel échec. L'émir du Qatar, Cheik Tamim ben Hamad Al Thani, ne pardonnerait pas un nouvel accroc à son ancien professeur de tennis. Il a besoin de redorer l'image de son émirat, isolé depuis que plusieurs pays voisins ont rompu leurs relations diplomatiques avec Doha, l'accusant de soutien aux islamistes. Son club, ou plutôt sa vitrine, s'est fissuré depuis la *remontada* et la perte du titre de champion de France. Le blues de Marco Verratti qui clame des envies de départ au Barça, mais aussi les erreurs de casting dans le recrutement (Kluivert, Jesse, Krychowiak...) incitent l'émir à frapper fort. Pour lui, le meilleur moyen d'inverser la tendance est de recruter la star brésilienne. Fort du travail réalisé l'année précédente par Olivier Létang, le PSG, qui s'appuie cette fois sur Pini Zahavi pour finaliser le deal, propose des conditions similaires à celles de la saison précédente. Mais cette fois le fair-play financier ne sera pas un obstacle...

Pendant que le PSG s'organise pour revenir à la charge, Neymar vit une fin de saison compliquée avec son club.

Le Barça est sèchement éliminé dès les quarts de finale de la Ligue des champions par la Juventus (3-0 sur l'ensemble des deux matchs) et ne parvient pas à revenir sur le Real Madrid de Zinédine Zidane, vainqueur de la Liga avec trois points d'avance. Seule consolation pour les Catalans, la victoire en Coupe du Roi contre Alavés (3-1) grâce à des buts de Messi, Neymar et Paco Alcacer. Pour sa dernière aux commandes de cette équipe, Luis Henrique peut partir la tête haute, Neymar, lui, a la tête ailleurs. Loin de Barcelone. Il veut oublier les résultats décevants et les embrouilles avec l'assistant coach, Juan Carlos Unzué, qui ont plombé la fin de sa quatrième saison espagnole.

Deux jours après la finale de la Coupe du Roi, le 29 mai, il s'envole avec son père et une poignée de potes pour Dubaï. Il n'y reste que vingt-quatre heures avant de se rendre au Japon pour des obligations commerciales. Il chante avec un groupe de musique japonais, prend la pose avec un sumo et fait la promotion d'une marque de montres de luxe. Direction ensuite les États-Unis, où il retrouve sa petite amie Bruna Marquezine, pour faire la tournée des parcs d'attractions de la côte ouest. Les montagnes russes ne l'aident pas à avoir les idées claires. Quand il retourne au Brésil et prend possession de sa nouvelle villa achetée plus de 10 M€, à Portobello, près d'Angra dos Reis, Neymar est encore dans le doute. Doit-il rester au Barça, dans l'ombre de Messi, ou prendre le risque de tout quitter et de rejoindre ses potes Marquinhos, Thiago Silva et Lucas au PSG ? C'est dans ce cadre de rêve, avec héliport privé, terrain de tennis, de foot ou de basket et ponton privatif avec accès sur le canal, que le natif de Mogi das Cruzes va cogiter, entouré de ses potes comme Bruninho, volleyeur, champion olympique en 2016. « À ce moment-là, il hésitait encore, confie le coéquipier d'Earvin Ngapeth à Modène. Il était dans le doute. On ne voulait pas trop lui prendre la tête avec ça, donc on a surtout cherché à le détendre. C'était un moment compliqué pour lui. »

Parmi les amis présents se trouve aussi un nouveau venu : Nenê, 36 ans. L'ancien joueur du PSG, désormais capitaine du Vasco da Gama, a sympathisé avec la star en 2014 lors d'un match de charité organisé dans sa ville natale, à Jundiai. Marqué par ses années parisiennes, quand il était le roi du Parc des Princes, Nenê va se révéler précieux. « Il était en plein doute, confirme Nenê, quelques semaines plus tard. Il hésitait entre le Barça et Paris. Mais je le connais bien, je sais qu'il aime les défis. La tranquillité, ce n'est pas trop son truc. C'est mon cœur qui a parlé. Le PSG, c'est ma deuxième maison, je continue de recevoir l'affection des supporters et c'est quelque chose qui n'a pas de prix. Je sais aussi que c'est un club qui a bien grandi et qui est à la hauteur d'un joueur comme Neymar. Je lui ai parlé des installations, de la passion des supporters. Je lui ai dit qu'il allait être adulé. Peut-être que je l'ai influencé, je ne sais pas, en tout cas, il a suivi mes conseils et je suis content. »

Quelques jours plus tard, le 30 juin à Rosario, quand Neymar se rend au mariage de son ami Lionel Messi, il en profite pour faire une annonce à ses coéquipiers. « Je vais sans doute signer au PSG », confie-t-il à Javier Mascherano, Gerard Piqué et Luis Suarez. À son « frère » Daniel Alves, qui est sur le point de rejoindre Manchester City après une pige à la Juventus Turin, il demande de patienter et de ne pas s'engager tout de suite avec le club de Guardiola. Le latéral droit réclame alors quelques jours de réflexion aux dirigeants mancuniens, prétextant avoir l'esprit occupé par l'organisation de son mariage sur l'île de Formentera, aux Baléares. Il veut gagner du temps. Une semaine après l'union de Messi, c'est lui qui dit oui au mannequin espagnol Joana Sanz. Le samedi 8 juillet, alors que la fête bat son plein, il reçoit un texto de son pote. « C'est bon, je vais à Paris, rejoins-moi ! » Daniel Alves n'attendait que le feu vert de Ney pour offrir un joli cadeau de mariage à sa nouvelle épouse, qui espérait faire du shopping à Paris plutôt que dans le nord de l'Angleterre. Dans la foulée, « Dani » prévient son ex-femme et agent, Dinorah Santa Ana, présente parmi les invités du mariage. Elle fait le nécessaire pour réenclencher les négociations avec le PSG. Avec son associé, elle effectue un aller-retour express dans la capitale pour se mettre d'accord sur les conditions de son ex-mari. Le 11 juillet, Daniel Alves passe sa visite médicale. Il est présenté dès le lendemain comme nouveau joueur du Paris SG.

À ce moment, la volte-face du latéral originaire de Bahia surprend tout le monde. Mais personne n'imagine encore ce qui va suivre. C'est seulement le 18 juillet que la bombe va exploser. Correspondant à Barcelone pour la chaîne brésilienne Esporte Interativo, Marcelo Bechler dispose depuis plusieurs jours d'une information qui va bouleverser le mercato d'été 2017. Et son tweet publié le 18 juillet à 10 h 16 va changer sa carrière. « Neymar a accepté la proposition du PSG. Le club français est prêt à payer 222 M€ », écrit-il avant de donner rendez-vous sur la chaîne brésilienne pour un duplex qui va battre un record d'audience. « J'avais deux paires d'as dans les mains. Ce jour-là, je n'en ai dévoilé qu'une seule, confiera plus tard le journaliste originaire de Belo Horizonte. J'étais sûr de mon coup, sûr de mes sources. Elles étaient nombreuses… » La déflagration secoue Barcelone, Paris, mais aussi Rio de Janeiro et São Paulo. Dans le clan Neymar, l'info fait des dégâts. Les Toiss cherchent la taupe. Qui a pu « balancer » l'information ? Certains accusent Eduardo Musa, l'ancien ange gardien de Neymar, de vouloir lui faire du tort. « Non, ce n'est pas lui », assure Marcelo Bechler, qui reçoit des appels menaçants de la part du père de Neymar mais aussi de l'un des avocats du clan, Gustavo Xisto. Des fans du Barça s'en prennent aussi à lui, l'insultent, le menacent de représailles. Il ne dort presque plus, se fait livrer des pizzas géantes pour s'alimenter, et la nuit se réveille toutes les deux heures pour surveiller les WhatsApp de ses interlocuteurs qui ne daignent plus lui répondre. « J'avais besoin de savoir qui était sur le fuseau horaire brésilien, et qui était en Europe, précise Marcelo Bechler. C'était devenu un jeu d'échecs difficile à déchiffrer. »

Dans le même temps, Neymar, toujours sous contrat avec le Barça jusqu'en 2021, a retrouvé ses coéquipiers pour une tournée de présaison aux États-Unis. Le 23 juillet, Gerard Piqué balance un tweet qui fait trembler la Toile : « *Se queda* » (il reste), publie le Catalan sur les réseaux sociaux. Nouvelle déflagration dans le monde du football. « Là, j'ai commencé à douter », reconnaît Marcelo Bechler. Il s'agissait seulement d'un coup de bluff d'un spécialiste du poker qui n'a pas vraiment fait vaciller le Brésilien. Dans le même temps, Antero Henrique, le nouveau directeur sportif du PSG, est à Paris avec Pini Zahavi. Ils finalisent l'accord entre les deux parties. Les avocats du joueur, Gustavo Xisto et Altamiro Bezerra, sont eux à Barcelone. Neymar Senior est aux États-Unis pour protéger son fils, soumis à une pression de plus en plus intense. André Cury, considéré comme un ami et représentant du FC Barcelone au Brésil, essaie de le retenir, tout comme Luis Suarez et même Lionel Messi, qui lui glisse : « Reste ici, et avec moi tu deviendras le numéro 1. » Mais rien n'y fait, Neymar veut voir ailleurs. Il veut se frotter à un nouveau challenge, il veut retrouver ses potes Marquinhos, Thiago Silva, Lucas, Daniel Alves…

En attendant, il dispute ses trois derniers matchs amicaux avec le maillot blaugrana (contre la Juventus, Manchester United et le Real Madrid) avant de faire un crochet par la Chine pour répondre à des obligations commerciales, notamment pour la marque Replay, sponsor du… FC Barcelone. À son retour, alors que la planète foot se demande encore comment cette *novela* va se terminer, les représentants parisiens accélèrent. Deux avocats du cabinet parisien Nataf Fajgenbaum et Associés se rendent en toute discrétion au domicile du joueur, à Barcelone, dans le quartier de Pedralbes. Objectif pour les représentants du PSG ? Lui faire signer un protocole d'accord préparé quelques jours plus tôt. Mais Neymar a besoin de repos. Entouré de plusieurs Toiss, il fait de multiples allers-retours entre sa chambre, la cuisine et la salle de bains, sans vraiment prêter attention à ses visiteurs. Les deux représentants du PSG s'étonnent de cette attitude et appellent Jean-Claude Blanc, directeur général délégué du club resté à Paris. « Vous ne quittez pas la maison sans qu'il signe ce document », leur répond le dirigeant parisien. Un peu tendu, Neymar Senior se détend en jouant au billard dans la salle de jeu. Finalement, après une énième douche, et sur un coin de table, Neymar paraphe le précieux document. Il sera bientôt un joueur du Paris Saint-Germain.

Le lendemain, Jean-Claude Blanc arrive à Barcelone. Il rejoint le clan Neymar à son domicile. Le père du joueur passe quelques coups de fil et invite des amis pour fêter le transfert le plus fou de l'histoire. Les représentants parisiens s'éclipsent et laissent Neymar et ses potes s'amuser dans leur bunker. Leur mission est réussie. Pour se payer le numéro 10 du Barça et de la Seleção, le PSG débourse 222 M€ (32 M€ de plus que la précédente clause) et lui offre un salaire de 36,8 M€ par an, selon les révélations de Football Leaks, publiées par l'hebdomadaire allemand *Der Spiegel*.

Le mercredi 2 août, Neymar se rend au centre d'entraînement du Barça vers 9 heures, mais n'y reste que quarante-cinq minutes. Le temps de dire au revoir à ses coéquipiers et de vider son casier. Le nouvel entraîneur, Ernesto Valverde, l'autorise à ne pas participer à la séance. Dans le même temps, Wagner Ribeiro, l'agent des débuts, arrive à Paris. Condamné le 31 mai 2017 par le tribunal de São Paulo à cinq ans de prison pour évasion fiscale, il a fait appel et attend le jugement définitif. Hors-jeu, il n'a pas participé aux négociations, mais il fait partie de la famille et il est « autorisé » à être sur la photo. À cet instant, les dirigeants catalans doivent admettre leur défaite. Ils regrettent de ne pas avoir augmenté davantage la clause de leur pépite après les menaces de l'été précédent. Ils s'en veulent, et ils sont furieux, notamment contre Neymar Senior, accusé « de jouer au chat et à la souris » par Jordi Mestre, le vice-président du club espagnol. « Ce qui me blesse le plus, c'est la manière dont les choses se sont déroulées. Son père n'a jamais été transparent. » Conséquence : le club blaugrana refuse de lui verser une prime de 26 M€ qu'il était censé toucher au 31 juillet si son fils était toujours dans l'effectif. Le conflit va se régler devant les tribunaux. Ce transfert houleux écorche encore un peu plus l'image d'un paternel qui multiplie les conflits depuis quelques années. Que ce soit avec Santos, DIS, le fisc brésilien, le FC Barcelone ou même l'ancien bras droit de son fils, Eduardo Musa. L'ex-responsable marketing l'a traîné en justice pour lui réclamer le règlement de commissions, salaires, treizièmes mois et congés impayés. « On ne se parle plus. Le succès et l'argent lui font perdre les pédales », nous a confié Duda. Début février 2018, un accord a été trouvé devant le 6e tribunal du travail de Santos pour le versement d'un chèque de 750 000 €, synonyme de clôture d'un conflit entamé en juin 2016. « C'est le côté obscur de Neymar Senior, résume Sergio Rangel, du quotidien *Folha de São Paulo*. Il est devenu un agent mystérieux, sans scrupule, très ambitieux. Il a des ennemis un peu partout maintenant. Les dirigeants parisiens devront se méfier… »

En attendant un éventuel divorce, l'heure est à la lune de miel entre le PSG et le clan Neymar. Nadine, sa maman, et Rafaela, sa frangine, débarquent dans la Ville Lumière. Elles s'installent dans un palace du VIIIe arrondissement. Dans la foulée, Neymar s'envole en toute discrétion pour Porto où il passe sa visite médicale avec le docteur Éric Rolland. Antero Henrique, le directeur sportif parisien, et Maxwell sont également au Portugal pour accompagner leur nouvelle recrue. Reste à faire enregistrer son transfert. Le lendemain, le jeudi 3 août, Marcos Motta, l'avocat historique du joueur, se rend avec ses homologues parisiens à la Ligue de football espagnole (Liga), à Madrid, pour déposer le chèque. Celle-ci refuse. C'est finalement au QG du club catalan que le chèque de 222 M€ est remis aux mains des dirigeants. « Le paiement de la clause est effectué et Neymar est libre de s'engager pour le club de son choix », explique Marcos Motta aux journalistes présents au siège du Barça. Quelques heures plus tard, à 17 h 46, un tweet du club français officialise enfin l'arrivée du joueur le plus cher de l'histoire. « *Bemvindo Neymar Jr* », écrit le club dont le message est liké plus de 168 000 fois. Il n'y a plus de doute, Neymar est parisien !

TÉMOIGNAGE
Rai, légende du PSG (1994-1998),
considéré comme le meilleur joueur
de l'histoire du club

« *Je vais l'encourager à me dépasser* »

« Je me doutais que Neymar allait signer un jour au PSG, c'était un peu programmé. Mais je n'imaginais pas que ça arriverait si tôt. On a tous été surpris. Quand j'ai compris qu'ils allaient payer la clause, je me suis dit : "Ça y est, c'est fait ! Ça va être énorme." Franchement, j'étais trop content. Comment ne pas l'être quand vous êtes supporter du PSG ? C'est l'union parfaite, à la fois pour le PSG qui avait besoin d'une star pour franchir un palier et pour Neymar qui voulait changer d'air pour atteindre son objectif de devenir le meilleur joueur du monde. Le seul perdant dans l'histoire, c'est le Barça ! Neymar est finalement plus grand que ce que tout le monde imaginait, sportivement mais aussi en termes d'image et de notoriété.
La première fois que j'ai croisé Neymar, c'était lors d'un match de charité à São Paulo. Il devait avoir 18 ans. Il m'avait impressionné car, en tant que joueur de Santos, il s'était fait pourrir par les supporters du rival (le São Paulo FC) *en début de match. Mais plus il se faisait provoquer et insulter et plus il flambait et sortait des dribbles incroyables. À la fin, ils étaient tous debout en train de l'applaudir* (sourires). *Avec lui, et Daniel Alves, le PSG devient une mini-Seleção. Cette ambiance brésilienne va faire du bien au vestiaire. Ils vont mettre de la musique, organiser des rodas de samba. On a coutume de dire que celui qui n'aime pas la samba, ou il est idiot dans sa tête, ou il est malade avec ses pieds.*

Les autres joueurs vont adhérer, surtout quand il s'agira de fêter les victoires.
Comme l'a dit Michel Denisot dans un tweet, oui, on peut dire que Neymar est un mélange entre Ronaldinho et moi. Pour moi, Neymar a largement le potentiel pour condenser mes qualités et celles de Ronaldinho. Il a la technique, la magie, le sens du spectacle, la vision du jeu, le charisme, l'efficacité… Il a toutes nos qualités réunies. C'est juste incroyable de le voir sur la pelouse du Parc. Mon histoire avec le PSG restera unique quoi qu'il arrive. Et si ce que j'ai conquis doit être dépassé, ça ne me dérange pas, surtout si c'est Neymar qui y parvient. Je vais même l'encourager à me dépasser. Allez Neymar !! »

Chapitre 32

Chasse à la taupe, petit Prince et métatarse

Zinédine Zidane avait eu droit à l'Arc de triomphe après son doublé en finale de la Coupe du monde 1998. Pour l'arrivée de Neymar au Paris Saint-Germain, c'est la tour Eiffel, parée de rouge et de bleu, qui a souhaité la bienvenue au Brésilien. Après avoir dépensé 222 M€ d'indemnité de transfert, le président Nasser al-Khelaïfi pouvait bien offrir le plus prestigieux des monuments parisiens à sa nouvelle tête de gondole… Avant d'être « ébloui » par cet hommage, le trente-septième Brésilien de l'histoire du club a d'abord été présenté aux médias du monde entier puis aux fans du club parisien. Il est 13 h 37, vendredi 4 août, quand l'auditorium du Parc des Princes voit enfin débarquer ce « nouveau Messi » que le président du PSG promettait depuis longtemps. Face à plus de trois cents journalistes, Neymar, impeccable dans son costume noir, s'installe aux côtés de Nasser al-Khelaïfi. Il adresse un clin d'œil complice à sa famille et un petit signe à Maxwell, coordinateur sportif, Jean-Claude Blanc, directeur général, et Antero Henrique, directeur sportif, tous installés au premier rang. Pini Zahavi n'est pas très loin. Après les échecs de 2010 (avec Chelsea) et 2016 (avec Manchester United), l'ancien journaliste devenu agent a enfin réussi son coup. L'Israélien de 74 ans, qui aurait touché 12 M€ de commission, observe le cirque médiatique se mettre en branle, l'air satisfait. Après quelques applaudissements pour saluer l'arrivée de la recrue la plus chère de l'histoire, une salve de questions, dans toutes les langues, lui est soumise. Calmement, Neymar évoque sa volonté de devenir le numéro 1, son départ du Barça qui a été « la décision la plus difficile de [sa] vie », l'argent « qui n'a jamais été une source de motivation », avant de conclure par ses objectifs, aussi démesurés que ceux de ses nouveaux patrons : « Je veux faire l'histoire du PSG. L'écrire. Notre plus grand défi, maintenant, c'est la Ligue des champions. Mais on veut gagner tous les titres possibles et ne rien laisser de côté. » Quarante minutes plus tard, la star enlace sa mère, puis son père, avant de quitter l'auditorium pour rejoindre la pelouse du Parc des Princes. Il en hume l'atmosphère avant de se livrer à son premier shooting photo avec le maillot qui sera bientôt floqué du numéro 10, « légué » par Javier Pastore.

La suite sera beaucoup plus bruyante. En sortant du stade pour saluer la foule présente déjà depuis quelques heures, Neymar se retrouve face à trois cents membres du collectif Ultras Paris, déchaînés, qui craquent des fumigènes et qui chantent à la gloire de leur nouvelle coqueluche. Certains ont déjà le maillot jaune Brésil sur le dos. À la boutique des Champs-Élysées, il s'en vendra 10 000 en seulement quelques heures. La folie Neymar peut débuter ! Elle se prolongera le lendemain, dans le cadre du match PSG-Amiens. Pas encore qualifié, le Brésilien se contentera d'un tour d'honneur sous les yeux des fans qui l'acclament de plus belle quand il lance un « Ici, c'est Paris », en français dans le texte. C'est donc depuis les tribunes qu'il assiste au premier match de Ligue 1 de la saison. Encore un peu timides, les hommes d'Unai Emery se contentent d'une petite victoire (2-0), grâce à des buts de Cavani et Javier Pastore. C'est huit jours plus tard que le numéro 10 réalise ses débuts, à Guingamp, au cœur de la Bretagne. L'événement devient planétaire et le Roudourou « the place to be ». Le match, diffusé dans 183 pays, est évidemment visible au Brésil, qui interrompt la diffusion d'un match de championnat pour ne pas rater les débuts de Ney. Dans un match où il se sait scruté par tous, « le joueur le plus cher de l'histoire » est plutôt relax. Déjà en jambes, il enchaîne les beaux gestes : petit pont, déviations en une touche de balle, raids solitaires, passes lasers... La recrue fait le show, sans trop en rajouter. À force de mettre le feu dans le camp guingampais, il voit Ikoko marquer contre son camp (52e). Il adresse ensuite une passe décisive magnifique à Cavani (62e) avant de clore lui-même la marque (0-3, 82e). « Il est capable de tout faire ! C'est un privilège de jouer avec Neymar », se félicite alors Thiago Motta.

Le show Neymar se poursuit ensuite contre Toulouse, où pour sa première au Parc des Princes (6-2) il est à l'origine ou à la conclusion de tous les buts de son équipe. Il ouvre la marque et la clôture (31e, 92e), délivre des passes décisives à Rabiot (35e) et Kurzawa (84e), obtient un penalty généreux transformé par Cavani (75e) et participe au triangle amenant le but de Pastore (82e). Du grand art ! « Je peux être meilleur sur le plan physique. Je crois que je peux encore m'améliorer », ose même celui qui a touché cent dix-huit ballons ce soir-là. La lune de miel se poursuit (victoires contre Saint-Étienne, à Metz et au Celtic Park, en Ligue des champions) avant le premier accroc, face à Lyon, un dimanche soir, en prime time sur Canal+. Le PSG souffre, s'impose difficilement (2-0 grâce à des c.s.c. de Marcelo et Morel), mais la soirée est surtout marquée par les embrouilles entre Cavani et Neymar. Tout commence à l'heure de jeu quand Dani Alves vient arracher le ballon des mains de l'Uruguayen pour le donner à son compatriote, alors que le PSG avait un coup franc bien placé à frapper. En fin de match, après un penalty sifflé pour une faute de Mendy sur Mbappé, c'est Cavani qui refuse de laisser la vedette brésilienne se charger de la sentence. Pendant que Ney rumine cet affront, Cavani voit son penalty détourné par Anthony Lopes. Dans le vestiaire, le ton monte entre les deux hommes et une altercation se produit, nécessitant l'intervention de quelques coéquipiers pour calmer les ardeurs des deux serial buteurs. « Le clash », titre deux jours plus tard le journal *L'Équipe*. L'idée d'une guerre de clans entre les Brésiliens d'un côté (Thiago Silva, Daniel Alves, Marquinhos, Lucas, Thiago Motta, Neymar) et les "Argentins" de l'autre (Cavani, Di Maria, Lo Celso, Pastore) prend de l'épaisseur. Comme souvent dans ce genre d'embrouilles, il est question d'ego et d'image. Les Brésiliens reprochent à Cavani d'endosser le costume de noble et généreux combattant aux yeux des supporters « alors qu'il ne pense qu'à sa gueule. Edi est très malin et l'image qu'il passe à l'extérieur n'est pas du tout conforme à la réalité », reproche en *off* un de ses coéquipiers. Face à cette situation explosive, Thiago Silva, le capitaine, doit pratiquer le *jogo da cintura,* comme on dit au Brésil. Il joue les médiateurs pour ménager les deux camps et essayer de calmer les esprits. Proche de Neymar, qu'il considère comme un frère, il veut le protéger et l'aider à se sentir le mieux possible. Mais il doit aussi épargner les susceptibilités d'un ancien comme Cavani qui a longtemps été dans l'ombre de Zlatan. « Thiago n'a pas pris parti pour A ou pour B. Ce n'est pas son genre, confie Marcão, ancien joueur du Fluminense et meilleur ami du capitaine parisien. Il veut le bien du groupe avant tout et il sait que si les gars sont solidaires, l'équipe deviendra presque invincible. »

Pendant que Neymar et Cavani enterrent difficilement la hache de guerre, le capitaine et d'autres leaders du vestiaire cherchent la taupe, celle qui balancerait à la presse des infos qui ne devraient pas sortir. Ils suspectent un membre du service communication du club. Les cadres du groupe pensent que c'est de lui dont proviennent les révélations qui fuitent dans certains médias. Sous la pression des joueurs, la direction décide de faire un geste pour apaiser les tensions. Elle écarte son salarié de la gestion de l'équipe professionnelle et lui confie un rôle moins exposé, au sein de l'institutionnel et des médias du club... Ces soubresauts de vestiaire n'empêchent pas le PSG de collectionner les succès. Le Bayern Munich de Carlo Ancelotti tombe lourdement au Parc des Princes (3-0), puis c'est au tour de Bordeaux de prendre une valise (6-2, dont un doublé de Neymar). Marseille fait mieux que résister au Vélodrome (2-2), mais Paris accélère dans la foulée avec une série de sept victoires d'affilée, face à Nice (3-0), le Celtic Glasgow (7-1) ou Monaco (2-1, à Louis-II). Après sa suspension à la suite d'un carton rouge reçu à Marseille, Neymar marque cinq fois en cinq matchs au mois de novembre.

C'est en mettant le cap à l'est que le PSG va s'enrhumer. Début décembre, l'équipe d'Unai Emery chute à Strasbourg (1-2) puis dans l'antre du Bayern Munich (1-3), au cours d'un match qui devait servir de test. Certaines lacunes refont surface à l'Allianz Arena. Le gardien, Alphonse Areola, n'est pas plus solide que Salvatore Sirigu. Les latéraux (Daniel Alves et Kurzawa) sont capables de passages à vide inquiétants et le milieu de terrain avec Draxler, Rabiot et Verratti manque de punch quand l'adversité devient plus coriace. Au-delà des ajustements à accomplir pour entrevoir le dernier carré de la Ligue des champions, le PSG doit aussi faire face au mal-être présumé de sa star. Quelques semaines après son arrivée au PSG, Neymar a confié, à des amis espagnols, regretter son choix d'avoir quitté le Barça. Certains médias s'en font l'écho et évoquent des malentendus avec le coach et le vestiaire parisien. Lors d'une conférence de presse après un match amical remporté face au Japon (3-1), à Lille, le 10 novembre, Neymar craque. « Ça me blesse qu'ils inventent toutes ces conneries, je leur demande simplement d'être corrects », dit-il avant de s'épancher, les larmes aux yeux, dans les bras de Tite, son sélectionneur. Étalé au grand jour, son spleen n'est que passager, croit savoir son pote Marquinhos. « C'est normal que tout ne soit pas parfait, plaide le défenseur central. Il faut un peu de temps pour s'adapter à un nouveau pays, une nouvelle équipe, un nouveau championnat. Aujourd'hui, ça va beaucoup mieux, Neymar est très heureux à Paris. » Même s'il considère la Ligue 1 un peu trop physique à son goût (il reçoit en moyenne 5 fautes par match, contre 3,5 en Espagne), il s'en accommode. En revanche, il se plaint régulièrement de la météo, souvent maussade, et du froid qui s'engouffre sur les aires de jeu du Camp des Loges. Il s'est vite lassé aussi des mises au vert, systématiques et sans intérêt à ses yeux. Tout comme il regrette aussi l'état des pelouses et la mentalité trop défensive de la plupart des adversaires du PSG. Neymar n'a pas non plus apprécié les sifflets qui ont accompagné son penalty synonyme de quadruplé face à Dijon (8-0, le 17 janvier 2018). Sa brillante prestation (il a obtenu 10/10 dans *L'Équipe*) ayant été occultée par un geste jugé égoïste. Le public du Parc espérait que Cavani pourrait bénéficier du penalty pour battre le record de buts inscrits par un joueur du PSG (Zlatan avec 156 réalisations). Mais Neymar, que ses amis considèrent comme étant « très généreux », n'est pas du genre à partager quand il se trouve à 11 mètres du but.

Ce nouvel accroc relance alors le débat. Neymar est-il insupportable ? En France, ceux qui le découvrent s'étonnent de son égoïsme exacerbé. On lui reproche certaines attitudes d'enfant gâté, trop individualiste et même trop chambreur comme face au Stade Rennais (3-2, en demi-finale de la Coupe de la Ligue) quand il fait mine de relever un adversaire avant de retirer sa main. Une controverse de plus qui n'étonne même pas l'intéressé : « Le foot est devenu chiant en ce moment, on ne peut rien faire sans créer une polémique. Je fais ça avec mes potes. Pourquoi je ne le ferai pas avec mes adversaires ? C'était pour rigoler... » « Neymar n'est pas arrogant. Il a des privilèges, des passe-droits, mais moi ça ne me dérange pas et je n'y fais pas attention », constate Adrien Rabiot dans *L'Équipe Magazine*. « Neymar c'est le gars le plus généreux que je connaisse, dans la vie mais aussi sur le terrain », renchérit son pote Lucas. Au Brésil, certains comme Paulo César Caju, champion du monde 1970 et désormais chroniqueur pour le journal *O Globo*, n'ont néanmoins plus envie de le défendre : « Neymar doit comprendre qu'il n'a plus 17 ans, le temps est venu de grandir ! Ce serait bien qu'il devienne un leader, un homme, un vrai, un grand capitaine comme Bellini, Carlos Alberto ou Dunga ! Un jour, René Simoes a dit que nous étions en train de créer un monstre *(chapitre 16)*. Je crois qu'il est surtout en train de devenir un petit prince qui passe son temps à se plaindre... Il est vraiment temps qu'il grandisse... » Au Brésil, après des années d'impunité, on constate le début d'un Neymar bashing ! Son image de gamin qui flambe sur les terrains avec « alegria » et « ousadia » (joie et audace) s'est un peu étiolée. Ses démêlés avec le Fisc espagnol ou brésilien, ses attitudes individualistes sur un terrain, son transfert rocambolesque au PSG ou son obsession pour le Ballon d'Or, ont fini par en agacer plus d'un. « Il ne pense qu'à sa gueule, on est en train de créer un monstre au lieu de le corriger pour qu'il devienne un génie », déplore Casagrande, l'ancien buteur du Corinthians, devenu consultant pour TV Globo. « On ne peut pas comparer Senna à Neymar, estime quant à lui le très respecté Juca Kfouri dans l'émission Voz Ativa. Ayrton n'avait aucun détracteur et il existe un paquet de gens qui n'aime pas Neymar. J'espère qu'il va grandir, et vite. »

Pour grandir aux yeux de ses détracteurs et pour se rapprocher de son graal (le Ballon d'Or), Neymar n'a pas trente-six solutions. Il ne peut pas se contenter d'enquiller les buts en Ligue 1 (18 en 18 matchs). Il doit briller face aux gros poissons comme le Real Madrid, que le tirage au sort de la Ligue des champions a proposé au PSG dès les huitièmes de finale. Programmé le jour de la Saint-Valentin, le 14 février, le match face au club de Zinédine Zidane a pourtant commencé bien plus tôt. La presse espagnole a dégainé dès le mois de janvier, estimant que la vedette brésilienne était la cible numéro 1 des dirigeants madrilènes. « Neymar a demandé à son père de lui trouver une porte de sortie dès le mois de juin prochain. L'objectif, c'est le Real Madrid », écrit le quotidien *ABC* le 21 janvier dernier, faisant écho à la une du quotidien *Marca* qui publie le 12 janvier une photo de Neymar avec le titre suivant : « Avec Neymar dans la tête ». Le même journal précise un peu plus tard que le club présidé par Florentino Pérez dispose de « 300 M€ dans les caisses pour faire la révolution ». En attendant une éventuelle offensive en coulisse, c'est sur la pelouse de Santiago Bernabeu que les deux équipes se retrouvent lors des huitièmes de finale de la Ligue des champions.

Pour ce choc aux allures de finale avant la lettre, Unai Emery décide de bousculer son groupe. Première surprise de la soirée, il prévient son capitaine quelques heures avant le coup d'envoi, qu'il débutera sur le banc de touche. Thiago Silva accuse le coup, en silence. Le peu de considération qu'il avait pour son entraîneur vient de s'envoler. Il ne s'échauffera même pas. C'est le jeune Presnel Kimpembe qui est chargé d'épauler Marquinhos. L'autre choix fort du coach basque c'est la titularisation de Lo Celso, à la place de Lassana Diarra, recruté lors du mercato d'hiver. En pleine bourre depuis le début de l'année (9 buts en 11 matches), Angel Di Maria, lui, se contentera de voir la MCN en action depuis le banc. Face à son ex-rival favori, devenu son nouveau prétendant, Neymar est un peu nerveux. Il récolte un carton jaune stupide dès la 14e minute en accrochant Casemiro par-derrière. Mais il se rattrape en déviant astucieusement un ballon dans la course de Rabiot qui ouvre son pied, et le score (0-1, 33e). Au lieu de se libérer, le PSG se crispe et l'Argentin Lo Celso se fait piéger en ceinturant Toni Kroos dans la surface. Cristiano Ronaldo se charge de remettre son équipe sur la bonne voie en transformant le penalty en force (1-1, 43e).

À l'heure de jeu, Emery bouscule encore les habitudes parisiennes en remplaçant Edinson Cavani par Thomas Meunier. Le changement tactique qui en découle semble porter ses fruits. Le PSG domine et se procure quelques occasions, comme cette frappe contrée de Mbappé ou ce centre-tir de Berchiche. Largué en championnat, éliminé de la Coupe du Roi, le Real Madrid vacille. Mais ZZ a aussi du répondant. En dix minutes, il lance Gareth Bale, Lucas Vasquez et Marco Asensio. Résultat ? Deux buts en trois minutes inscrits par Cristiano Ronaldo (83e) et Marcelo (3-1, 86e). Le PSG est sonné et repart encore une fois d'Espagne la tête basse. « On méritait mieux », regrette Emery qui peste contre des décisions arbitrales déséquilibrées et qui prévient : « Pour le match retour, on a de quoi être optimiste. »

Avant d'en découdre au Parc des Princes, ce sont trois semaines d'attente et de stress qu'il faut combler. Trois jours après la gifle madrilène, les Strasbourgeois en font les frais. Les Alsaciens ouvrent le score mais subissent la réaction d'orgueil des Parisiens qui s'imposent (5-2) au Parc grâce à Draxler (10e), Di Maria (22e), Cavani (73e et 79e) et un but de Neymar (21e). Ce sera son dernier ! Une semaine plus tard, lors de la réception de l'Olympique de Marseille pour un clasico qui a perdu de son charme, le PSG se balade et mène déjà 3-0 à la 55e minute, après des réalisations de Mbappé, Rolando contre son camp et Cavani. Neymar, qui en est à 28 buts en 30 matches toutes compétitions confondues, s'est contenté de provoquer le c.s.c. du défenseur olympien et d'offrir une passe décisive à l'Uruguayen. Mais sa saison va bientôt basculer. Il est 22 h 39, ce dimanche 25 février, quand sur une montée de balle anodine, le joueur le plus cher de la planète se tord la cheville après un contact avec Bouna Sarr. Les cris de douleurs du Brésilien laissent perplexes avant de sérieusement inquiéter ses coéquipiers. Dans les tribunes, Nasser al-Khelaïfi est livide. En voyant son joyau évacué sur une civière, l'état-major parisien croise les doigts, espérant une entorse bénigne. « Je suis inquiet, sa cheville était pas mal gonflée », redoute néanmoins Alphonse Areola. Le lendemain, le Brésilien passe une série d'examens. Ils révèlent bien plus qu'une torsion des ligaments de la cheville. C'est une fissure du cinquième métatarse qui est diagnostiquée par le docteur Éric Rolland.

Depuis Sotchi où il participait à un congrès de la FIFA, le médecin de la Seleção, Rodrigo Lasmar, est appelé au chevet de la star brésilienne. Dès le lundi soir, il évalue les dégâts et pour lui, ça ne fait aucun doute, l'opération s'impose. Le PSG est plus prudent et n'écarte pas l'idée d'une simple phase d'immobilisation pour consolider l'os du petit orteil. Si cette option comporte un avantage (une indisponibilité plus courte), elle est plus risquée car une rechute n'est pas à exclure. Mais à quelques mois de la Coupe du monde, il est hors de question pour la CBF de tenter ce genre de pari. Pour la fédération brésilienne, la meilleure – et unique – option est d'opérer Neymar et de lui poser une vis dans le cinquième métatarse pour qu'il soit de retour à l'aube du rendez-vous en Russie. Même si cela compromet sa saison avec le PSG, le joueur est d'accord pour passer sur le billard. Il donne son accord dès le lundi soir, après une discussion avec son père et ses préparateurs physiques, Ricardo Rosa et Rafael Martini. Le club parisien doit s'incliner. Pourtant, le lendemain, le mardi 27 février, en conférence de presse, Unai Emery croit encore son joueur capable d'éviter l'opération et tenir sa place contre le Real Madrid. « Il y a encore une petite option », dit-il en renforçant finalement l'idée de fritures sur la ligne entre les camps brésiliens et parisiens. Après avoir diffusé sa conférence de presse en direct sur la chaîne SporTV, André Rizek reprend l'antenne et insiste : « Nous avons des infos solides. Contrairement à ce que dit Emery, Neymar va bien se faire opérer ! »

Le soir même, alors que le PSG, refuse de communiquer, le père de la star s'invite par téléphone dans l'émission *Bola na Veia* sur ESPN Brésil. De façon parfois confuse, il tente d'éclaircir la situation de son fils et met surtout fin au suspense : « En cas d'opération, la guérison est meilleure, plus rapide (...). Il faut accepter la situation et essayer de récupérer Neymar dans les meilleures conditions. Il faut penser à lui, comme athlète. Le PSG sait qu'il ne pourra pas compter sur Neymar de six à huit semaines, qu'il se fasse opérer ou non. Maintenant, il faut faire attention à ne pas provoquer une fracture, ou porter préjudice à Neymar... » C'est la douche froide à Paris, dont le club donne l'impression de se faire dicter la marche à suivre. Ce n'est que le lendemain soir, quelques minutes avant le match PSG-Marseille, en quart de finale de la Coupe de France (3-0), que le PSG officialise la décision. Neymar se fera bien opérer, mais au Brésil, à Belo Horizonte, dans l'hôpital Mater Dei où pratique Rodrigo Lasmar, le docteur de la Seleção et de l'Atletico Mineiro, qui certifie avoir toujours été sur la même longueur d'onde que le PSG. « Il n'y a jamais eu le moindre désaccord avec le docteur Rolland. Nous avons toujours été en harmonie, pour le diagnostic et pour les mesures à prendre », nous confiera le doc', quinze jours après l'opération...

Vendredi 1er mars, après un vol de près de 11 heures, l'avion Air France en provenance de Paris se pose sur le tarmac de l'aéroport Tom-Jobim de Rio de Janeiro. À son bord, Neymar avec ses béquilles à portée de main, mais aussi le médecin de la Seleção. « Il a besoin de se reposer. On doit encore régler quelques questions logistiques mais l'opération aura lieu samedi matin », détaille Rodrigo Lasmar, qui livre ensuite une information étonnante : « Ce n'est pas une simple fissure mais une fracture importante d'un os du pied. » Face à cette blessure, Lasmar recommande une convalescence comprise entre deux mois et demi, et trois mois. Un délai encore plus long que les « six à huit semaines » évoquées par le père du joueur sur ESPN. Après un crochet dans sa luxueuse villa située à Portobello, près de Mangaratiba, Neymar débarque le vendredi soir à l'hôpital Mater Dei où des dizaines de caméras et photographes l'attendent pour immortaliser la scène. Toute une aile du centre hospitalier est réservée au numéro 10 de la Seleção, entouré dans cette « épreuve » par Nadine, sa maman, Rafaela, sa sœur, Bruna Marquezine, sa petite amie, mais aussi par Maxwell, coordinateur sportif, ou le professeur Gérard Saillant, qui représente pour l'occasion le secteur médical du PSG. Le lendemain, après une longue attente, l'attachée de presse de la CBF, Vinicius Rodrigues, révèle aux journalistes présents devant l'établissement que l'opération est terminée. « Elle s'est parfaitement déroulée. Neymar s'est fait poser une vis au niveau de la lésion du cinquième métatarsien droit », précise un communiqué d'abord publié sur le site du PSG. Pendant que Neymar regarde à la télévision la victoire de ses coéquipiers parisiens sur le terrain de Troyes (2-0), les docteurs Saillant et Lasmar lisent chacun un bref communiqué. « Un bilan sera réalisé dans six semaines afin de préciser la date possible de la reprise de l'entraînement. Avant ce délai, c'est impossible de se prononcer », précise le professeur Saillant.

De retour dans sa villa de Portobello, Neymar entame sa convalescence. Le pied engoncé dans un chausson, il assiste devant sa télé au match le plus important de la saison pour le PSG. En France, la mobilisation est générale. La formule, « ensemble, on va le faire », est matraquée un peu partout. Le PSG et ses fans s'imaginent déjà réaliser une *remontada* face au double tenant du titre. Le mardi 6 mars, tous les ingrédients sont réunis : un

Parc des Princes survolté, une équipe soudée derrière la blessure de Neymar et même la présence des anciens de 1993 qui avaient réussi l'exploit de faire plier le Real Madrid d'Ivan Zamorano (4-1) dans un match resté dans les mémoires collectives. Mais un match de légende ne se décrète pas. Et malgré quelques escarmouches, le PSG d'Emery est incapable de provoquer l'étincelle. Daniel Alves multiplie les erreurs et Cristiano Ronaldo en profite pour placer une tête piquée imparable (0-1, 51e). Toujours aussi instable, Marco Verratti se fait expulser (66e) et l'égalisation chanceuse de Cavani n'est qu'une illusion (1-1, 71e). Casemiro met un terme à la plaisanterie (1-2, 80e) et donne à cette élimination des allures de fiasco. C'est la deuxième élimination consécutive en huitièmes de finale. En six saisons sous pavillon qatari, le PSG n'a même jamais dépassé les quarts de finale. « Ça ne remet pas en cause notre stratégie d'investissements. On veut continuer notre projet, notamment sur ces deux joueurs (Neymar et Mbappé) parce que c'est le futur du club », martèle Nasser al-Khelaïfi qui essaie de répondre aux désirs de départ que la presse espagnole prête à Neymar. Après l'élimination en Ligue des champions, les rumeurs concernant une fuite de l'attaquant du PSG sont presque quotidiennes. Le 9 mars, le quotidien *AS* annonce que « Neymar a donné son accord pour rejoindre le Real Madrid » et que son père a rencontré les dirigeants du club madrilène pour évoquer un transfert évalué à 400 M€. Le même jour, c'est le journal *Mundo Deportivo* qui fait sa une en affirmant que la star brésilienne œuvre en coulisse pour organiser son retour au Barça, en juin 2019. La vérité se situe peut-être entre les deux : un départ au Real Madrid en juin 2019 ? C'est l'option la plus plausible…

En attendant, avec toutes ces spéculations sur l'avenir

de son joueur, Nasser al-Khelaïfi s'inquiète. Son voyage au Brésil, programmé puis annulé au lendemain de la défaite à Munich, début décembre, tombe à pic. Il va pouvoir essayer de recoller les morceaux d'un mariage pas très heureux pour le moment. Une semaine après l'élimination européenne, il se rend donc avec Antero Henrique à Rio, le 12 mars. Neymar Senior, qui fait office de guide, invite le patron du PSG dans la villa familiale de Portobello, où son fils poursuit sa rééducation. Il lui fait visiter leur institut de Praia Grande (bientôt financé par le PSG) et lui organise même un rendez-vous avec un des *big boss* de TV Globo pour l'aider à opérer un rapprochement entre BeIN et le géant de la télécommunication au Brésil. Au cours de ce séjour, entrecoupé de dîners trois étoiles, rien ne permet d'imaginer les prémices d'un divorce entre les deux camps. « Ça ressemblait plutôt à un voyage d'affaires où chacun y trouvait son compte pour développer son business », confie un proche du clan qatari. Lors de la visite de l'Institut Neymar, inauguré en décembre 2014, le père du joueur lâche une formule (« Neymar a un futur mais aussi un présent au PSG ») qui n'engage à rien mais qui rassure le président parisien. Après plusieurs échecs sportifs, Nasser al-Khelaïfi ne peut pas se permettre de laisser filer son joyau. Son patron, l'émir du Qatar, Cheikh Tamim al-Thani, accessoirement propriétaire du club parisien, a été très clair avec son ancien professeur de tennis : « Neymar doit rester au PSG au moins jusqu'en juin 2019 », lui a-t-il imposé. Reste à savoir quelle sera la voix la plus puissante : celle de l'émir ou celle du prince brésilien, indécis à l'idée de poursuivre l'aventure au PSG, mais conscient qu'un départ après seulement une saison pourrait sérieusement nuire à son image…

TÉMOIGNAGE
Bernard Lama, idole du PSG,
champion du monde 1998

« Neymar est un leader technique, pas un leader de vestiaire »

« Quand on habite en Guyane, on est davantage au contact du foot brésilien que du foot français. Les débuts de Neymar à Santos, je les ai donc suivis de près. Quand je le revois vers 17-18 ans, j'ai l'image d'un gamin qui cavale balle au pied en essayant de ne pas se faire découper par les gars qu'il vient de dribbler. C'était ça, Neymar ! Un gosse qui jouait au chat et à la souris avec ses adversaires. À Paris, j'ai retrouvé une partie des caractéristiques de ce joueur hors du commun. Il invente des dribbles, des gestes, des buts. Il joue aussi pour le plaisir et il aime bien chambrer. Mais il y a des limites qu'il dépasse trop souvent. Pour l'instant, il agit encore trop comme un gamin. C'est pour ça que le mariage n'a pas encore fonctionné entre lui et la France.

Neymar est une diva, comme il n' y en a jamais eu en France ! Et la France n'est pas habituée à ça. Certains jalousent sa réussite, d'autres sa façon de s'afficher sur les réseaux sociaux. Ils le trouvent ridicule et le critiquent. Je pense que c'est excessif, comme les attitudes de Neymar sont parfois excessives. Il y a un juste milieu à trouver. Les deux doivent s'adapter et apprendre à se connaître. Pour ne rien arranger, Neymar évolue au PSG, un club mal aimé qui affiche ses ambitions. On sait bien que ça ne plaît pas en France. Pourtant, Paris tire les autres vers le haut, il stimule les autres clubs de L1 qui génèrent grâce à cette locomotive plus de recettes, de billetteries, de droits télé… Mais je crois que la France n'était pas préparée à l'ouragan Neymar. Le PSG non plus d'ailleurs ! Le club n'est pas outillé pour cadrer une star de sa dimension. Il ne maîtrise rien, ni sa communication, ni ses désirs de rentrer au Brésil quand il en a envie. C'est un peu gênant. L'autre aspect qui me dérange, c'est le manque d'union de ce groupe. C'est à eux de créer cette union. Ils habitent tous à Paris et chacun vit sa vie. Quand le nouveau centre d'entraînement sera prêt, ça sera différent. Ils passeront plus de temps ensemble et cela aidera à la cohésion.

Pour l'instant, Neymar est un leader technique, pas un leader de vestiaire. Représenter et incarner ton équipe, c'est différent. Neymar est encore trop immature pour ça. Je crois que la présence des Brésiliens a finalement porté préjudice à son intégration. Ils sont trop nombreux dans le groupe, et certains comme Daniel Alves ou Thiago Motta ne sont plus au niveau. L'équilibre n'est pas bon. Même s'il vient d'arriver, Neymar a sa part de responsabilité dans cet échec. Il laisse ses pieds parler mais il doit être plus influent et plus utile pour l'équipe. J'ai le sentiment qu'il ne grandira comme joueur que lorsqu'il grandira comme être humain. Il a 26 ans mais il se comporte encore comme un gamin et c'est comme si on voulait le maintenir dans cet état-là, comme si on voulait l'infantiliser pour mieux le contrôler. Il faut qu'il s'émancipe. Pour l'instant, l'impression est vraiment mitigée en ce qui concerne sa mentalité. Peut-être que la Coupe du monde va l'aider à gagner en maturité…

En Russie, la Seleção a les armes pour aller au bout. Neymar ne peut pas se rater. Cette fois, il est bien entouré, il a un bon coach et il porte un maillot qu'il respecte. C'est pour ça qu'il est différent avec le Brésil et le PSG. S'il veut atteindre ses rêves et devenir un jour Ballon d'Or, il faut qu'il gagne la Coupe du monde qui a toujours échappé à Messi et Cristiano Ronaldo. Il aura sans doute encore une chance en 2022 mais je crois qu'il ne devrait pas laisser passer l'occasion cette année. Ensuite, je le vois bien évoluer dans son jeu et devenir davantage un numéro 10. Comme Pelé l'a fait. Il pourrait éclairer le jeu et mettre en lumière ses coéquipiers. Mais pour ça il faut qu'il évolue, qu'il devienne plus altruiste, plus collectif. Il faut qu'il grandisse tout simplement. Il n'est pas trop tard. »

Remerciements

Pour leur patience, leur aide et leur soutien, merci à Leo « pitchoune » Frosio, Valeria « Quindi » Ciccone, Solen Cherrier, Nicolas Polly, Florent Torchut, Alex Bensimon, Damien Burnier, Sidney Bovy, Bernard Lama, Betinho, Juan Resol, Sergio Rangel, Raphael Ramos, Alexandre Gontijo, Alex Sabino, Luciano Ribeiro, Francis Melo, Walmir Lopes, Cadu Machado, Kaue Freitas, Cahé Motta, Marcio Iannacca, Alexandre Lozetti, Diana Gabanyi, Carlos Alberto Parreira, René Simoes, Osmar Novaes et la grande famille Pariocas ! Obrigado !!

Crédits photographiques

Cahier photo

Toutes les photographies proviennent de Panoramic sauf :

Icon Sport : p. 3, bas ; p. 4

Presse Sports : p. 6, haut

A Tribuna : p. 2, bas ; p. 3, haut

DR : p. 1 ; p. 2, haut

Table des matières

Directeur : Jean-Louis Hocq
Direction éditoriale : Jean-Philippe Bouchard
Assistant d'édition : Maxime Lafon
Couverture : Thierry Sestier
Mise en pages : Nord Compo
Fabrication : Emmanuelle Laine

MIXTE
Issu de sources responsables
FSC® C003309

Cet ouvrage a été achevé d'imprimer en avril 2018
dans les ateliers de Normandie Roto Impression s.a.s.
61250 Lonrai (Orne)
N° d'impression : 1801588

Imprimé en France